U0830637

中国经济文库 应用经济学精品系列

中国经济文库 · 应用经济学精品系列（二）

季　健
蔡柏良 ◎编著

金融支持沿海经济发展研究

Financial Support for Coastal Economic Development

中国经济出版社
CHINA ECONOMIC PUBLISHING HOUSE
北　京

图书在版编目（CIP）数据

金融支持沿海经济发展研究／季健，蔡柏良编著．
—北京：中国经济出版社，2018.12
ISBN 978-7-5136-5479-1

Ⅰ．①金… Ⅱ．①季… ②蔡… Ⅲ．①沿海经济—经济发展—金融支持—研究—中国
Ⅳ．①F127

中国版本图书馆 CIP 数据核字（2018）第 282392 号

责任编辑 彭 欣
责任印制 巢新强
封面设计 华子设计

出版发行 中国经济出版社
印 刷 者 北京建宏印刷有限公司
经 销 者 各地新华书店
开　　本 710mm×1000mm 1/16
印　　张 22.5
字　　数 308 千字
版　　次 2018 年 12 月第 1 版
印　　次 2018 年 12 月第 1 次
定　　价 58.00 元
广告经营许可证 京西工商广字第 8179 号

中国经济出版社 **网址** www.economyph.com **社址** 北京市西城区百万庄北街 3 号 **邮编** 100037
本版图书如存在印装质量问题，请与本社发行中心联系调换（联系电话：010-68330607）

版权所有 盗版必究（举报电话：010-68355416 010-68319282）
国家版权局反盗版举报中心（举报电话：12390） 服务热线：010-88386794

前言 PREFACE

金融是现代经济的核心，也是产业结构转型升级的助推器，更是区域综合竞争实力全面提升的重要保障。江苏沿海地区地理位置优越，土地面积辽阔，自然资源丰富，产业结构合理。近些年来，在经济新常态和“一带一路”的有利背景之下，江苏沿海地区全面发挥自身的优势，全力对接上海和长江经济带，经济快速发展，GDP 总量增速明显，这与银行业、证券业、保险业等金融行业的大力支持密不可分。按照江苏省国民经济和社会发展“十三五”规划纲要的要求，江苏沿海地区全面贯彻区域协调发展战略，大力促进金融市场的发展和金融实力的提升，全面助推沿海地区经济发展。

盐城市金融研究院自成立以来，紧扣地方经济社会发展的难点和热点，充分整合地方政府、金融机构和高校的资源，积极开展课题研究，先后完成了三批共 17 个专项课题的研究任务，有些课题还得到了市委、市政府领导的重视和批示。本次结集出版的《金融支持沿海经济发展研究》专著涉及金融生态环境、金融支持、金融创新和风险控制等四个方面，其中金融生态环境部分主要围绕金融业与地方产业融合、金融生态环境发展中的问题、市场竞争与金融机构稳健性发展等内容展开讨论，金融支持部分仔细探讨了个人金融业务支持小微企业发展、金融业对接上海自贸区、金融支持大丰区现代农业发展、现代农业发展中的金融扶持机制等问题，金融创新部分集中分析了农村普惠金融发展、科技金融对产业结构升级的影响、房地产与实体经济发展的关联性等内容，风险控制部分全面分析了农商行小微信贷、金融机构风险识别与风险控制、金融资金效率等相关内容。

蔡柏良

2018 年 9 月

目录 CONTENTS

第一篇　金融生态环境 / 1

盐城金融业与地方产业融合发展研究 / 3

盐城金融生态环境存在的问题与对策研究 / 36

供给侧视角下市场竞争与商业银行稳健性的关系研究 / 47

第二篇　金融支持 / 65

盐城个人金融业务支持小微企业发展研究 / 67

盐城金融业对接上海自贸区研究 / 93

金融支持大丰区现代农业发展的调查研究 / 123

金融支持中韩盐城产业园区的路径探析 / 139

供给侧改革视角下盐城金融支持新型农业经营主体发展路径探究 / 163

盐城现代农业发展中的金融扶持机制研究 / 180

第三篇　金融创新 / 197

农村普惠金融发展研究 / 199

科技金融对盐城产业结构升级的影响研究 / 211

经济新常态下盐城科技金融发展问题研究 / 229

盐城市农村普惠金融发展及影响因素研究 / 250
盐城市区房地产与实体经济的关系与对策研究 / 269

第四篇　风险控制 / 285
对江苏射阳农村商业银行小微贷服务情况的调查与思考 / 287
新常态下盐城市金融机构风险识别 / 296
“互联网 +” 背景下盐城市金融业资金效率提升研究 / 313
新常态下盐城商业银行风险管控研究 / 336

第一篇

金融生态环境

盐城金融业与地方产业融合发展研究①

季　健　张建军　胡　森　赵太银

【摘要】 随着中国经济进入新常态，经济发展需要新的动力，以创新驱动产业升级，优化产业结构。从金融产业出发，这就需要金融业和其他产业融合发展，让金融产业合理配置经济资源。本文在分析盐城产融结合现状、影响金融业与支柱产业融合发展因素的基础上，收集了盐城市四大支柱行业的行业收入以及盐城市金融机构对这些行业的贷款额，利用灰关联系数对金融业和对应行业的融合程度进行了实证分析，并进行关联矩阵分析，探索了盐城市金融业与其他行业产业融合存在的问题。针对盐城产融结合现状，并结合实证分析的结论，提出要做到产业互接互补，达到产业融合发展，盐城金融业就应当做到"融入地方经济全局、融通客户需求服务、融合支柱产业共赢"，以推动金融业与盐城产业深度融合发展的政策建议。

一、金融业与产业融合的理论综述和实践背景

（一）产融结合的文献综述

1. 国外产融结合相关研究

国外对产融结合的研究分为两个时期即早期产融结合研究与现代产融结合研究，其中早期产融结合研究的代表人物有马克思、拉法格、希法

---

① 课题来源：盐城市金融研究院，2014. 10—2015. 06，项目编号：2014YCJR002

作者简介：季健，汉族，女，江苏盐城人，盐城师范学院教授，博士；张建军，汉族，男，江苏滨海人，江苏银行盐城分行行长，经济师；胡森，汉族，男，江苏盐城人，盐城师范学院讲师，华中科技大学博士生；赵太银，汉族，女，江苏盐城人，盐城银监分局，经济师。

亭、列宁等，创立并发展了以金融资本为核心的产融结合理论，这一时期的理论更多关注的是银行和企业之间的融合问题，过分夸大了银行及其金融资本的作用，对产业资本和人力资本的作用未能给予高度的重视，而且对产融结合的研究始终抱着一种批判态度。如法国马克思主义者拉法格（1903）[1]首次以“金融资本”一词来描述工业资本与银行资本日益融合的趋势；奥地利经济学家鲁道夫·希法亭（1910）[2]首次对金融资本和产融结合问题进行了系统化研究，全面研究了股份公司、银行信用、商品交易所、银行资本、证券交易所、金融资本和危机以及金融资本和经济政策等内容；列宁（1917）[3]认为金融资本既是与工业家垄断同盟的资本融合起来的少数垄断性的最大银行的银行资本，同时也是和银行资本融合起来的垄断工业资本。

20世纪30年代后，随着通用等大型企业集团逐步涉足金融领域，产融结合的研究视角转向了企业，把产融结合理解为工商企业与金融企业在资本、资金和人事上的直接结合关系，并侧重研究工商企业进行产融结合的动机，形成了现代产融结合理论，先后产生了后发优势理论、信息经济学理论、交易成本理论等。Alexander Gerschenkron（1964）[4]以战后德国的万能银行为主要研究对象，首次提出后发优势理论，认为在经济相对落后的情况下，产融结合是解决后发展国家早期工业化资本形成问题的有效机制。英国学者 Michael Collins（1998）则用信息经济学理论来解释万能银行现象，认为是因为资本市场欠发达以及银行和潜在借款人之间的信息不对称造成的。日本学者 Akira Goto（1982）[5]将交易成本理论延伸至产融结合领域，认为工商企业和金融机构之间的交易存在的不确定性导致了市场失灵，产生巨额的交易费用，产融结合的制度安排能够有效约束二者的机会主义行为，降低、消除交易中的不确定性，从而降低乃至消除上述的交易费用。

2. 国内产融结合相关研究

国内产融结合研究主要关注产融结合理论基础、国内外产融结合模式比较以及产融结合经济效应。

关于产融结合理论基础，国内较早涉及产融结合问题的是经济学家吴大焜（1993）[6]，他拓展了金融资本的概念，认为金融资本不仅包含产业资本和银行资本，也包括非银行金融机构如债券公司、投行、基金公司等拥有的资本。国内较早对产融结合进行系统研究的学者是谢杭生（2000）[7]，他客观分析了现代社会的经济发展现状，在借鉴欧美发达国家产融结合经验的基础上，得出产融结合是金融部门和产业部门相互资本的结合，是一种资本加速集中的有效方式。傅艳（2003）[8]首次提出了产融结合的有效性问题与概念，从产业经济学的角度，对中国产融结合的有效性问题从理论与实践两个方面进行了探讨，提出了"咨询服务型"产融结合模式，但是未能对产融结合的环境条件和制度约束进行深入分析。黄强（2004）[9]依据金融发展和经济增长理论，侧重于宏观层面，较全面地研究了现代产融结合与经济增长的内在规律。赵文广（2004）[10]将研究对象定位于大型企业集团，从微观层面对产融结合的生成机制及内在动因进行了理论和实证分析，但并未就我国企业集团如何实现有效产融结合的路径、工具和模式进行分析。

关于国内外产融结合模式，张庆亮和杨莲娜（2005）[11]首次提出了"产融型企业集团"的概念，对国内外企业集团产融结合的发展历程、内部产权结构、公司治理以及产融型企业集团的基本特征进行了比较系统的分析，具有明显的经验型特征，在理论和学术研究上略显不足。王勇（2005）[12]依据竞争优势理论的分析逻辑，探讨了对我国产业资本和金融资本如何实现有效结合的问题，对比分析中外产融结合的实际案例、产融结合的环境和制度以及产融结合的途径和工具。刘保华（2006）[13]依据信息经济学和制度经济学的理论，构建出一个动态交易成本分析框架来研究产融结合的问题，并据此设计出我国基础设施投融资体制改革及产融结合模式的"分步走"制度创新路径，指出了产融有效结合的关键是发挥政府规制重构、基础设施产业治理模式创新和深化金融改革，但其理论框架与现实分析的黏合度有待强化。

关于产融结合经济效应，张庆亮、孙景同（2007）[14]用定量分析的方法证明金融企业参股比例与上市公司经营绩效的相关程度会随着参股比例的上升而增强，而且当参股比例超过一定临界值以后上市公司的收益水平会随参股比例的提高而显著上升。古晓慧（2008）[15]指出大型国企产融结合的正效应包括有利于增强国企及我国经济的国际竞争力，提高企业的资产回报率，有利于推进大型国企股份制改造及现代企业制度的建立；负效应包括新的经营风险、加剧信息不对称性。罗辉等（2010）[16]通过分析1997年亚洲金融危机和美国次贷危机对我国经济的影响，得出可以通过发展交通、扩大物流实现区域经济联动，进而使区域经济和产融结合。李惠彬等（2011）[17]利用耗散理论的熵变模型对我国1998—2008年期间产融结合趋势进行了分析，表明我国近年来产融结合的支持熵、压力熵和影响熵有同步增大的趋势，但是支持熵基本保持大于压力熵的趋势。吴利军等（2012）[18]对我国产融结合的未来发展进行了思考，认为要鼓励符合条件的企业在主业稳定发展的基础上进行基于公司战略的产融结合，同时在企业产融结合的参股机构、参股比例、行业选择等方面设定明确准入标准，引导企业建立和完善风险隔离制度，并加强各产融结合主管部门之间的协调，防止出现监管盲区。尹琪等（2013）[19]结合我国的现实国情和资源垄断型企业的特点，指出集团企业在产融结合的发展模式上，一般可以归结为服务内部型、参股投资型和独立发展型。郭静红（2014）[20]将产融结合定义为一种商业模式，分析了中国经济发展的集群化特征、大型工商企业带来的广阔产业背景以及金融脱媒和利率市场化背景下商业银行差异经营的内生要求等，都为产融结合型银行创造了巨大的发展空间。

（二）盐城金融业与产业融合的实践与主要表现形式

1. 我国产融结合的主要阶段及模式

我国产融结合的起步较晚，大致可以划分为三个发展阶段：第一阶段，改革开放前，我国实行计划经济，在相当长的一段时间内产融资本是间接的结合。产融资本在政府的控制之下以信贷的方式融合，金融资源被国家完全垄断，产融资本没有进行产权方面的结合。第二阶段，改革开放后至20世纪90年代初期。信贷关系仍然是这段时期产融结合的主要形式，但产业集团投资了一些银行及非银行金融机构；金融机构在混业经营格局下也投资到了产业领域，产融资本得到了初步融合。1987年中国第一家财务公司——东风汽车工业财务公司和第一家企业集团所属商业银行——中信实业银行的相继成立，揭开了我国产融结合的序幕。工商企业先后投资入股成立股份制商业银行，如招商银行（1987）、深圳发展银行（1987）、兴业银行（1988）、华夏银行（1992）等，与此同时，商业银行也通过设立的信托公司、证券部门、房地产公司等下属机构纷纷进入了股票市场、房地产、实业投资，在固定资产和长期建设项目上都进行了投资。第三阶段，1993年金融分业经营之后，金融资本向产业领域的投资基本被禁止，而产业资本向金融资本的融合获得了较快的发展，大型企业集团开始大规模地受让金融机构的股权，一批产融结合型企业集团正在逐步形成，证券投资基金成为金融资本间接投资产业领域的重要方式。我国没有禁止产业实体持有金融机构的股份，这就为产业资本投资金融业提供了广阔的操作空间。由于国家与商业银行相关政策的限制，这个时期产业资本更多的是介入了非银行金融机构，包括信托公司、证券公司、财务公司等。一些资产庞大，实施多元化经营的大型企业集团纷纷涉足证券、保险、信托、期货、投资基金、金融租赁等非银行金融机构，有些企业是通过发起设立的方式进入，但更多的企业是通过股权受让的方式进入非银行金融机构，如山东电力、华侨城、华能、海尔、招商局、万向、红塔、东方、德隆等。自1987年开始，我国大型企业集团走自办金融的产融结合道路，共批准了82家财务公司。各财务公司所属的企业集团共参股、控股约150家金融机构，与金融业的融合在进一步加深。与此同时，我国的《银行法》《证券法》《保险法》均禁止投资工商企业，金融资本投资产业资本受到了极大的制约。但非银行金融机构大多通过投资基金或购买企业证券的形式间接投资产业领域。

2. 盐城产融结合的现状

目前盐城市产融结合还处于探索发展的初级阶段，发展程度还较低。盐城市产融结合主要是企业对金融机构以参股的方式进行投资，且多数企业只是按股参与分红，不参与金融机构的经营管理。目前，盐城辖内法人类金融机构 15 家，其中农村商业银行 8 家，村镇银行 7 家。

（1）产融结合呈现单一的实体企业向金融机构投资

为了防止金融风险，1993 年起，我国《商业银行法》第四十三条规定：商业银行在境内不得从事信托投资和股票业务，从而禁止商业银行参股投资于企业。因此，盐城市的产融结合仅仅是单一方向的结合，主要表现在工商企业对银行的单向资本渗透。

经调查，盐城辖内产融结合是单方向的，主要表现为实业企业对农村中小法人金融机构的投资。2014 年末，盐城辖内 15 家法人金融机构合计股本为 400 010 万元，其中实业企业出资金额为 292 596 万元，占比为 73.15%。农村商业银行的实业企业持股占比明显高于村镇银行，2014 年末农村商业银行股本合计为 351 360 万元，实业企业出资金额为 275 398 万元，占比为 78.38%；村镇银行股本合计为 48 650 万元，实业企业出资金额为 17 198 万元，占比仅为 35.35%。与此同时，鉴于分业监管的原因，2014 年盐城市法人金融机构对外投资要么投向银行同业，要么投向江苏省信用联社，没有投向实业企业。

（2）实业企业向金融机构投资较为分散

经调查，实业企业对辖内农村金融机构的投资主要以现金参股方式为主。从参股企业性质看，由于盐城辖内民营企业较多，与省内其他市参股企业大多为国有企业区别较大的是，盐城参股的实业企业多为民营企业。由于受到各类规定的限制，实业企业对辖内农村金融机构的投资较分散，呈现出企业数量多、投资金额小、持股比例较低等特点，持股比例一般在 10% 以下。如对盐城农村商业银行持股的实业企业有 47 家，持股比例最大的实业企业为江苏驿都国际大酒店有限公司，出资金额为 13 188 万元，持股比例为 9.42%。

二、盐城主要支柱产业的发展现状、前景及措施

（一）盐城机械装备产业的发展现状、前景及措施

1. 发展现状

盐城机械装备制造业历来是地方支柱性产业，对地方经济综合实力、科技水平、人才素质、城镇化水平、经济总量的提升有重要意义。近年来，盐城机械行业企业推进项目建设，坚持以项目建设促进企业的快速发展，开展技术改造，提高装备水平和生产能力，新上的项目主要集中在新能源装备、环保机械、石油机械、照明电器、金属加工、精密锻造、农用机械等以新开发产品生产能力改造为主体的项目。经过多年发展，已经形成了自身产业特点：一是稳定性好，每年发展波动小；二是环境相容性高，整体产业污染小；三是发展后劲足，后发优势明显，在地区经济的比重将越来越高；四是有基础，机床、农机、纺机、石油机械、涂装和环保机械等已经形成了较大规模；五是有特色，鞋机、环保机械、纺机、涂装机械、抛丸机、石油机械、阀门等产品正成为新的特色；六是有亮点，在部分县、区形成了相应的产业集群。已经拥有了如江苏江淮动力股份有限公司、华锐风电科技股份有限公司、江苏南车电机有限公司、江苏同和涂装机械有限公司、江苏火力电力设备有限公司、盐城市圣泰阀门有限公司、江苏盐电阀门集团等一批重点骨干企业。

表1　2008—2013年盐城市机械产业销售情况　　单位：亿元

年份	2008	2009	2010	2011	2012	2013
主营业务收入	577.53	819.8	1 095.05	1 252.8	1 313.8	1 642.81

数据来源：《盐城统计年鉴》。

2. 发展前景及措施

（1）发展目标

借助江苏沿海大开发战略带来的机遇，成为盐城市工业经济中的龙头产业，打造苏北地区制造装备业特色产业富集区（建立多行业特色产业集

聚、集群、集中基地），努力成长为江苏装备制造业的快速增长极、长三角装备制造业北拓承接基地和亚太国际制造业转移的重要承接点。

（2）存在不足

一是生产集中度低，产业结构分散，区域配套能力不强。

二是原创性技术较少，自主开发能力不强。

三是高级技术工人短缺和劳动力相对紧张。

四是集群产业缺乏龙头企业，同质化竞争严重，没有错位经营，生产效率不高。

五是盐城目前处于工业化的初级阶段，缺乏全国知名的企业和品牌。

（3）发展措施

紧紧抓住我国产业结构调整、长三角（特别是上海、苏南）地区工业优化和制造产业北移、国际制造业转移和我国推进重大装备国产化的机遇，充分发挥盐城市装备制造业区位优势、沿海优势和资源比较优势，紧紧围绕以工兴市、富民强市、“两个率先”的目标，坚持率先发展、科学发展、和谐发展，对盐城市机械装备制造业进行科学规划、合理定位，实现盐城市机械装备制造业经济的全面协调可持续发展。主动接受苏南、上海和浙江等“长三角”发达地区机械装备制造业的转移，实现“长三角”与盐城市人才、资金、资源、产业等方面的互动。

“南联沪浙苏锡常，东渡海洋牵日韩”，协同东、南两方面效应。一是坚持又快又好发展。根据盐城市机械装备制造业产业基础，将本地区的特色产业、优势产业和比较优势产业实现跨越式的发展和壮大。二是坚持深化改革和扩大开放。转变发展观念、创新发展模式、提高发展质量，用发展、改革、开放的办法解决存在的问题，重视机械装备制造业项目引进和战略性重组，优化产业结构，壮大产业链。坚持统筹协调发展。三是加强统筹协调，强化自主创新，完善配套体系，走特色化、集群化、集聚化发展道路。

（二）盐城化工产业的发展现状、前景及措施

1. 发展现状

盐城化工产业发展起步于20世纪80年代，当时主要为零散的化工企

业，项目规模小、产业层次低，发展水平不高。21 世纪初，随着响水、滨海等地化工园区的建设，盐城市化工产业也进入了快速发展时期，化工产业产值一度占到全市工业的 1/4。经过 10 多年的快速发展，盐城市化工产业主要呈现以下特点：

（1）产业规模不断扩大

目前，全市共有化工生产企业 340 家，其中规模以上企业 274 家，占全市规模企业总数的 10.3%。2014 年，化工产业实现开票销售 560 亿元，同比增长 15%，占全市工业开票销售的 14.5%，是全市第三大产业。开票销售超亿元企业有 95 家，占化工企业总数的 27.9%；全市销售前 100 名工业企业中，化工企业达 26 家。

（2）产业布局逐步优化

“十五”时期，盐城市化工产业发展异常活跃，各地都把化工产业作为一个重要产业来发展，产业布局凌乱、结构雷同，市场秩序混乱、恶性竞争严重。从 2006 年开始，市委、市政府下决心整治化工产业，经过三轮化工生产企业专项整治，淘汰了一批规模小、污染重的化工企业，全市化工企业由 735 家减少到 340 家；推动化工企业集中集聚发展，要求全市化工企业全部进入响水、滨海、阜宁、大丰 4 个化工园区发展，并明确了各个园区的产业定位，其他园区逐步退出化工产业。

（3）企业实力明显增强

近年来，盐城市不断提高化工行业准入门槛，逐步淘汰投资规模小、环保污染重、安全隐患多的中小化工企业，培育壮大科技含量高、发展前景好的成长性企业。截至 2014 年 11 月底，全市投资超 10 亿元化工项目 7 项，占重大工业项目（投资超 10 亿元工业项目共 30 项）的 23.3%；截至 2014 年 10 月底，全市开票销售超 10 亿元企业 31 家，其中化工企业 8 家。目前，大和氯碱、清泉化工等国家高新技术企业 28 家，丰山、辉丰、天容、绿利来、克胜、剑牌等中国驰名商标 6 个，裕廊化工牌丙烯酸、威力士牌乐果等江苏名牌产品 29 个。联化科技、科利新材料、海嘉诺医药等企业产品，在国际、国内市场均具有一定知名度和较大市场份额。

（4）环保设施逐步配套

各园区在实行废水集中处理的同时，加快建设专用明管，实现一企一管，保证化工企业废水达标排放。滨海化工园区 122 家企业已全面建成专用明管。全市 4 个化工园区即将建成投运总设计能力达 4.14 万吨/年的固废焚烧处置中心。加强信息化监测体系建设，滨海、响水、大丰化工园区均建立了集污染源监控、环境质量监控和图像监控于一体的环保数字化在线监控中心，对重点污染源和重点污染物实行动态监测监控。响水化工园区还建立了废气监测实时预警机制，通过 32 个监测点 75 个传感器，对大气中氯气、氯化氢等 8 个污染因子实行 24 小时监测。

表 2　2008—2013 年盐城市化工产业销售情况　　单位：亿元

年份	2008	2009	2010	2011	2012	2013
主营业务收入	472	538	637.3	741.53	953.63	1142.98

数据来源：《盐城统计年鉴》。

2. 发展前景及措施

（1）发展目标

一是集约发展。化工项目建设必须符合《盐城市化工产业储物调整指导目录》和园区区域环评定位要求。化工园区要严格控制新引进项目，新引进项目执行化工生产企业数量“减二增一”要求，一般类的项目不再新上。推进现有企业兼并重组，淘汰一批小而差、环保安全不达标的化工企业。

二是创新发展。加强产业工艺技术、工程技术和装备技术创新，企业全部建立技术中心，科技创新能力显著增强，推动盐城市化工产业增长方式由以投资驱动为主向创新、投资并重转变。

三是高端发展。着力推动产业向高端化、企业向规模化、产品向终端化发展，全面提升产业发展层次。

四是绿色发展。大力推进化工产业低消耗、低排放、高效益发展，努力提高资源利用效率、资源循环利用率、废弃物无害化排放率，保持园区安全生产平稳态势。

（2）存在不足

一是产业整体水平偏低，产品结构不尽合理。目前，盐城市化工企业的数量相对较多，但单个企业规模总体较小，还没有一家超百亿元的大企业，具有较强市场竞争力的大中型骨干企业为数不多。产品同质化现象较严重，初级化工产品多，主要化工产品多数还处于技术链、价值链的低端，终端产品中高端化、专用化、精细化学品所占比例偏低，产品附加值相对较低。

二是企业研发投入不足，生产装备参差不齐。化工公共研发机构还是空白，省级技术中心比例较小，没有一家国家级技术中心，开发新产品和新技术的能力和动力不足。

三是安全环保隐患突出，专项整治任务艰巨。随着国家环境保护要求的提高，全市化工产业面临日益增大的减排压力。

四是要素制约仍然较重，瓶颈束缚亟待突破。当前，融资难、用工难和行政许可难已成为化工产业发展面临的几大难题。由于化工行业的特殊性，金融部门对其支持力度小，加之盐城市大多是中小型化工企业，自身造血功能差，企业技改投入大，不少中小企业为了保证运行，不惜承担高额的财务成本从民间进行借资。

（3）发展措施

一是突出规划引领，全面提升产业发展质态。突破石油化工产业，提升农用化工产业，加快发展医药产业，鼓励发展化工新材料与专用化学品。

二是突出布局优化，全力提高集聚发展水平。推动重点园区提升发展，突破园区重大项目，推进企业兼并重组和关停落后。

三是突出创新引领，切实增强产业竞争能力。推进科技创新，加快装备智能化升级，加强人才引进培养。

四是突出生态和谐，着力构建倒逼发展机制。严格项目准入，严格环境保护，严格安全管理。

五是突出政策扶持，大力推进产业转型发展。尽快制定转型发展方案，加大政策扶持，强化考核评价，优化企业服务。

（三）盐城汽车产业的发展现状、前景及措施

1. 发展现状

（1）产业规模

目前，盐城市共有105户汽车及零部件生产企业，其中规模以上企业92户。企业总资产472.7亿元，注册资本82.2亿元，从业人数27 485人，2014年实现开票销售1 121.95亿元。从企业规模看，开票销售100亿元以上企业2户，分别为DYK公司689亿元，摩比斯195.6亿元。

（2）主要产品

盐城市汽车产业主要以乘用车、改装客车和专用车为主，在零部件生产方面具有较好的基础。

整车：全市目前共有传统整车生产企业5户，产业规模在550亿元左右。乘用车领域，东风悦达起亚汽车有限公司，三工厂项目一期投产后，年产能达65万辆，行业排名第八位。改装客车领域，拥有中大集团和江苏登达客车集团两个企业。中大集团拥有客车5 000辆/年生产能力，但由于企业资金链断裂，企业一直在寻找合作重组对象，目前仍处于停产状态。江苏登达客车集团一期5 000辆/年大型客车，2013年5月开始试生产，2014年共生产销售客车300辆，其中出口20多辆。目前与悦达集团重组已完成，与日本三菱扶桑公司合作相关工作正在有序推进。专用车领域，拥有江苏悦达专用车有限公司和江苏奥新新能源汽车有限公司两个企业。悦达专用车的主要产品为垃圾式压缩车，产品价格较高，主要依靠政府采购。江苏奥新新能源汽车有限公司，作为盐城市新能源汽车产业的一面旗帜，起步早，掌握电机、电控、底盘等电动汽车方面的核心技术，目前有16个专用车品种列入工信部公告目录，但规模不大，2014年共生产新能源

汽车950台，销售800台，销售收入1.1亿元。市国投公司收购后，公司下一步发展已步入快车道。

汽车零部件：全市拥有汽车生产配套企业100户，主要集中在盐城经济技术开发区，亭湖、盐都和大丰；发动机及关键零部件：主要有摩比斯、明进机械、森威精锻、东西发动机配件、中马汽车零部件、世钟汽配等；汽车电子系统：主要有京信电子、汉阳电子、华为汽车电子等企业，主要生产汽车电子线、汽车灯具及其零部件等；空调系统零部件：主要有斗天汽车空调、科力普汽车部件、联众汽车零部件，主要生产车用空调、汽车散热器、柴油机冷凝器及暖风、空调系统等；车身及其附件：包括车身、车架系统，汽车钢板、汽车座椅总成、轮滑条，汽车装饰件及油箱等配件系统，主要有现代海斯克、星宇科技、东国汽配、韩一模塑、大园汽配、佛吉亚汽配、真永汽配、羽佳模塑、富国管路等。

汽车服务业：盐城汽车服务业目前主要以汽车维修、汽车美容为主，汽车金融保险、汽车展览、汽车旅游娱乐等高端服务业刚刚起步。盐城市现有汽车服务业企业1 000多家，其中，汽车修理业430家，汽车装饰和美容业等511家，汽车物流业133家，专业汽车4S店近百家，部分县（市、区）建立了相对集中的汽车贸易区，大市区主要集中在盐都区东方汽贸城和开发区森风汽贸城。

（3）重点项目

2014年在建的3 000万元以上汽车及零部件项目73项，计划总投资185亿元，2014年完成投资80.1亿元。其中，新开工项目27项、结转项目46项、当年竣工项目56项。

在实施的项目中，投资22.5亿元的东风悦达起亚三厂二期10万辆项目进展顺利，目前已竣工投产。摩比斯公司新能源汽车“三电”系统项目已开工建设，计划总投资1.5亿美元；天津摩比斯的DVD导航及音响生产线正逐步转移到盐城生产，项目总投资1.2亿元，目前厂房已完成，设备陆续进场安装，计划2015年一季度投产；奥新公司10万台轻量化乘用车基地项目，由国投公司投资10亿元，中信国安投资10亿元，已签订了投资协议，其中一期2万辆轻量化新能源厢式专用车技改扩能项目已基本建成，目前正在积极研发一款轻量化纯电驱动乘用车，争取以非传统车企身份获国家特许准入。

表3　2008—2013年盐城市汽车产业销售情况　　单位：亿元

年份	2008	2009	2010	2011	2012	2013
主营业务收入	211	314.5	475.93	681.2	744.4	922.25

数据来源：《盐城统计年鉴》。

2. 发展前景及措施

（1）发展目标

建设三大基地，即国家汽车及零部件制造基地、国家新能源汽车产业基地和国家汽车试验检测基地。打造中国沿海汽车城，经过5年努力，DYK占全国乘用车市场份额达到5%，与北京现代平分秋色；大中型客车力争达到万台设计产能。

（2）存在不足

一是乘用车行业占有份额不高，大车行业内没有名气，专用车没有特色品种。

二是产品研发能力虽有所改善，但进度较慢。

三是汽车核心零部件配套比例偏低。

（3）发展措施

一是加快推进汽车整车发展，使盐城成为全国重要的汽车制造基地。着力推进东风悦达起亚公司的发展，推进专用汽车向多平台高端化发展，加快推进整车企业重组，积极推进新能源汽车研发制造和推广应用。

二是瞄准汽车核心零部件加大招商力度，提升本地配套能力。积极争取东风悦达起亚公司主要配套商落户盐城，瞄准汽车核心零部件领域做好招商引资工作，积极推进汽车零部件产业园建设。

三是大力发展汽车服务业，积极培植新业态和新的汽车产业增长点。

尽快制定出台盐城市汽车服务业发展规划，充分发挥中汽中心盐城汽车试验场的作用，高起点谋划发展汽车文化产业。

四是加快汽车研发平台建设，不断提升自主创新能力。加快盐城市汽车产业研发中心建设，加大对企业技术开发的支持力度，鼓励企业联合国内外知名科研院共同合作，高起点建立研发平台，加快实施汽车产业人才战略，积极引进国内外高层次汽车技术人才和经营管理人才。

（四）盐城纺织产业的发展现状、前景及措施

1. 发展现状

盐城市纺织产业经过多年的发展，目前已经形成了由纺织、化纤、茧丝绸、毛绒、服装、家纺、产业用纺织品、印染等行业构成的较为完备的产业体系，成为江苏省及中国长三角地区重要的纺织业制造基地。

（1）总量规模位居前列

占江苏省纺织业经济总量的9%，纺织业经济总量在全省地级市中排第4位（前3位为苏州、南通、无锡），在苏北5个地级市中列第1位。

（2）产业门类比较齐全

目前全市纺织行业已经基本涵盖纺织业的所有子类，从轧花、棉纺、织布、印染、成衣产业链条基本完备，化纤、毛纺、丝绸、家纺、产业用纺织品、纺机等各子类发展迅速，富安茧丝绸、悦达纺织、黛安芬等部分企业（产品）在国内已拥有较高知名度。随着江苏南纬悦达纺织研究院的建立，盐城现代纺织业产业体系已经初具雏形。

（3）产业水平不断提升

装备方面，以江苏悦达纺织、上海纺控、东华纺织等为代表的一批骨干企业，整体装备水平进入了一个较高层次。技术创新方面，全市纺织行业拥有东华纺织技术中心等12个省级技术中心，拥有55家以上市级企业技术中心，分别占全市的14.6%和15.3%，一批企业和高等院校、科研院所建立了合作关系，开展产学研联合。全市现有盐城工学院

纺织服装学院、盐城工业职业技术学院等高等院校两所。2012 年盐城市与台湾知名纺织研究机构合作，成立了江苏南纬悦达纺织研究院，有望到 2015 年建成国家级纺织研究院。品牌建设方面，富安牌桑蚕生丝和悦达牌精梳纱线为中国名牌产品，江苏亨威集团亨威牌商标等 5 个商标为中国驰名商标，另有 21 个产品获得江苏省名牌产品称号，分别占全市的 17.9% 和 14% 。

表 4 2008—2013 年盐城市纺织产业销售情况 单位：亿元

年份	2008	2009	2010	2011	2012	2013
主营业务收入	547	680.8	847.4	893.8	1049.52	1132.14

数据来源：《盐城统计年鉴》。

2. 发展前景及措施

(1) 发展目标

一是行业结构优化。逐步降低棉纺织业的比重，提高产业用纺织品、家用纺织品、服装等最终产品占纺织产业的比重。

二是品牌经济突破。增加省级以上驰名商标、著名商标，增加省级以上名牌产品。省级以上品牌产品销售收入占规模以上纺织工业销售收入的比重提高到 30% 左右。

三是增强发展后劲。开票销售超亿元以上的骨干企业主要装备达到国内先进水平，关键装备达到国际先进水平。

(2) 存在不足

一是纺织业发展选择路径不优。“十二五”以来，全市纺织业发展主要依靠劳动力、棉花资源和成熟的市场，进行简单的扩能生产，并承接苏南等地棉纺行业的产业转移，导致纺织业总量快速扩张，但经济效益低下。

二是行业技术装备水平不高。盐城市纺织产业技术装备与先进地区相比存在较大差距。

三是支撑产业转型发展基础不牢。从支撑产业发展的资金、资源、劳动力和投入等要素保障看，目前盐城市纺织业发展已经不具有比较优势。

四是产业发展链条培植不均衡。2000 年以后盐城市纺织产业实现快速扩张，特别是棉纺织业生产能力从 150 万锭增至 400 万锭，但产品以纱和布为主，纱和布又以初加工的粗支纱和白坯布为主，上游产品总量大，档次低，基本雷同。

（3）发展措施

一是加快推进纺织业发展高端化。推动纱线发展高端化，推动织造发展高端化，推动终端产品发展高端化。

二是加快构建纺织业发展特色化。推行以点扩面链式发展，龙头引领聚合发展，打造品牌特色发展，实施产业配套融合发展。

三是加快引导纺织业发展外向化。加快重点企业引进来步伐，推进盐城市企业走出去步伐。

四是加快培育纺织业发展新业态。在传统业态拓展上，以产业集群为依托，建设一批专业化纺织品原料和产品交易市场。在新兴业态创新上，多措并举，催生促进盐城纺织业发展新思路。

三、盐城金融业与支柱产业融合程度实证分析

（一）分析模型的建立

度量两个产业间的融合度，归根到底是度量两个产业某变量之间的关联度。本文中，我们选择行业收入和银行在某行业的贷款额作为关键变量来分析产业间的融合度。考虑到以下两点：

（1）Pearson 相关系数是度量两个变量间关联度的最常用指标。

（2）金融业与相关产业的融合度度量具有显著的复杂性，具有明显的模糊性、随机性和信息不完全性，并且获得的数据样本少，而灰色理论恰以“小样本”不确定系统为研究对象。

因此，本文利用灰色关联度度量产业间的非线性产业融合度，Pearson 相关系数度量产业间的线性产业融合度。

1. Pearson 相关系数介绍

众所周知，相关系数揭示两个序列之间的线性关系，即两个序列走势

的一致性，相关系数越高表示它们之间的线性关系越强烈，其取值范围在 -1 到 1 之间。在本文中，两个序列 $\{a_i \mid i=1, 2, 3, \cdots, n\}$ 和 $\{b_i \mid i=1, 2, 3, \cdots, n\}$ 之间 Pearson 相关系数按式（1）计算：

$$\rho = \frac{n\sum_{i=1}^{n} a_i b_i - \left(\sum_{i=1}^{n} a_i\right) \cdot \left(\sum_{i=1}^{n} b_i\right)}{\sqrt{\left(\sum_{i=1}^{n}[a_i^2] - [\sum_{i=1}^{n} a_i]^2\right)\left(\sum_{i=1}^{n}[b_i^2] - [\sum_{i=1}^{n} b_i]^2\right)}} \tag{1}$$

2. 灰色关联度介绍

假设序列 $\{x_i\}$ 为盐城市银行 n 年的贷款额，序列 $\{y_i\}$ 为某行业的收入序列，并且序列 $\{x_i\}$，$\{y_i\}$ 均已进行过标准化。

序列 $\{c_i\}$ 是序列 $\{x_i\}$，$\{y_i\}$ 的极差序列，即 $c_i = | x_i - y_i |$。

令 c_{max} 为序列 $\{c_i\}$ 的最大值，c_{min} 为序列 $\{c_i\}$ 的最小值。

则盐城市金融行业和该行业的产业融合度为

$$H = \frac{1}{n}\sum_{i=1}^{n} (c_{min} + 0.5c_{max}) / (c_i + 0.5c_{max}) \tag{2}$$

（二）实证分析——金融业与各产业的关联矩阵分析

1. 盐城市金融行业与支柱产业的产业融合度研究

（1）指标选取

为了研究盐城市金融行业和机械、化工、汽车和纺织等四大支柱产业的融合度，我们收集了 2008—2013 年盐城市四大支柱产业贷款情况（见图 1），以及 2008—2013 年盐城市四大支柱产业的行业收入（见图 2）。需要说明的是，化工产业和汽车产业有相当一部分比例的贷款是从外市获得，而机械产业和纺织产业的贷款来源主要是市内金融行业贷款。在本课题的研究中，我们分别计算每一个支柱产业的行业收入和盐城市金融机构在该行业的贷款的 Pearson 相关系数和灰色关联系数，以度量支柱产业和金融业的线性产业融合度和非线性产业融合度。四大支柱产业之间的产业融合度用行业收入之间的灰色关联系数表示。

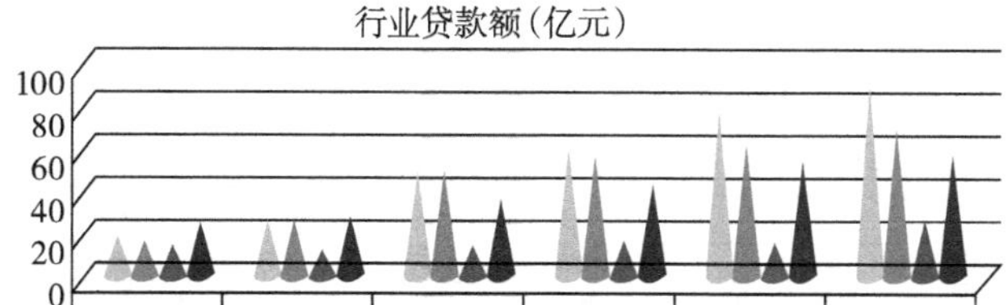

	2008	2009	2010	2011	2012	2013
机械	19.59	26.98	50.51	61.98	77.48	89.59
化工	16.78	28.02	49.46	58.29	64.01	71.16
汽车	15.2	14.33	14.78	17.46	16.42	27.51
纺织	26.07	28.95	37.22	44.13	53.01	57.77

图 1　2008—2013 年盐城市四大支柱产业从金融机构贷款情况

数据来源：中国人民银行盐城市中心支行。

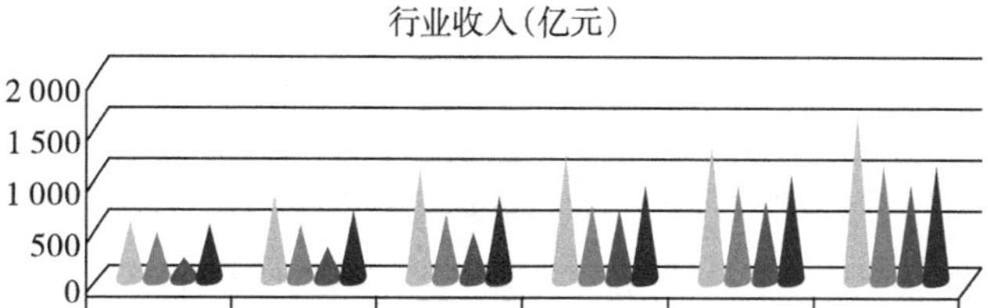

	2008	2009	2010	2011	2012	2013
机械	577.53	819.8	1 095.05	1 252.8	1 313.8	1 642.81
化工	472	538	637.3	741.53	953.63	1 142.98
汽车	211	314.5	475.93	681.2	744.4	922.25
纺织	547	680.8	847.4	893.8	1 049.52	1 132.14

图 2　2008—2013 年盐城市四大支柱产业行业收入情况

数据来源：《盐城统计年鉴》。

（2）实证结果及分析

图 3 为 2008 – 2013 年盐城市四大支柱产业行业收入和银行贷款的折线图，从中我们发现：四大支柱产业的行业收入均和银行贷款有着明显的正相关性，尽管相关程度不一，但却说明了盐城市金融行业和四大支柱产业的融合现状。

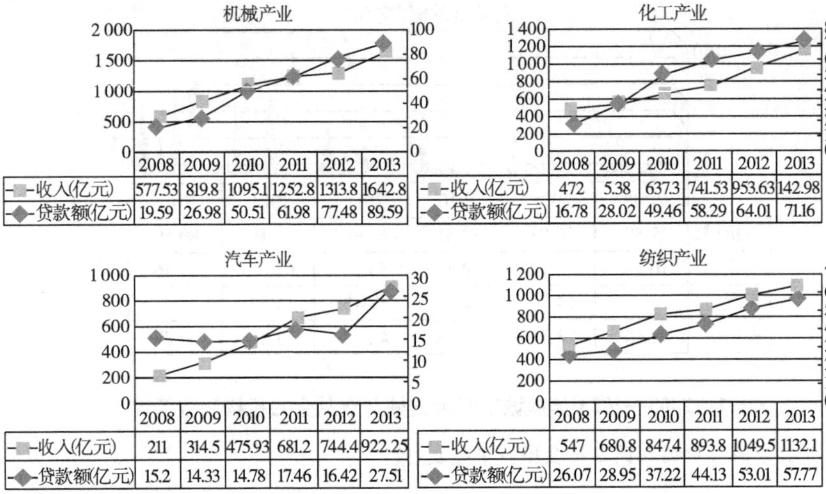

图 3　2008—2013 年盐城市四大支柱产业行业收入和银行贷款折线图

数据来源：中国人民银行盐城市中心支行、《盐城统计年鉴》。

为了定量分析产业之间的融合度，本文利用灰色关联度和 Pearson 相关系数这两个统计方法，研究了金融行业和四大支柱产业之间的产业融合度，结果见表 5。

表 5　2008—2013 年盐城市金融行业和四大支柱产业的产业融合度

产业	机械	化工	汽车	纺织
灰色关联度	0.75	0.83	0.70	0.80
pearson 相关系数	0.98	0.91	0.77	0.98

2. 盐城市支柱产业的产业发展和金融支持关系分析

在对盐城市金融行业与支柱产业的产业融合度研究中，我们发现盐城市四大支柱产业和金融行业有着明显的产业融合度，银行贷款与行业收入之间的正相关性是非常明显的。因此，在此研究的基础上，我们进一步深入研究金融支持与盐城市支柱产业的产业发展关系。将分析金融机构的贷款是否能够有力增强盐城市支柱产业的造血功能。其关系用四大支柱产业的收入增长与上年银行贷款反映，图 4 是盐城市四大支柱产业的收入增长与上年银行贷款的折线图。盐城市上年银行贷款和行业收入增长额的关联性结果见表 6。

表 6　盐城市四大支柱产业行业收入增长和上年银行贷款关联性

产业	机械	化工	汽车	纺织
灰色关联度	0. 82	0. 84	0. 74	0. 85
pearson 相关系数	0. 96	0. 94	0. 60	0. 96

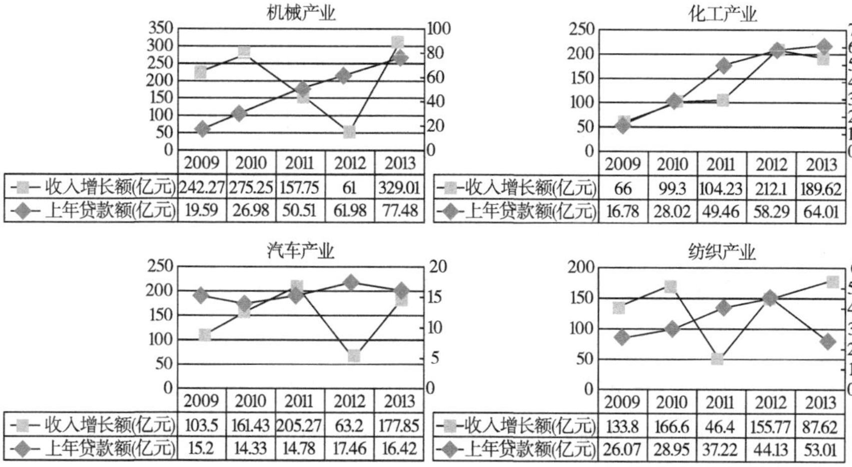

图 4　2008—2013 年盐城市四大支柱产业行业收入增长和银行贷款折线图

3. 盐城市金融业与各行业产业融合度关联矩阵分析

通过上述分析，我们知道盐城市金融行业与四大支柱产业有着明显的产业融合度，但还需要对机械、化工、汽车、纺织、金融这五个行业进行主成分分析，以进一步研究盐城市金融业与四大支柱产业的产业融合情况。表 7 为这几个行业的灰色关联系数矩阵。表 8 是灰色关联系数矩阵的特征值和对应的特征向量。每个特征值和特征向量对应一个主成分。

表 7　产业融合灰色关联系数矩阵

	机械	化工	汽车	纺织	金融
机械	1. 00	0. 62	0. 80	0. 61	0. 80
化工	0. 62	1. 00	0. 63	0. 58	0. 60
汽车	0. 80	0. 63	1. 00	0. 83	0. 73
纺织	0. 61	0. 58	0. 83	1. 00	0. 79
金融	0. 80	0. 60	0. 73	0. 79	1. 00

表 8 关联矩阵特征值及特征向量

	主成分一	主成分二	主成分三	主成分四	主成分五
特征值	3.87	0.51	0.39	0.20	0.03
累计贡献率	77.31%	87.53%	95.40%	99.41%	100.00%
特征向量	0.44	0.16	0.76	0.31	0.34
	0.42	-0.72	-0.03	-0.47	0.28
	0.46	0.46	0.09	-0.58	-0.48
	0.44	0.38	-0.62	0.15	0.49
	0.47	-0.31	-0.18	0.57	-0.57

4. 传统产业融合度分析

通过对分析模型的建立，我们知道，通常用两个行业的某一个相同变量的关联性来度量两个行业的产业融合度。因此，我们用金融业和其他行业的收入的关联性来度量金融业与其他行业的产业融合度。但是从直觉上，金融业的收入和其他行业的收入只存在数学上的相关关系，相关关系背后并不存在因果关系。为了论证本文中建立的产业融合度模型的合理性，现采用传统思维方式，构建产业融合度模型，并和本文中产业融合度模型下得出的结果做比较。为此，通过调研，我们获取了盐城市金融业2008—2013 年的行业收入，数据见表 9。同时，本文分别计算金融行业营业收入与贷款利息收入和其他行业收入的关联性，结果见表 10。与表 5（2008—2013 年盐城市金融行业和四大支柱产业的产业融合度）相比，非线性产业融合度结果几乎一样，但是线性产业融合度结果相差较远。表 5 中，化工和汽车产业与金融行业的线性产业融合度显著比机械和纺织产业低，而表 10 中，则恰恰相反。因为化工产业和汽车产业有相当一部分比例的贷款是从外市获得，所以表 5 中的结果更加可信。因此，利用银行贷款和相关行业的行业收入的关联性来度量金融行业和相关行业的产业融合度更加合理。

表9　2008—2013年盐城市金融业行业收入一览表　　单位：亿元

年份	营业收入	其中：贷款利息收入
2008	46.31	54.72
2009	54.47	55.30
2010	71.10	73.67
2011	97.46	103.68
2012	110.58	125.80
2013	124.83	136.37

表10　传统模式下2008—2013年盐城市金融行业和四大支柱产业的产业融合度

	机械	化工	汽车	纺织
灰色关联度－营业收入	0.74	0.82	0.69	0.80
pearson－营业收入	0.97	0.97	1.00	0.97
灰色关联度－贷款收入	0.74	0.82	0.68	0.80
pearson－贷款收入	0.94	0.97	0.98	0.96

（三）结论

1. 盐城市金融行业与支柱产业的产业融合度实证结果

经过上述实证研究，我们得出，从线性产业融合角度来看，和金融行业产业融合度最高的是机械产业和纺织产业，均为0.98，其次是化工产业，为0.91，汽车产业最低，为0.77。从非线性产业融合角度来看，和金融业融合度最高的是化工产业，为0.83，其次是纺织产业，为0.80，再次是机械产业，为0.75，最低是汽车产业，为0.70。

2. 盐城市支柱产业的产业发展和金融支持关系分析结果

如表6（盐城市四大支柱产业行业收入增长和上年银行贷款关联性）所示，我们发现机械、纺织和化工产业的收入增长与上一年度的贷款关联性较高，灰色关联度均达到0.80以上，pearson相关系数达到0.94以上；汽车产业的收入增长与上一年度的贷款关联性尽管相对较低，但是灰色关联度也达到0.74，pearson相关系数为0.60。

数理分析结果表明，盐城市对四大支柱产业的贷款从不同程度上增强了相关产业的造血功能，支持了相关产业的发展。

3. 盐城市金融业与各行业产业融合度关联矩阵分析结果

第一主成分中，每个行业的权重（即最大特征值所对应的特征向量）大致相当，均在 0.45 左右，说明第一主成分主要体现了经济大环境的影响。

第二主成分中，金融、化工产业权重为负，机械、汽车、纺织产业权重为正，这是由于盐城市化工行业产品结构不尽合理，污染严重。

第三主成分中，纺织、金融产业权重显著为负，化工产业趋于 0，纺织、汽车产业权重为正，这是由于纺织产业技术装备水平不高，选择路径不优。

第四主成分中，化工、汽车产业权重为负，机械、纺织、金融产业权重为正，这是因为化工产业和汽车产业有相当一部分比例的贷款是从外市获得，而机械产业和纺织产业的贷款来源主要是市内金融行业贷款。

第五主成分贡献率太低，有可能是随机扰动。

四、影响金融业与支柱产业融合发展的因素分析

（一）政策法规因素

1. 分业经营、分业监管的限制

产融结合要求金融机构为企业提供全方位的服务，企业不仅需要存款、贷款和结算等银行服务，还需要信托、证券和保险方面的服务。盐城目前除农商行等法人金融机构之外，没有本土的信托、证券、保险公司。目前随着资本市场的发展，中小板块与创业板块的上市要求放开，无论是大企业还是中小企业都开始向资本市场融资，但我国金融业目前实行分业经营、分业监管的经营管理体制，客观上为银行机构提供全方位的金融服务制造了难度。同时，商业银行也难以通过向工商企业进行资本参与开辟多样化的资本盈利途径，其原有营运空间也受到工商企业的外来挤压，也不利于银行不良资产的消化和处理。短时期内，尤其在东南亚金融危机和

2007 年底爆发的世界金融危机后，金融分业监管的格局不会改变，这必然会对产融结合的进程产生抑制作用。

2. 产融结合管理缺位

除国资部门对大型国企投资金融业的相关管理外，地方政府对产融结合没有明确的管理规定，对地方企业、民营企业投资金融业的行为没有规范。盐城辖内企业投资银行的行为仍处于无序状态，对企业的资质、经营范围没有进行限制，而企业投资银行的权益也无法得到保证，有的银行连续几年不分红，也没有公开透明的股权转让市场。

3. 相关中介机构缺乏

企业产融结合过程中涉及资产、资信、投资项目评估、已投资项目的经营与管理等问题，这些是产融结合能否成功的关键问题。各类中介机构是促使这些因素有效运作、实现产融结合机制市场化的重要保障机构。但盐城辖内各类中介机构数量少、专业水平低、信誉差，各项规定制度也欠完善。为积极推进盐城市企业产融结合，必须建立和完善各类中介机构。

（二）从金融业角度来看

1. 法人机构数量少且实力弱

目前盐城金融业仍然是以银行业为主体，2014 年底，盐城辖内有 39 家银行业金融机构，其中分支机构 24 家、法人机构 15 家。盐城市本地法人金融机构刚由农村信用社改制不久（8 家农商行和 7 家村镇银行），尚处于发展初期，资本实力、盈利能力有待提高，助推经济增长仍有待时日。

2. 银行服务创新能力不足

盐城辖内银行普遍存在服务质量、服务效率不能令人满意，专业化的服务水平不高，全方位服务、主动超前服务不够等问题。目前，一些商业银行，特别是基层行把银行与企业的关系还是定位于债权人与债务人之间的关系，而没有意识到是一种需求与供给的关系，服务意识不强，主动营销不够。例如，银行因集约化经营对部分经营网点调整时，没有考虑到企业的需求，也没有采取相应的补救措施，增加了企业经营成本；节假日银行无会计人员值班，导致企业贷款回笼和支付信息阻断，影响企业会计核算和企业经营决策的时效性；异地汇款还存在压票、压款现象，办理业务时效性差等。再如，沿海大开发带来了对海洋经济、国际业务、供应链融资等多元金融产品的需求，而盐城的银行几乎无法满足这种需求。随着资本市场发展进程的加快，更多的企业将会选择 IPO、TOT、PE 等方式迅速募集资本，有效信贷需求不足将是银行今后面临的一大挑战。同时，盐城部分县域和乡镇存在正规金融供给不足问题，导致民间借贷盛行，充分反映了银行在服务于地方经济发展尤其是服务“三农”方面的缺位。

3. 管理手段相对落后

盐城中小银行尚处于发展初期，改制后的农商行“换汤不换药”，仍然使用传统的“人治”风险管理手段，可以说是“重经营、轻管理”“重数量、轻质量”“重人防、轻技防”。例如，存款“抢时点”现象，即在年中或年末存款开始直线上升，但考核过后数额便直线下降。再如，贷款“三查”流于形式，往往就是写份调查报告、拍几张照片，贷款利率定价也大多数根据担保方式来确定上浮幅度，没有科学有效的利率定价系统，更没有能力为企业提供综合性融资服务。

4. 人才紧缺阻碍发展

盐城市拥有五所普通高校，实力较强的盐城师范学院、盐城工学院均设有经管相关专业。然而，无论从数量还是质量上看，缺少高端金融人才仍然是盐城产融结合发展的最大阻碍。沿海大开发下，盐城涉外金融事务大量增加，辖内金融机构由于缺乏这方面的经验和高水平人才，提供国际业务金融服务显得力不从心。

（三）从实体企业来看

受区域经济金融发展水平制约，辖区产融结合总体上处于案例少、浅表化发展阶段，产融结合的战略优势、范围经济效应、协同效应等显现并不充分，而其存在问题则主要表现在实业企业的投资意图偏差、风险的跨界传递和对其管理及监管有待强化。

1. 盐城经济工业化程度较低

一个地区的经济发展水平制约着产融结合程度，而盐城的产业结构在江苏省内处于较低发展阶段。近五年，在产值比重上，盐城第二产业比重平均水平 47.32%，低于江苏省平均水平 51%，同时，远低于苏中地区平均水平 54.5%。在就业比重上，盐城第二产业比重平均水平 32%，低于江苏省平均水平 43.64%，同时，远低于苏中地区平均水平 48.01%。总之，无论从三次产业创造产值的角度，还是从三次产业吸收劳动力的角度来看，盐城工业化的程度都低于江苏省平均水平，远低于苏中地区平均水平。

2. 实体企业表现出投机性获利倾向

一是部分实业企业侧重关注获得融资便利，而不关心投资收益，更不关心金融机构的经营，投出资金异化为融资质押，失去了权益性投资应有的流动性及"用脚投票"机制的激励约束作用。二是对金融风险估计不足，投资带有盲目性。部分民企投资金融业主要是出于金融业的高回报及自身资金的暂时闲置的"冲动型"投资行为，追求短期收益，缺乏长远的规划和必要的管理。

3. 风险跨行业传递问题显现

随着实体经济整体下行，房地产、纺织等支柱产业低迷，辖内有部分实体企业经营不善，将其持有的金融机构股权进行抵押、转让，给相关金融机构稳定性带来隐患，产融结合所固有的风险跨行业传递问题有所显现。部分实业股东不能正视经济周期性波动带来的盈利能力变化，行业低迷时，要求转让股权甚至撤股，对金融机构股权稳定性带来隐患。调查显示，近三年，盐城市法人银行机构股权转让呈逐年上升趋势，2012 年股权转让 9 笔，金额合计 1 203.23 万元，占股本总额的 0.36%；2013 年股权转让 148 笔，金额合计 16 980.23 万元，占股本总额的 5.36%；2014 年股权转让 364 笔，金额合计 36 145.39 万元，占股本总额的 9.04%。

五、盐城金融业与地方产业融合发展的思路与对策

盐城金融业要想充分发挥好对经济的促进作用，与盐城地方产业相融

合，就应当做到“融入地方经济全局、融通客户需求服务、融合支柱产业共赢”。“融入地方经济全局”是对金融业发展理念的要求，要求各家金融机构立足于盐城地方经济社会发展，积极支持和推动各项事业发展。“融通客户需求服务”是功能层面的要求，各金融机构要主动出击，服务目标客户，做到与其他产业融为一体，形成整体合力。“融合支柱产业共赢”是对效果的评价，金融业要与盐城地方的各大产业达到共同发展的境界，实现金融与整个经济的共同繁荣。

（一）树立融入地方经济全局的经营理念

盐城金融业要加大对地方经济的支持和推进力度，一定要紧紧围绕地方产业发展方针，切实为重点项目建设和骨干企业发展提供融资服务，最大限度地放大经济发展战略的拉动作用，为盐城市经济发展继续保持高速度、高收益提供充裕的资金支持。各金融机构要树立起三种意识：

一是又好又快的发展意识。只有自身发展起来才能更好地服务于经济，银行业应积极主动地开拓新市场、新业务、发掘新客户，通过不断争取新的市场份额，寻求新的业务增长点，保持银行自身良性快速发展，更好地发挥融通资金和服务经济发展的功效。

二是全心全意的服务意识。作为服务业，金融机构应当始终树立“以客户为中心”的服务意识。从机构网点的设立、业务流程的设计到业务产品的开发以及营销，再到售后服务的保障等，都应该量身定做，量体裁衣，设计出适合地方经济需求和客户要求的业务和产品。只有这样才能提高金融对经济的推进力，优化金融对经济的辐射和支撑作用。

三是贴近实际的创新意识。金融作为开放的行业，应该具有创新的意识和动力。盐城金融机构应切实强化市场调研，针对市场需求进行业务研发、产品设计。例如，针对地方汽车的龙头大企业，可以搞银团贷款；针对旅游产业，可以推出产业链服务计划。总之，盐城金融业要全面树立创新意识，切实把创新和有针对性的需求结合起来，实现具有产业特色以及地域特色的创新。

（二）贯彻好融通客户需求服务的经营策略

金融业要充分发挥资金融通功能，离不开自身能动性的发挥。要切实转变经营策略，主动出击、锐意进取，积极主动地利用金融业务打通整个经济有机体，激活各个产业的联结点。建议政府部门和金融机构应着力健全以下三种机制：

一是健全产业政策传导机制。盐城地方产业政策是盐城市经济发展的风向标。因此，金融机构尤其是银行业要健全政策传导机制，确保政策的及时传导，增强执行效果，加强信贷政策与产业政策协调配合，充分发挥金融资源配置对实体经济发展的引领和促进作用。加大对市产业政策中重点扶持的企业、项目的信贷支持，优先支持汽车、医药化工、纺织等支柱产业，加大对重点骨干工业企业、高新技术企业、外向型企业的信贷投入，推进经济结构调整和转型升级。按照地方产业政策的部署，制定金融支持项目建设的实施意见，落实月度督查、季度分析、年度考核。银行业金融机构要提前介入重点工业投资、重要招商引资等项目的谋划和运作，帮助研究融资方案，及时提供信贷资金，支持项目顺利开工建设。加大对有利于盐城市产业链完善、核心竞争力提升、产业结构优化的重点工业项目、文化旅游项目的支持力度。

二是健全资金供求联动机制。充分发挥金融对经济的长效支持作用，处理好信贷支持和财政投入、官方资本和民间资本的关系。要形成一种“财政投入注重引导、信贷资金适时跟进、民间融资有效参与”的资金联动机制。政府要不断健全财政资金和信贷资金、官方资本和民间资本联动机制的培育，寻求合作的切入点，明确项目的风险界限以及协作范围，走上财政资金和信贷资金相互递补、金融资本和民间资本聚结合力的良性发展轨道。各金融机构用足用好各项扶持政策，优化金融资源配置，积极争取各省行扩大对盐城市分行的信贷限额计划，加大对盐城的信贷投放，充分发挥主力军作用。政府相关部门要出台政策，支持地方城商行、农商行做大做强，将其打造成覆盖全市的区域性商业银行并积极向外拓展；通过增资扩股等市场化手段，提高农村银行资金实力和经营能力；积极稳妥地开展村镇银行、农村资金互助社等新型农村机构的设立工作；通过“减税负、扩业务、宽限制、强实力”等措施鼓励小贷公司发展，支持符合条件的小贷公司转为村镇银行。

三是健全金融服务机制。经济主管部门和金融机构要积极发展直接融资，大力宣传推介短期融资券、中期票据、中小企业集合票据、区域集优债等直接债务融资工具，推动符合条件的重点企业、重点项目在银行间债券市场直接融资。培育优质企业和后备上市企业，狠抓股票首发上市，提高一次性过会成功率；支持引导上市企业利用资本市场扩大再融资规模。精心筛选发债企业，推动更多符合重点产业政策规划的中小企业发行私募债。政府投融资平台要充分利用市政债和资产证券化工具，借力资本市场拓宽融资渠道。加快担保体系建设，可以通过增加资本金、兼并重组等方式，做大规模，提升实力，形成以政策性担保机构为引领、民营担保机构为主体的融资担保体系。重点做强市本级融资性担保公司，并建立资本金补充机制。积极创造条件，适时组建财政出资的市级再担保公司，为盐城市各类担保机构提供增信和分险服务。鼓励金融机构与担保公司加强业务合作，合理确定担保放大倍数和风险分担比例，对优质项目给予贷款利率优惠。

（三）努力实现融合支柱产业共赢的发展目标

金融业与地方产业之间存在着相互依存、彼此促进的关系。金融业的发展得益于经济的快速增长，金融业的繁荣又对产业发展起推波助澜的作用。要想实现盐城市经济的科学发展、和谐推进，应突出以下三点：

一是加大政府引导力度。切实提高对金融工作的认识，加强组织领导和协调服务工作，全力支持金融业改革、创新和发展。加强对金融机构的信贷调度，确保信贷总量与实体产业经济的发展需求相适应，投放节奏与实体经济的运行节奏相衔接。改进对金融机构的绩效考核，加大金融创新奖励力度，建立财政性资金存放评价激励机制。推进社会信用体系和金融法制环境建设，加强金融监管，严防金融风险，打造盐城金融集聚区。多渠道、多方式设立企业应急转贷资金，整合民营企业、中小企业贷款风险补偿资金，建立“金融生态基金”。提升金融业数据采集、汇总、分析、应用的制度化、科学化水平。

二是创建融资服务平台。创建由政府主导、部门承办的企业融资服务平台，整合政府及其部门、企业、银行、小贷、担保、中介机构等资源，发布政府部门扶持政策、金融机构信贷政策、资信评级机构信用评级、企业融资需求等信息，提供在线融资服务，实现各类信息的透明化、信息传递的高速化及信贷审批的便捷化。促进资本市场发展，加快培育与现代金融相适应的现代企业，支持优质企业多渠道、多形式进入资本市场。鼓励引进和设立具有一定资质的金融租赁公司、财务公司、第三方仓储、资产监管公司等金融服务中介机构。

三是做好金融机构定位。金融机构应充分加强金融机构之间、金融机构与行政机关以及司法机关等外部机构的合作与沟通。不断加强“银企合作”“银证合作”“银保合作”以及“银政合作”力度。辖内金融机构要差别定位、错位竞争，“农”字头机构一定要立足“三农”，服务县域；中小银行则要为中小企业融资提供“一站式”服务；大型银行要抱团支持地方大项目、大企业的金融需求。不断推进信贷产品创新，以产业龙头骨干企业为中心厂商，开发产业链、供应链信贷产品。积极探索新型担保抵押方式，发展股权、知识产权、收费权等质押融资品种。转变“抵押为本”信贷理念，探索中小企业信用贷款，试行小额贷款保证保险业务，开展担保类、承诺类等表外创新业务。创新还款续贷方式，减少信贷期限错配，实现“无缝续贷”。

参考文献

[1]拉法格文选[M].北京:人民出版社,1985(8).

[2]鲁道夫·希法亭.金融资本——资本主义最新发展的研究[M].福

民,等,译.北京:商务印书馆,1994:250.

[3]列宁全集(第54卷)[M].中文第2版.北京:人民出版社,1990:375.

[4]Alexander Gersehenkron. Economic Backwardness in Historical Perspective: a book of essays[M]. Cambridge: Harvard University Press,1964.

[5]Akira Goto. Business Groups in a Market Economy. European Economic Review[J]. 1982,19(1):53-70.

[6]吴大焜.金融资本论[M].北京:中国金融出版社,1993:178-183.

[7]谢杭生.产融结合研究[M].北京:中国金融出版社,2000:324-332.

[8]傅艳.产融结合研究[M].北京:人民出版社,2003:8-10.

[9]黄强.现代产融结合新论[M].北京:企业管理出版社,2001:99-123.

[10]赵文广.企业集团产融结合理论与实践[M].北京:经济管理出版社,2004:45-52.

[11]张庆亮,杨莲娜.产融型企业集团:国外的实践与中国的发展[M].北京:中国金融出版社,2005:15-25.

[12]王勇.新经济形势下的产融结合研究[M].北京:中国经济出版社,2005:33-69.

[13]刘保华.中国基础设施产融结合模式研究[M].北京:中国经济出版社,2006:26-289.

[14]张庆亮,孙景同.我国产融结合有效性的企业绩效分析[J].中国工业经济,2007(7):96-102.

[15]古晓慧.大型国有企业产融结合及其效用分析[J].商场现代化,2008(5):198.

[16]罗辉,刘爱东,杨松.产融结合的区域经济联动分析[J].上海管理科学,2010(4):26-28.

[17]李惠彬,董琦,曹国华.基于熵理论的我国产融结合趋势分析[J].

统计与决策,2011(11):85－87.

[18]吴利军,张英博.我国产融结合现状及未来发展的有关思考[J].经济社会体制比较,2012(5):159－168.

[19]尹琪,耿松涛.产融结合的模式选择[J].中国外汇,2013(22):23－25.

[20]郭静红.产融结合的商业模式分析[J].金融发展评论,2014(1):135－142.

盐城金融生态环境存在的问题与对策研究①

郑志来　蔡柏良

【摘要】 金融生态环境关系着一个地区的经济增长。本文从盐城经济环境总体情况、盐城经济发展水平、盐城可持续发展能力、盐城金融业发展水平和盐城金融风险防范能力等五个方面来分析盐城金融生态环境基本情况。通过实地调研得出的盐城金融生态环境相关数据，对盐城金融生态环境主要存在的十个方面问题进行了分析，并提出了相应的十大对策建议以此优化盐城金融生态环境。

一、文献综述

目前针对金融生态环境研究的文献主要集中在金融生态环境测评体系研究、金融生态环境对经济增长影响、区域性金融生态环境评价等三方面。代表性文献主要有：中国人民银行洛阳中心支行课题组（2006）[1]构建了金融生态环境评价指标体系，认为其应包含定量指标和定性指标两个子体系，共设计127项指标。定量指标设计包括经济发展水平、金融资源水平、社会信用和法制环境3个目标层、14个准则层，计90项指标；定性指标包括金融法律法规的完善程度和执行状况等4项标准，计37项指标。熊学萍（2013）[2]认为，受2008年金融危机的影响，汉川市的金融生态环境状况有较大的波动；法治环境和经济发展环境是影响金融生态环境的最主要的因

① 课题来源：盐城市金融研究院，2014.10—2015.06，项目编号：2014YCJR007

作者简介：郑志来，汉族，男，江苏建湖人，盐城师范学院副教授，博士；蔡柏良，汉族，男，江苏昆山人，盐城师范学院教务处处长，教授。

素。要改善汉川市农村金融生态环境，必须完善金融业发展的法律和制度环境，实行“金融法治”。邓瑜（2015）[3]从经济基础、社会信用法制、地区金融发展等方面分析了其现状，总结了河南的金融生态环境存在经济基础薄弱、经济运行质量不高、产业结构失衡等问题，同时提出了优化产业结构、培养发展多层次资本市场、积极筹建多元化金融机构、鼓励金融创新、丰富金融产品等建议。黎和贵（2007）[4]提出良好的金融生态环境能够营造“资金洼地”，从而促进当地的经济增长；不良的金融生态环境，往往造成巨额的不良资产，导致金融资源的低效配置，不利于经济的发展壮大。邓淇中（2012）[5]根据金融生态评价指标得出：成熟型的金融生态环境主要集中在东部地带，以广东、上海、北京竞争力最强；落后型的金融生态环境多集中在西部地带，以青海、宁夏、贵州竞争力最差；潜力型和成长型的金融生态环境则是中部地带各省市主要表现形式。

二、盐城金融生态环境基本情况

通过对盐城市区实地调研，根据盐城市统计局、人民银行盐城中心支行和银监会盐城监管分局等相关机构最新数据，并结合《江苏省县域金融生态环境评估指标体系》。从盐城金融业实际情况和数据可获得性，本课题组从盐城经济环境总体情况、盐城经济发展水平、盐城可持续发展能力、盐城金融业发展水平和盐城金融风险防范能力等五个方面来分析盐城金融生态环境基本情况。

盐城金融总体情况：一是存贷款规模再上新台阶。至2014年末，全市贷款余额2 604亿元，2014年新增389亿元，增速17.58%，增速列全省第1位，增量列苏北第1位，创历史最好水平。全市存款余额3 721亿元，2014年新增501亿元，增速15.56%，增速列全省第二位。二是拓宽融资渠道取得新突破。至2014年末，全市上市企业9家，新三板挂牌企业4家。2014年，全市共发行27个总金额184.99亿元的直接融资项目，同比多增91.34亿元，同比增长97.5%，直接融资余额424.58亿元。三是金融机构集聚开创新局面。至2014年末，全市银行机构达35家，列全省第5位。保险机构53家，2014年实现保费收入87.49亿元，列全省第8位。全市证券期货营业部20家。小贷公司42家。四是金融生态环境建设取得新进展。全市已有金融生态优秀县（市）2家，达标县（市、区）5家。

（一）盐城市经济发展水平

根据《江苏省县域金融生态环境评估指标体系》，盐城市经济发展水平实际情况，选择了人均地区生产总值、人均公共财政预算收入、居民人均可支配收入和人均社会消费品零售总额等四个指标。2014年盐城市人均地区生产总值达53 115元（按2014年年平均汇率折算约8 692美元），比2013年增长10.9%，排名位居江苏13个地级市第10名，跟GDP总值相比位次下降了3位。2014年盐城市人均公共财政预算收入超过5 000元，达到5 045元，排名位居江苏13个地级市第10名，跟公共财政预算收入的总值相比位次下降了3位。2014年盐城市全体居民人均可支配收入20 543元，比上年增长10%，其中城镇常住居民人均可支配收入25 854元，比上年增长9.2%；农村常住居民人均可支配收入14 414元，比上年增长11.6%。2014年盐城市人均社会消费品零售总额达到15 869元。

（二）盐城市可持续发展能力

根据《江苏省县域金融生态环境评估指标体系》，盐城市可持续发展能力衡量指标，选择了全市固定资产投资、全市城镇化率和第三产业增加值占比等三个指标。2014年，全市完成固定资产投资2 751.4亿元，比上年增长23.2%，江苏省2014年全年完成固定资产投资41 552.8亿元，比上年增长15.5%，盐城虽位居江苏13个地级市第7名，但增长率快于江苏省平均水平。2014年盐城市城镇化率达到58.5%，比2012年提高了3个百分点，跟江苏65.2%的平均城镇化率相比相差6个多点。2014年盐城市第三产业增加值占比为40%，跟全省平均水平相比偏低了6个百分点。

（三）盐城市金融业发展水平

根据《江苏省县域金融生态环境评估指标体系》，盐城市金融业发展水平衡量指标，选择了存款余额和贷款余额，保险密度、深度等三项指标。2014 年，全市共有银行业金融机构 39 家，年内净增 3 家。金融机构年末本外币存款余额 3 721 亿元，比年初增加 501 亿元，金融机构年末本外币贷款余额 2 603. 8 亿元，比年初增加 389. 2 亿元其中中长期贷款 1 135 亿元，比年初增加 183. 5 亿元。截至 2014 年底，盐城市上市公司数量 13 家，位于江北八市第三。2014 年，全市拥有市级专业保险机构 53 家，其中产险机构 21 家，寿险机构 32 家，保险分支机构及营销网点 632 个，保险从业人员 24 354 人。全市实现保费收入 94. 4 亿元，比上年增长 30. 9%，其中财产险 26. 75 亿元，比上年增长 24. 2%；人身险 67. 7 亿元，比上年增长 33. 8%。2014 年盐城市保险密度即人均保费达到 1 293 元，保险深度即保费收入占 GDP 比重达到了 2. 46%。

（四）盐城市金融风险防范能力

根据《江苏省县域金融生态环境评估指标体系》，盐城市金融风险防范能力衡量指标选取了盐城金融机构现状、财政自给率、地方金融管理规划和社会环境等四个方面加以衡量。目前盐城银行业主体为国有商业银行与股份制商业银行在盐分支机构以及各县市区农村商业银行，国有商业银行与股份制商业银行在盐分支机构这类性质商业银行只存在系统性风险，各县市区农村商业银行发展势头良好，其利润增长率维持在 10% 左右，银行业法人金融机构资本充足率达到了 12. 1%。不良贷款率大概为 2. 8% 左右，高于国有商业银行、股份制商业银行与城市商业银行的平均值。财政自给率，公共财政预算收入/公共财政预算支出，2014 年盐城公共财政预算收入 418 亿元，公共财政预算支出 602. 2 亿元，财政自给率达到 70%。公共财政税收收入/公共财政预算收入，公共财政税收收入 341. 4 亿元，税占比达到 82%。盐城在地方金融管理上制定了金融产业发展规划，出台了《盐城市金融高地建设（2013—2020）总体规划暨金融业发展三年（2013—2015）行动计划》。在经历 2014 年初射阳农商行庆丰分理处挤兑风波后，盐城金融监管机构加强对具有融资功能的非金融机构管理，引导其健康发展。在社会环境方面，截至2013年6月，盐城共有33家融资性担保机构，近几年盐城会计师事务所、律师事务所有了明显增加。

三、盐城金融生态环境存在的主要问题

通过上述对盐城金融生态环境调研和数据分析，从纵向上来看，盐城金融生态环境逐年好转，盐城金融业综合发展水平层次跟江苏同类型地区相比位于前列，处于江苏金融次高地。盐城的《江苏省县域金融生态环境评估指标体系》也印证了我们课题组的分析——盐城金融生态环境建设虽取得长足进步，但较发达地区比较仍存在不少问题。下面结合本课题调研和盐城金融生态环境相关数据，对盐城金融总体存在的四个方面问题和盐城金融生态环境主要存在的十个方面问题进行分析。

盐城金融总体存在的问题：一是金融业总量规模较小。全市金融业总量规模仍然较小，2014年全市GDP列全省第7位，贷款余额列全省第10位，贷款投放与GDP位次不匹配。从总量上来看，仍然偏低，金融支撑经济能力仍需提升。二是金融业态还不够丰富。外资银行、财务公司、汽车金融公司等金融业态还是空白，金融机构体系仍需进一步完善。三是中小微企业融资难问题还未从根本上破解。目前人行征信系统中有56 673家中小微企业，征信系统中与银行有贷款业务的只有6 434家，贷款覆盖面较小，中小微企业抵押担保难、融资产品少等问题仍然未能从根本上解决。四是金融生态环境仍需优化。部分新型农村合作金融组织和市场主体违规吸收公众存款，非法集资案件仍然多发，影响农村金融稳定。

盐城金融生态环境的十大问题：

第一，盐城各大商业银行正在退出农村市场。据调研，四大国有商业银行在农村的网点正在收缩，并逐步取消，新开设股份制商业银行和城商行其选址都集中在城市。服务于农村的商业银行，其主体网点都集中在城市，尤其是新增设的网点几乎都集中在城市。各类性质的银行业务结构以城市贷款为主，导致支农惠农贷款不足，农村资金外溢现象严重。农村民

间融资现象比较盛行，而农村金融生态环境抵御风险能力又相对较差，存在着一定金融风险。在部分县市区民间融资现象比较严重，资金流转不到实体经济，存在着潜在的金融风险，2014 年射阳农商行挤兑事件，也反映了这一问题。

第二，盐城居民和企业信用体系不健全。到目前为止，盐城还没有建立起完整的居民和企业信用体系档案。根据调研情况来看，目前商业银行征信系统依赖人行，而没有针对公安部身份证信息查询中心、财税局、工商局、法院等相关部门联合信用数据体系。现有人行征信系统的信息覆盖面相对狭窄，全社会信用评级、信用奖惩、信用文化尚待构建。人行征信系统反映数据不完整、不全面、不及时，信用体系不健全降低了居民和企业的失信成本，增加了盐城金融生态环境的潜在风险。

第三，盐城金融构成不合理。根据调研和既有统计数据，盐城的金融多样性和规模不足，资金流转效率低，没有形成规模效益。而现有商业银行除网点外，盐城缺乏商业银行总部和核心部门。盐城金融体系相对比较单一，目前盐城金融主体为商业银行，证券、保险等金融机构相对发展滞后，数量和规模都比较弱，其中证券营业部网点集中在盐城大市区，各县市网点数量极少。风投、创投等机构数量较少，且不成规模。盐城商业银行结构主要以各县市区农商行和域外商业银行为主，各县市区农商行规模不大，尤其是在利率市场化和互联网金融背景下，面临着严峻挑战。而盐城的域外商业银行，在盐城经济形势尚可情况下盐城地区资金吸纳与发放相对平衡，在经济形势不好情况下，资金存在着资金供求失衡导致的资金外流现象，也就是在盐城吸纳的存款由于盐城地区贷款质量不高会转移到其他地区。

第四，盐城金融配套机构发展相对不足。根据调研和既有统计数据，盐城的跟金融相关的服务中介近几年数量虽有所增加，但跟需求相比存在不足，这一方面制约了金融发展壮大，另一方面割裂金融和实体完整配套连接，制约了金融服务实体经济功能完整发挥。金融服务中介规模还偏小，融资担保机构发展缓慢，融资担保机构创新性业务不够，依赖于传统方式进行担保。盐城经济转型升级与金融服务配套没有相匹配。

第五，盐城金融机构布局较为分散。根据调研，盐城虽建设有金融城，但进驻机构不多，未能形成现代化的金融商务集聚区，跟苏南以及徐州等地相比存在不小差距。盐城金融机构布局分散，导致信息沟通不畅。同时盐城金融机构布局分散，不利于发挥金融集群效应、引进金融机构和人才，既影响了盐城金融业的进一步发展，又制约了城市建设金融高地，发挥金融对经济引领功能作用。

第六，盐城金融产权以公有制为绝对主体，民营资本比例发展不足。2015 年李克强总理在两会报告明确提出：“推动具备条件的民间资本依法发起设立中小型银行等金融机构，成熟一家，批准一家，不设限额。”根据调研，目前盐城市商业银行的产权制度还是以公有制为绝对主体的制度安排，还没有一家真正意义上的民间资本参与的商业银行，削弱了银行经营自主性。其他金融业态也是政府推动为主，没有激活市场活力，建立多元主体活力。同时，盐城市提供企业融资服务的产权交易组织尚未形成规模，无法为企业提供更好的服务。

第七，盐城金融执法环境不佳。根据调研，盐城各县市区存在着很多胜诉的金融案件难以有效执行的现状，这对部分债务人起到不好的示范作用。在部分县市区（如阜宁、建湖等）虽在公众场合公开了失信人或企业名单，失信人或企业由于跑路、无力偿还等原因造成案件执行率不高。同时，金融债权诉讼收费的环节多、费率高，妨碍了金融体系的正常运转，造成了部分案值不高的金融案件涉案人不采取司法途径，使得金融案件的立案率不高。

第八，盐城金融发展中的城乡结构、区域结构、产业结构不平衡。根据调研和统计数据研究，盐城金融机构贷款去向主要集中在中心城市和县域以及大中型企业和重大项目工程，盐城金融支持主要集中在主导产业，对前导产业支持力度不够，尤其是缺乏担保抵押的科技型公司支持力度不够。农村金融基础薄弱，农业和农村以及中小企业的发展缺乏强有力的金融支持。投资融资等方面的“马太效应”在盐城表现比较严重，盐城缺少针对“三农”、中小微企业、科技型企业的投融资机构，金融市场缺乏层次性，对金融生态环境建设和发展极为不利。

第九，盐城企业融资渠道相对单一，民间融资潜藏风险。目前在盐城大中型企业融资的主要渠道是通过银行，间接融资比例过高，中小微企业融资的主要渠道是借助于民间融资，融资成本相对较高，根据几家中小企业主访谈得知，目前中小企业民间融资利率大多为银行贷款的3～4倍，远远高于企业净利率，企业资金成本压力较大。根据我们课题组调研，盐城部分县区出现了专门从事民间融资集聚区，从事民间融资业务的类金融公司资金主要来源于当地居民，一旦经济形势出现下滑，中小微企业竞争激烈，导致利润率下滑，生存出现困难，资金难以正常回收，潜在民间金融风险将比较高。

第十，盐城金融抵押品交易市场没有建立。此次调研，跟许多商业银行行长和部门经理交谈得知，目前经济下行压力较大，房地产市场比较疲软，银行贷款用户抵押品存在流动性差的贬值风险，这大大增加了商业银行的潜在风险，而当前盐城金融抵押品交易市场没有建立，金融生态环境活力不足，这也大大制约了商业银行的放贷行为，从而影响经济发展，形成了一个恶性循环。

以上盐城金融生态环境存在的十大问题，其中有些不仅仅是盐城单方面存在的，而是一个金融生态普遍性问题，如居民和企业信用体系问题，金融系统产权问题，民营银行发展不足问题等。有些则是盐城金融生态相比较来说发展比较弱的问题，如盐城金融业态单一、金融配套发展不足、农村金融发展欠缺潜在风险较大等问题。

四、盐城金融生态环境相应对策研究

本课题根据前面分析盐城金融生态调研情况和盐城金融生态环境存在

的十大问题，分别提出针对此问题的解决方案和思路。盐城金融生态环境十大对策研究：

第一，建立多元化、多层次、市场化程度高的农村金融体系。针对盐城金融机构正退出农村市场现状，加强对现有农村金融网点的维护和优化，同时对金融机构相对薄弱地区，进行金融机构设置规划，确保一定区域内至少有一家金融机构。进一步协调城乡金融发展，确保城乡金融均衡发展。为做到普惠金融，盐城应积极开展农村金融机构试点工作，解决农村地区金融服务不到位、不充分的问题。

第二，加强居民和企业信用体系建立。盐城一方面依靠传统征信机构，发挥中国人民银行盐城分行主体地位，并协调好征信相关职能部门，公安部身份证信息查询中心、财税局、工商局、法院等相关部门联合信用数据，并进一步整合信用信息，建立公开而统一的信用档案和管理系统；另一方面依靠新型征信手段“互联网+”，运用大数据、云计算等技术对居民和企业信息、行为进行分析进而对其信用进行评价。政府有机衔接传统征信机构和新型征信手段，尽快建立盐城居民和企业信用体系。

第三，进一步完善盐城金融机构构成。针对盐城金融构成中证券、保险等机构发展较弱的现实，政府在金融机构引进等方面，加强对证券、保险等发展相对欠缺金融机构引入，同时进一步优化商业银行布局，由商业银行网点引入进入到更高层次引入，商业银行引入注重对农村金融发展的支持。

第四，加快盐城金融配套机构发展。针对课题组调研所发现的问题，盐城金融配套机构、中介机构发展跟金融与实体经济对接需求相比存在不足。加快金融中介服务机构建设。成立银行抵押产品交易市场。政府在相关政策措施方面，鼓励会计师事务所、律师事务所、金融服务中介等机构发展，以此来带动金融与经济互动发展。

第五，加强金融集聚区形成。目前盐城金融城已经建成，并有少部分金融机构进驻，但作为金融集聚区带动和示范作用还显不足。政府在政策引导、资金安排和人才保障等方面，加快金融城作为盐城地区金融集聚区建设，并作为江苏省金融次高地目标进行规划。制定实施计划，加快金融业集聚发展。一是充分发挥政府的统筹作用，成立由相关部门组成的工作小组，及时解决建设过程中的具体问题。二是制定实施规划。根据金融业发展和扬州地区的实际情况，科学制定建设规划和引入规划，规划建设金融后台功能聚集区、服务区，加快项目、机构的引进、集聚。三是加快配套设施建设。合理安排配套设施，加强信息化，抓紧整合完善基础配套服务和设施。四是制定优惠政策。对进入后台服务中心和集聚区的金融机构，给予最优惠的政策和提供最优质的服务。

第六，鼓励民营资本进入金融行业。根据课题组调研，目前盐城民营资本，尤其是有实力的民营企业，对金融领域很感兴趣，好多民营企业正从事类金融服务的小额贷款业务。抓住国家大力发展民营银行的契机，政府应进一步扶持有实力的民营企业做大做强，对符合条件的民营企业进行重点扶持。

第七，优化盐城金融执法环境。针对盐城金融案件立案率不高，执行率偏低的现实，建立金融机构与司法部门的沟通协商机制，提高金融维权效能。应该专门成立针对金融相关案件特别协调机构，加强相关职能机构的联合执法，从执行率上升来带动立案率上升，进而优化盐城金融执法环境。

第八，继续加大对中小企业和“三农”的支持，促进区域协调发展。一是大力发展中小企业金融，结合盐城市中小企业发展特点，积极探索建立专门针对中小企业的中小金融机构；促进信用担保机构的发展，建立和完善再担保机制。二是对农村重点发展产业、行业和项目给予积极的信贷支持，重点支持农村基础设施建设、农村小城镇建设和农业产业化建设；建立农村贷款保证制度和农户信用评级机制，适度提高农户信用贷款额度，积极推动村镇银行和农村小额贷款公司的发展，使其充分发挥农村金融主力军作用。

第九，加强对金融机构和民间融资的监管。加强对高风险金融机构和具有系统性影响的金融机构的动态监测，完善包括行政执法、行业自律、舆论监督和群众参与的“四位一体”的监管制度。完善金融协调监管机制。继续完善中国人民银行、银监局、保险业协会、政府金融办之间的金融监管联席会议制度，建立有效的联合监管机制，进一步推动提高金融监管水平。

第十，积极推进金融业产权改革，构建多元化发展的金融业。完善产权交易市场，建立资源有效流转机制。一是提升产权交易功能，做好国有企业产权交易，吸引各类非国有产权进场交易，大力发展跨区域产权交易，增强产权交易市场集聚和辐射功能。二是创新产权交易业务，为资本流动和股权交易提供市场化的价格发现机制。三是完善产权交易体系。不断研究推出新的交易品种，扩大交易范围，使产权市场成为一个基础性的资本市场平台。

参考文献

[1]中国人民银行洛阳中心支行课题组. 区域金融生态环境评价指标体系研究[J]. 金融研究,2006(1):167 – 177.

[2]熊学萍,何劲,陶建平. 农村金融生态环境评价与影响因素分析[J]. 统计与决策,2013(2):100 – 103.

[3]邓瑜. 河南省金融生态环境综合评价及优化建议[J]. 人民论坛,2015(11):100 – 102.

[4]黎和贵. 区域金融生态环境差异与经济增长效率[J]. 金融论坛,2007(3):45 – 52.

[5]邓淇中,李鑫,陈瑞. 区域金融生态环境指标体系构建及竞争力评价研究[J]. 湖南科技大学学报,2012(6):75 – 80.

供给侧视角下市场竞争与商业银行稳健性的关系研究①

祝婧然　徐　华

【摘要】2017 年，伴随着供给侧改革的逐步深入，商业银行之间的竞争日趋激烈，其稳健性运营也受到多重考验。本文应用基于面板数据的固定效应模型检验了江苏 12 家上市银行 2008—2017 年间市场竞争、特许权价值和银行稳健性之间的相互影响关系。研究发现，一方面，市场竞争会减弱银行具有的特许权价值，而特许权价值的自律效应可以有效控制银行的不良贷款水平并提升其盈利能力。另一方面，银行市场势力的强大也可能增加借款人的信用风险，并由此导致银行的利润损失。因此，江苏银行业市场处于"竞争—稳定"与"竞争—脆弱"相协调的状况，未来需要多种方式综合运用，全面提升江苏商业银行应对市场竞争和稳健运营的能力。

一、研究背景

商业银行的稳健运营对于我国金融体系的安全与发展至关重要。银监会 2004 年颁布的《商业银行资本充足率管理办法》明确指出，我国实行以资本充足率为核心的商业银行监管体制，并以此确保商业银行的稳健经营；2013 年我国根据《巴塞尔协议Ⅲ》的要求，提出对系统性重要银行和非系统性重要银行实施资本监管的要求，强化商业银行的稳健运营。党的

①　课题来源：盐城市金融研究院，2017. 06—2018. 05，项目编号：2017YCJR003

作者简介：祝婧然，汉族，女，黑龙江肇东人，盐城师范学院讲师，中南财经政法大学博士生；徐华，汉族，男，江苏东台人，南京银行盐城分行副行长，经济师。

十九大之后，国务院明确指出要守住不发生系统性金融风险的底线，同时推动监管机构改革，将银监会与保监会合并，进一步强化监管力度，多措并举，全面提升商业银行乃至整体金融体系的稳健发展的能力。国家层面高度重视金融行业的稳健运营，作为金融体系的核心部门，银行业稳健性的相关研究也随之成为人们关注的焦点。

近年来，随着金融改革的不断深入，国有商业银行独大的市场格局逐渐被打破，股份制商业银行、城市商业银行和农村商业银行的发展方兴未艾，民营资本进入银行业已经得到政府和金融监管机构的许可，在可以预见的将来，银行业的市场竞争无疑会更加激烈。显然，一方面，竞争程度的深化无疑有利于提升银行业金融机构的服务质量，适应更加多元化的客户需求，同时改善过于集中和垄断的市场结构，促进行业整体效率的提高；但另一方面，市场竞争可能导致银行业平均利润水平的下降并引起过度的风险承担，最终损害银行机构的稳健性。市场竞争究竟对银行稳健性有怎样的影响，这一影响又存在怎样的传导过程，无疑是值得重视与研究的问题。基于上述分析，本项目立足于江苏商业银行的发展实际，结合上市商业银行的发展现状和江苏金融业未来的发展趋势，对市场竞争与商业银行的稳健性进行研究，以期为江苏金融行业的健康发展和综合实力的提升提供政策建议和理论支撑，具有很好的理论意义和现实价值。

二、市场竞争与商业银行稳健性的概念界定及文献回顾

（一）相关概念界定

1. 市场竞争

市场竞争是市场经济的基本特征。在市场经济条件下，企业从各自的利益出发，为取得较好的产销条件、获得更多的市场资源而竞争。通过竞争，实现企业的优胜劣汰，进而实现生产要素的优化配置。市场竞争的内在动因在于各个经济行为主体自身的物质利益驱动，以及为丧失自己的物质利益并被市场中同类经济行为主体所排挤的担心。本文中的市场竞争主

要是指商业银行之间的竞争。商业银行之间的市场竞争通常是指银行间所进行的以占有更多市场份额和获得较多客户为手段，以获取经济利益为目的的资源争夺，与其他行业的竞争不同，银行业竞争与风险扭曲相连，其社会福利具有不确定性，其竞争方式和竞争结果也相对多样化。根据理论基础和方法选取的不同，常见的衡量商业银行市场竞争的方法主要有两种，分别为结构化方法和非结构化方法。

2. 商业银行稳健性

稳定性和稳健性常被用来描述银行的状态，学者们对二者较少做出严格的区分，其英文翻译均为 Stability。一般而言，稳定性偏向于对银行体系整体状态的描述，而稳健性则用来描述银行个体的状态。关于银行稳健，每个人都会对其有一定的主观感悟，在文献中也有较高的出现频率，然而中外学者却均未对其做出直接定义。事实上，人们往往从银行稳健性的现象描述或者银行不稳健的状况分析进而对其进行间接界定。当一个银行不能满足客户的付款请求时，就发生了银行危机。金雪军、付强（2004）[1]认为，如果某银行被清算，在管理当局的介入下被另一银行兼并，或者其持续经营需依赖政府的援助，则该银行为失败银行，稳健性也随之不复存在。陈雄兵（2011）[2]认为失败的储贷机构是由于其经营不善，或受重大事件的影响及其他外部因素的冲击，导致储贷机构丧失资本清偿能力或流动性清偿能力。Uhde and Heimeshhoff（2014）[3]认为危机银行分为以下三类：一是被政府公告清算关闭的银行；二是准失败银行，指已暂停支付，需重组或受到存款保险组织援助的银行；三是以杠杆比率作为标准评价银行状况，美国的银行的下界为 0，新兴市场国家为 1.5%。综上可以看出，当一家商业银行无法正常有序运营时，其稳健性也就出现了问题，商业银行的发展也就受到了阻碍。因此，探究商业银行能否健康发展是分析商业银行运营的重要参考指标。

（二）文献回顾

市场竞争与商业银行稳健性一直是学术界和各国政府部门关注的重大

现实问题。探究市场竞争与商业银行稳健性之间关系的理论主要有两种，分别为“竞争—脆弱”论和“竞争—稳定”论。“竞争—脆弱”论认为，激烈的市场竞争会降低银行的特许权价值，并进而引起银行提高风险承担水平，导致稳健性下降。银行特许权价值是指银行持有的金融特许经营牌照的价格，或者由于市场特许准入而获得的未来超额现金流的贴现值。在已有的研究中，多数认为特许权价值对银行的风险承担行为具有有效的约束作用，被称为特许权价值的自律效应。具体来说，特许权价值的存在使得银行在发生破产时会丧失既有的特许经营牌照，并损失由此获得的超额收益，提高了银行的破产成本。因此，特许权价值能够促使股东和管理层采取更加审慎的经营策略。对于特许权价值的自律效应，国外学者提供了较多的实证研究支持。Keeley（1990）[4]对20世纪80年代美国银行业的研究发现，市场竞争的日趋激烈降低了银行的特许权价值，并因此提高了银行业的风险承担水平。Demstez（2010）[5]的研究认为，银行所具有的市场势力与特许权价值通常呈正相关，且特许权价值较高的银行通常具有更强的偿付能力和更低的资产风险。Beck（2006）的实证研究也证明，银行业市场竞争对特许权价值的减少是银行危机产生的根源之一。Weill（2013）[6]基于俄罗斯银行业的市场竞争与破产风险之间关系的实证研究结果表明，银行垄断能力与其稳定性呈正向变动关系，即市场竞争不利于俄罗斯商业银行的稳健经营。

与“竞争—脆弱”论相反，“竞争—稳定”论认为，集中程度较高，特许权价值较大的银行业市场结构会导致产品和服务价格的高涨，并因此增加借款人的债务负担，诱发其道德风险，进而提高贷款合同的违约概率。此外，较高的市场垄断程度会导致银行业金融机构发生“太大而不能倒”的问题，增强其风险承担动机，提高了银行体系的脆弱性。Berger（2009）[7]、Fiordelisi（2014）[8]的实证研究还表明，监管法规对银行稳定性的提升作用只有在市场集中程度较低的银行系统中才能实现。Petersen和Rajan（2016）[9]研究发现，企业在竞争型市场中获得的贷款数量比垄断型市场少，因而竞争型市场中风险资产较少，稳定性较高。Loukoianova (2007)[10]实证检验了所有权性质和市场竞争对银行风险的影响，发现垄断能力较强的银行可能面临较高的债务风险，而在竞争程度较低的市场中银行将面临更高的破产风险，因而市场竞争有利于银行业的稳定发展。随着银行业市场竞争程度的提高，银行系统的垄断程度下降，商业银行在存贷款业务方面的定价权开始受到同业竞争的影响而逐渐减弱，特许权价值则由于准入门槛的逐渐放松而面临收窄。再加上我国银行业金融机构的业务范围存在较高的同质性，市场竞争的加剧不可避免冲击到各家银行的传统业务模式，为了实现既定的业绩目标而提高风险承担水平存在一定的可能性。

此外，除了上述线性关系分析之外，还有学者研究认为，市场竞争与银行稳健性之间并非简单的线性关系。如 Maudos 等（2017）[11]基于 23 个发达国家银行业的数据分析发现，只是在部分情形下市场竞争才会有利于银行业的稳定，市场竞争力越强的银行面临着更高的贷款违约风险，但整体风险反而出现下降；Martinez Miera 和 Repullo（2016）[12]的研究进一步表明，市场竞争越激烈，银行贷款利率越低，从而降低了企业的违约概率和银行的贷款风险。但利率的下降也会引发银行的高风险资产配置行为，从而导致银行稳定性下降。蒋海和陈静（2015）[13]利用中国银行业的数据研究发现，市场竞争对不同所有权性质银行风险承担的影响不同，它会增加股份制银行的风险承担，降低国有银行的风险。

基于上述文献回顾与分析，本研究选择特许权价值作为中介变量，对市场竞争与商业银行稳健性之间的关系进行分析，以期更清晰地阐述江苏上市商业银行的市场竞争状况及其对银行经营与稳定的影响。

三、市场竞争与商业银行稳健性关系的实证研究

（一）变量选择

1. 市场竞争代理变量

在衡量银行业市场竞争度方面，本研究使用 Lerner 指数作为反映单家

银行的定价能力并进而体现其市场势力和竞争程度的代理变量。相比宏观估算整个银行业市场集中度的赫芬达尔指数（HHI 指数）和 CR 指数，Lerner 指数可以在微观层面体现每家银行高于边际成本的定价能力，指数数值越高，代表银行所具有的市场势力越强，即其获得的垄断程度越高，同时市场竞争度越低，其计算公式为：

$$Lerner_{i,t} = (P_{i,t} - MC_{i,t}) / P_{i,t}$$

式中，$P_{i,t}$为银行 i 在第 t 年的总产出的相对价格，以总收入与总资产的比值来衡量。$MC_{i,t}$为银行边际成本。显然，银行 i 在第 t 年的 Lerner 指数数值越大，表明银行拥有越强的市场势力，能够获取高于边际成本越多的超额利润。对于边际成本 $MC_{i,t}$的估算方法，本文借鉴了 Maudos（2007）和 Turk Ariss（2010）使用的超越对数成本函数，其计算过程为：

$$\ln TC_{i,t} = a_0 + a_1 \ln Q + \frac{a_2}{2}\ln Q^2 + \sum_{j=1}^{2}\beta_j \ln p_j + \frac{1}{2}\sum_{j=1}^{2}\sum_{k=1}^{2}\delta_{jk}\ln p_j \ln p_k +$$

$$\frac{1}{2}\sum_{j=1}^{2}\gamma_j \ln Q \ln p_j + \tau_1 t + \frac{\tau_2}{2}t^2 + \tau_3 \ln Q + \sum_{j=1}^{2}\psi_j \ln p_j + \varepsilon_{i,t}$$

式中，$TC_{i,t}$为银行 i 在第 t 年的总成本，包括人力成本、管理费用和其他经营成本；Q 为银行的总资产；p_1和 p_2分别为人力成本和实物资本成本（管理费用加其他营业成本）；t 为时间趋势项，代表函数中随时间变化的动态趋势；α、β、δ、γ、τ、ψ 均为待估参数；$\varepsilon_{i,t}$为二维随机误差项。

依据 $TC_{i,t}$方程估计得到的参数结果，可计算出银行的边际成本 $MC_{i,t}$为：

$$MC_{i,t} = \frac{TC_{i,t}}{Q_{i,t}}\left[a_1 + a_2 \ln Q + \sum_{j=1}^{2}\gamma_j \ln p_j + \tau_3 t\right]$$

最后，将计算得到的边际 $MC_{i,t}$代入 Lerner 指数方程中，即可获得银行市场势力与竞争程度的代理指标。

2. 银行稳健性代理变量

曲洪建、孙明贵、张相贤（2013）认为，银行稳健性包含银行稳定性

（银行风险）与银行健康性（银行盈利）两个方面的内容，Tan Yong（2014）也认为，持续的盈利能力是银行稳定的重要保证。因此，本文同时选择银行风险和银行盈利两个方面的代理变量，以期更全面地衡量与分析市场竞争与商业银行稳健性之间的关系。首先，在银行风险的衡量方面，由于银行业的资产业务长期以贷款业务为主，银监会、中国人民银行和金融业界对银行风险的监测指标也以不良贷款比率（NPL）为重点，因此本文选取不良贷款比率（NPL）作为银行风险的代理变量。其次，在银行盈利的衡量方面，总资产报酬率（ROA）与净资产收益率（ROE）通常是银行整体盈利状况的度量指标，但这两类指标由于包含了中间业务收入的影响，与银行信贷风险的关系不够显著，因此本文选取净利息收入占银行总资产的比重（NIA）作为银行盈利的代理变量，以期更好地反映信贷风险变化对银行盈利状况的影响。

3. 中介变量与控制变量

在已有研究中，应用特许权价值作为中介变量的研究相对较多，在借鉴国外的成熟经验和江苏发展实际的基础上，本文选取特许权价值作为中介变量，来对市场竞争与银行稳健性之间的关系进行分析。目前的研究中特许权价值的计算包括资产负债法、税前利润法和托宾 Q 值法。国外现行的研究中托宾 Q 值法比较成熟，同时由于本文选取的样本为江苏的上市商业银行，其市场价值的计算较为便捷，因此选取托宾 Q 值作为衡量特许权价值的代理变量。其中托宾 Q 值 = 银行市场价值/重置资本。

由于上市商业银行在规模上差异明显，国有银行在资产规模上相比股份制银行和城市商业银行具有比较明显的优势，为了控制规模效应的影响，本文选取银行资产规模的自然对数作为控制变量。此外，流动资产比率（LIQ）和存贷比（LDR）是影响银行风险和收益的重要因素，故也作为控制变量引入到实证分析中。变量定义及计算方法见表 1。

表1　变量定义及计算方式

变量	计算方式
不良贷款比率（NPL）	不良贷款余额/银行贷款总额
净利息收入比率（NIA）	净利息收入/银行总资产
特许权价值（FV）	银行市场价值/重置成本
市场竞争度（Lerner）	（p－mc）/p
银行规模（SIZE）	银行总资产的自然对数
流动资产比率（LIQ）	银行流动资产占总资产比重
银行存贷比（LDR）	银行年末存款余额/年末贷款余额

（二）数据收集与模型设定

1. 收据收集

本研究以江苏的上市商业银行为例，因为各家银行进驻江苏的时间有差异，样本来自江苏12家上市银行2008—2017年间的面板数据，具体为中国工商银行、中国建设银行、中国银行、中国农业银行、招商银行、交通银行、上海浦东发展银行、中国民生银行、兴业银行、南京银行、光大银行、华夏银行。数据来源包括锐思金融数据库和《江苏金融统计年鉴》。

2. 模型设定

本研究采用面板数据的固定效应模型对市场竞争与银行稳健性之间的关系进行研究。首先，针对模型1中对市场竞争影响银行特许权价值的估计，设定模型（1）：

$$FV_{i,t}=\beta_1 Lerner_{i,t-1}+\beta_2 Lerner_{i,t}+\beta_3 C_{i,t}+\varepsilon_{i,t} \tag{1}$$

其中，$FV_{i,t}$表示银行特许权价值，如前文所述以托宾Q值衡量。此外，由于已有研究认为，市场竞争度Lerner的滞后值对银行特许权价值同样具有较为显著的影响，因此在模型（1）中引入$Lerner_{i,t-1}$以体现滞后值的作用。$C_{i,t}$表示控制变量，包括银行规模（SIZE）、流动资产比率（LIQ）和银行存贷比（LDR）。

为了进一步研究特许权价值作为中介变量影响下市场竞争与银行稳健性之间的关系，设定如下模型：

$$NPL_{i,t} = \beta_1 Lerner_{i,t-1} + \beta_2 Lerner_{i,t} + \beta_3 C_{i,t} + \varepsilon_{i,t} \quad (2)$$

$$NPL_{i,t} = \beta_1 FV_{i,t} + \beta_2 C_{i,t} + \varepsilon_{i,t} \quad (3)$$

$$NPL_{i,t} = \beta_1 Lerner_{i,t-1} + \beta_2 Lerner_{i,t} + \beta_3 FV_{i,t} + \beta_4 C_{i,t} + \varepsilon_{i,t} \quad (4)$$

$$NIA_{i,t} = \beta_1 Lerner_{i,t-1} + \beta_2 Lerner_{i,t} + \beta_3 C_{i,t} + \varepsilon_{i,t} \quad (5)$$

$$NIA_{i,t} = \beta_1 FV_{i,t} + \beta_2 C_{i,t} + \varepsilon_{i,t} \quad (6)$$

$$NIA_{i,t} = \beta_1 Lerner_{i,t-1} + \beta_2 Lerner_{i,t} + \beta_3 FV_{i,t} + \beta_4 C_{i,t} + \varepsilon_{i,t} \quad (7)$$

模型（2）、模型（3）中，先分别以 Lerner 指数、特许权价值（FV）作为解释变量以检验市场竞争、银行特许权价值各自对银行风险（NPL）的影响程度和方向，而后在模型（4）中同时引入市场竞争度与特许权价值两类指标，以检验在综合考虑两类因素的情况下，各自对银行风险的影响是否发生变化。考虑到市场竞争对银行特许权价值及风险状况可能具有的滞后影响，模型（4）中同样包含了市场竞争度指标的滞后一期 $Lerner_{i,t-1}$作为解释变量。与之类似，模型（5）~模型（7）与之相类似的原理说明市场竞争、特许权价值对银行盈利（NIA）的影响。

（三）实证结果与分析

1. 市场竞争与银行特许权价值

针对模型（1），首先检验市场竞争对银行特许权价值的影响，回归结果见表2。

表2　市场竞争与银行特许权价值

	(1) FV
Lerner	0.0350 (0.4751)
Lerner (-1)	0.1362** (3.6737)
LIQ	0.0451 (1.0892)
SIZE	-0.0652* (-5.8201)

续表

	(1) FV
LDR	-0.0631 (-1.3235)
_cons	2.7823 * * (13.2107)
N	120
r2	0.8241
F	52.1637

注：*、**、***分别代表T统计量0.1、0.05和0.01水平下的显著性。

由表2可知，银行所具有的市场势力与特许权价值正相关，即市场竞争程度的加剧会降低银行的特许权价值。值得注意的是，市场竞争对银行特许权价值的影响表现出显著的滞后效应，市场竞争度Lerner指数的滞后一期与特许权价值显著正相关，而Lerner指数当期值与特许权价值虽然也为正相关但系数并不显著，证明市场势力较强的银行会在后一期取得较高的特许权价值，即市场竞争加剧对银行特许权价值的减弱会在后一期发生作用。

2. 市场竞争、特许权价值与银行风险

表3是模型（2）~（4）的回归结果，由此可知，首先，银行的市场竞争对其风险承担行为具有非常显著的影响，市场竞争度Lerner指数的当期值与银行不良贷款比率（NPL）显著负相关，而该指数的滞后一期与银行不良贷款比率（NPL）显著正相关，且负相关系数在绝对值上大于正相关系数，表明市场势力对银行风险承担行为的影响总体是负相关，即竞争总体而言会促使银行提高风险承担水平，但银行较强的市场势力（定价能力）同时也可能导致借款客户出现信用风险和偿付困难。其次，模型（3）的回归结果显示，特许权价值对银行风险（不良贷款比率）的影响是显著负相关，即特许权价值较高的银行具有较低的信用风险，表明在江苏银行业市场中，特许权价值对银行风险的约束作用（自律效应）是显著的。最后，比较模型（2）、模型（3）与模型（4）的回归结果，可以发现在同

时考虑市场竞争、特许权价值的情况下，一方面特许权价值（FV）的估计系数显著为负，表明特许权价值的自律效应仍然显著存在；但另一方面Lerner（-1）的估计系数显著为负，表明由于银行市场势力（定价能力）强大导致的信用风险增加也不可忽略。总结来看，江苏银行业市场存在着“竞争—脆弱”论和“竞争—稳定”论相互协调的状况，一方面，市场竞争的加剧会导致银行特许权价值的降低，并因此提升其风险承担水平；另一方面，市场竞争的加剧也会弱化银行的市场势力（定价能力），并在一定程度上降低借款人的偿债压力和信用风险。

表3　市场竞争、特许权价值与银行风险

	(2) NPL	(3) NPL	(4) NPL
Lerner	-1.8652** (-2.89)		0.2018* (1.4521)
Lerner（-1）	1.5632*** (3.67)		0.5032*** (2.1872)
FV		-4.6731** (-3.1627)	-4.3219** (-3.2918)
SIZE	-0.0128* (-1.4521)	-0.0893 (-0.7215)	0.0034* (1.3581)
LIQ	0.0352 (0.6841)	0.0725*** (1.8951)	-0.0124** (-1.3412)
LDR	-1.3461* (-4.2317)	-1.7823* (-3.1627)	1.9831* (-5.6419)
_cons	2.9651* (4.5621)	4.7821** (1.7832)	3.9215** (2.1093)
N	120	132	120
r2	0.4981	0.5014	0.5420
F	10.2465	15.5621	13.2791

注：*、**、***分别代表T统计量0.1、0.05和0.01水平下的显著性。

3. 市场竞争、特许权价值与银行盈利

表4是模型（5）~（7）的回归结果，可以发现，首先，市场竞争度Lerner指数的当期值和滞后一期对银行盈利的影响具有显著相反的方向，滞后一期Lerner（-1）估计系数显著为负，而当期值的估计系数显著为

正，再联系表3中Lerner指数滞后一期对不良贷款比率的正向影响，表明在前期具有较强市场势力（定价能力）的银行可能由于借款人信用风险过高而损害最终的盈利能力，而在当期市场势力较强的银行则更多受惠于定价能力强带来的超额利润。其次，模型（6）的回归结果表明，银行特许权价值与净利息收入比率（NIA）显著正相关，即特许权价值的提升有利于改善银行传统业务的盈利状况。最后，将模型（7）的回归结果与模型（5）、模型（6）比较，可以发现，市场竞争度Lerner指数的滞后一期对银行盈利的负向影响发生减弱，而该指数当期值对银行盈利的影响则由显著正相关变为不显著，与此同时特许权价值对银行盈利的正向影响得到加强，表明一方面市场势力对银行盈利的提升作用主要通过特许权价值的提高而得以体现，而另一方面银行在前期市场势力（定价能力）的强大也可能导致借款人信用风险升高并且损害银行利润。因此，可以认为市场竞争对银行盈利的影响同样存在着双向作用，首先市场竞争对银行特许权价值的减弱会导致超额利润的下降，其次市场竞争对银行市场势力的约束也有助于降低借款人的信用风险，并避免利润损失。

表4　市场竞争、特许权价值与银行风险盈利

	(5) NIA	(6) NIA	(7) NIA
Lerner	2.0872*** (2.3471)		-0.3617* (-1.9310)
Lerner (-1)	-1.6741** (-4.2413)		-1.2819*** (-2.5671)
FV		3.5621** (2.0971)	4.0984** (2.1463)
SIZE	-0.1952 (-0.6731)	2.0951*** (3.0741)	1.0874 (0.9851)
LIQ	0.6942 (0.7413)	-0.0005 (0.0000)	1.3261* (2.1983)
LDR	2.9815** (2.0726)	2.3151** (3.0971)	3.0461* (4.3416)

续表

	(5) NIA	(6) NIA	(7) NIA
_cons	1.9852* (0.9841)	-4.3415** (-1.9752)	-4.8741** (-2.4573)
N	120	132	120
r2	0.4861	0.3975	0.4581
F	9.6521	10.5641	10.5631

注：*、**、***分别代表T统计量0.1、0.05和0.01水平下的显著性。

本文在对已有理论总结归纳的基础上，基于12家上市银行的面板数据，对江苏银行业市场竞争、特许权价值与银行稳健性的关系进行了实证研究。结果表明，市场竞争的加剧会降低银行的特许权价值，而特许权价值不仅对银行风险具有显著的约束作用，并且也与银行的盈利能力正相关。同时市场竞争对银行市场势力的减弱有助于缓解借款人的偿债压力和信用风险，并避免由此引发的利润损失。因此，结合银行稳定性和健康性两个方面的因素考虑，可以认为江苏上市银行业市场总体上处于“竞争~脆弱”论和“竞争~稳定”论相协调的情况。

四、促进商业银行市场竞争与稳健运营的对策建议

随着金融改革的逐步深入，作为我国经济发展的排头兵江苏省而言，未来想要更好地增强江苏各家金融机构的抗风险能力，同时提升金融机构的综合竞争实力，促进金融机构的稳定发展，必须要对症下药，科学恰当地解决目前江苏商业银行市场竞争与稳健发展中存在的问题，并要充分结合江苏的经济发展规划和金融发展目标。未来可以从如下几个方面着手，以有效促进江苏商业银行乃至整个金融机构之间有序竞争和稳健运营：

（一）创建宏观经济周期的预警机制，加强风险的预测

商业银行稳健程度与宏观经济状态休戚相关，把握宏观经济脉络，在经济周期的上行与下行阶段采取不同的经营策略，对商业银行的稳健经营至关重要。因此，银行的相关部门应加强对宏观经济周期运行以及政策变

化进行分析和监控，做到能够将信贷资金投向具有发展潜力的、能够较好抵御通胀等外来冲击的、对国家产业政策调整有利的行业或区域，优化各自的信贷结构。最终建立各自的宏观经济景气的预警系统，防止和避免大规模系统性风险或危机的发生。在适应经济的周期性波动进程中，着重考察风险的预测，尤其是行业风险的防范，对相关资产的价格及其波动情况、行业相关政策等政策变动性的风险以及贷款厂商自身的经营风险实施不间断地关注，以便及时准确地做出风险的预报和对应防范措施的选择，确保平稳度过经济波动期。考虑到风险的预警工作是一个复杂的长期的系统性工程，要得到一个运行稳定的预警机制，建议创建一个连续的用于风险管控的数据库。该数据库的数据类型，应该兼顾到宏、中、微三个层面的信息的完整性。不但要包含反映经济发展的消费、投资、进出口贸易的宏观数据，同时对于区域层面上的经济环境变化，以及行业层面的要素投入、技术变迁、产品结构等中观数据，特别是能够反映个人、企业的经济活动信息的财务指标、产品供求状况和价格变化等微观数据等，均应尽可能地涵盖在内。并及时更新数据库的资料，确保风险动态监测的有效性，使得风险的预警信号能够在可控时间内予以提示。

（二）提高主动退出的灵活有效性，增强对贷款风险的监管

商业银行应进一步完善对贷款风险的管理制度，首先，建立贷款隐性风险的分担机制，可以根据贷款份额、对象、期限、行业的不同而采取多种风险分散方法：针对数额巨大的贷款采取银团方式分散风险；将贷款按照期限分成中、长、短期等不同的类别，将不同期限的贷款进行协调搭配，分散贷款的时间风险；通过分析判断经济发展所处的阶段将贷款分散在不同的行业，防范因将贷款集中在少数个别行业而带来的风险。在风险转移方面，可通过将贷款风险向保险公司投保的方法实现贷款风险转移。其次，建立隐性风险管理防控机制，对隐性贷款风险进行系统规范的管理，加强信贷检查，并结合潜在风险贷款的压降，将客户进行分类，有效地针对不同类型客户防范隐性贷款风险。再次，在全方位加强对隐性贷款

风险的分析监测的基础上，突出风险防控重点。甄别需要重点防范其贷款风险的客户，对其突发风险建立应急防御机制。当经济不景气时，银行在经济上行期所存在的隐性问题将一一暴露出来。很多在经济上行期财务状况良好的企业会在经济不景气时变得举步维艰，这会对为该企业发放贷款的银行带来巨大的隐患。因此，一方面，研究分析贷款人的主营业务所在行业、企业等的发展规律、发展趋势，准确把握贷款人的内外部环境变化，并将宏观经济运行状况等因素考虑在内对其进行风险预测与预警，据此采取不同的、差异化的信贷策略。另一方面，对于存在潜在贷款风险的客户，应采取贷款逐步退出的措施：对于经济绩效不佳、缺少竞争优势但暂时能正常付息的企业，要在控制总量的同时逐步压缩其信贷量，采取渐进式退出；对于融资渠道较多的企业，让出一部分市场给其他融资渠道，可采取分流式退出。对于已发生贷款风险的客户，应压缩其贷款额度或者强制性清退；对于基础较好、发展前景尚好的企业，可支持其产业升级，给予企业一定的发展时间，在一段时间后再决定是否退出。

（三）完善宏观审慎监管，提升应对系统性风险的能力，提升银行稳健性

宏观审慎监管是为了维护金融体系的稳定，防止金融系统对经济体系的负外部溢出而采取的一种自上而下的监管模式。首先，宏观审慎监管只有在管理机构分工明确的条件下才能有效推进，因此要明确由哪个监管部门对风险作出判断，由哪个部门采取措施，具有执法权力。宏观审慎监管中的管理机构一般涉及中央银行和微观审慎监管机构，但是风险的监控以及政策的制定具体如何分工需要根据具体国情进行划分。其次，宏观审慎监管只是审慎监管的一个分支，是着眼于宏观层面的监管理念。因此，在强调宏观审慎监管的同时也不可忽略了单个金融机构的风险，政策制定者需要在关注单个金融机构的基础上，树立掌控全局的意识，在宏观审慎和微观审慎之间找到一个平衡点。并且需要特别关注对跨行业创新产品的动态监督。最后，宏观审慎监管还应与货币政策和财政政策相互配合，起到

稳定经济增长，限制风险扩散的作用。总之，多角度、多层面地有机结合，以全面提升宏观审慎监管的综合能力。

（四）科学应对利率市场化，有效提升银行稳健运营能力

对于江苏的商业银行而言，应对利率市场化，提升商业银行抗风险的能力需从如下几方面着手：首先，转变传统银行盈利模式，寻找新的利润增长点。存贷息差是银行业目前主要的利润来源。随着利率市场化程度的不断加深，银行传统的利润空间将不断受到压缩。银行需要开拓新的利润增长点，做到盈利模式多元化。如利率市场化改革后，银行可以索以利率为标的的远期利率合约、利率期货、利率期权等金融衍生工具来规避利率风险。此外还可以对个人以及大客户提供私人化、个性化的金融服务以增加盈利。与此同时，银行还可以创新中间业务的发展模式，扩大中间业务规模，银行可以通过提供更多的中间业务服务来弥补非利息收费项目的费率逐步减小所带来的损失。增加中间业务的服务功能、质量及范围的深度和广度，提高业务的技术含量，促进业务的多元化。其次，银行业务类型转变，商业银行也应转变信贷业务，从发展方向、支持重点、资产结构等方面优化客户的结构。大力扶持中小微企业，为中小微企业贷款提供便利支持；加强对传统行业的信贷投放监管，防止资金继续流向产能过剩的企业，并将资金投放目标转向新兴产业以及绿色环保产业；改变银行信贷投资的地理区域倾向性问题，不再设置重点信贷投资区域；银行业务的转型还应建立在完善的风险控制机制基础上，在保证银行稳健性的同时，提高资金的运行效率，避免单纯地靠扩大信贷规模实现业务的发展。最后，加强银行资产负债表管理。要全面深化利率市场化改革，这意味着要建立存款保险制度，国家不再是银行的隐性担保人，而利率将由市场决定。这就要求银行要强化资产负债的管理能力，对信贷业务的经营不能再按照以前的模式，要健全银行自身的风险管理体系，严控不良贷款的产生，并对不良资产处理更加谨慎。

（五）利用自身优势，推动多元化发展，加强风险管理

不同类型商业银行应结合自身资源优势，发展特色金融服务。大型商

业银行，凭借自身资本、渠道以及股东背景优势，借鉴大型金融控股集团的运营模式，采用“集团混业、经营分业”的运作模式，逐步整合集团内部资源，积极向证券、保险、基金等市场加大开拓力度，同时注重自身人才培养，从而在实现规模经济和范围经济的同时，保持商业银行的专业优势。针对人力、资本等要素禀赋相关缺乏的小型银行而言，应在巩固自身提供专业化服务水平的同时，通过交叉销售或产品创新等内部多元化方式，为客户提供全方位特色金融服务，从而有效提升银行的稳健性。以零售业务为例，商业银行的零售业务应该有建立客户细分策略从而对不同偏好客户进行分层，实施差异化、精细化的管理与运作，加强客户用户体验的提示，真正做到以客户为中心的服务理念。其次，商业银行的地域多元化应该与自身资产规模、业务特点和风险管理结合，选择自身合适的多元化经营模式。同时不宜盲目进行区域扩张，应加强风险管理和成本控制，完善相应的治理结构及经营机制，提升自身的服务水平并打造核心竞争力。在区域发展上，商业银行应该重点聚焦重点区域及细分市场，打造区域性的竞争优势和规模经济，对于不同区域实施分层、分类的经营管理策略，创造地域性特色优势。最后，商业银行应加强信息科技建设，加强数据治理。不断提升业务创新和管理能力，完善信息科技的组织机制，落实商业银行信息科技管理团队的重大决策、信息科技规划以及反馈职能。同时加强商业银行信息科技团队投入和建设，建立针对个性化需求管理、信息系统设计、项目实施和修复等领域的专业团队。在数据治理方面，在总行层面上创建规范的数据需求沟通和管理机制，并强化数据分析、决策和应用能力，为经营管理层提高分析决策能力和大数据运作做好数据支持。

参考文献

[1]金雪军,付强.单个银行的失败及其应对研究[J].河北经贸大学学报,2004(5):42-45.

[2]陈雄兵.银行业集中、竞争与稳定的研究述评[J].国际金融研究,

2011(5):47 -56.

[3]Uhde,A.,Heimeshhoff,U.,Consolidation in Banking and Financial Stability in Europe:Empirical Evidence[J]. Journal of Banking and Finance,2014(33):1299 -1311.

[4]Keeley M C. Deposit Insurance, Risk and Market Power in Banking [J]. American Economics Review, 1990, 80(5):1183 -1201.

[5]Demstez R S , Saidenberg M R , Strahan P E. Banks With Something To Lose: The Disciplinary Role of Franchise Value[J]. Economic Policy Review, 1996(2): 1 -14.

[6]Weill. Does competition influence bank failures? [J]. Economics of Transition,2013,21(2) : 301 -322.

[7]Berger. Bank competition and financial stability[J]. Journal of Financial Services Research,2009,35(2):99 -118.

[8]Fiordelisi F , Mare D S. Competition and Financial Stability in European Cooperative Banks[J]. Journal of International Money and Finance, 2014(45):569 -590.

[9]Petersen,Rajan. The effect of credit market competition on lending relationships[J]. The Quarterly Journal of Economics, 2016 (5): 407 -443.

[10]Loukoianova. Bank Ownership, Market Strucrure and Risk[J]. IMF Working Paper, Washington D. C., 2007/215.

[11]Maudos J, De - Guevara J. The Cost of Market Power in European Banking Sectors: Social Welfare Cost Vs Cost Inefficiency[J]. Journal of Banking and Finance, 2017(31):56 -89.

[12]Martine - Miera, Repullo. Does competition reduce the risk of bank failure? [J]. Review of Financial Studies,2016,23(10) : 3638 -3664.

[13]蒋海,陈静. 宏观经济波动、市场竞争与银行风险承担——基于中国上市银行的实证分析[J]. 金融经济学研究,2015(3) : 46 -57.

第二篇

金融支持

盐城个人金融业务支持小微企业发展研究[①]

祝婧然　黄　健　孙文峰　哈中友　周　维

【摘要】伴随着经济的发展，小微企业在国民经济发展中的贡献度日益增强，但融资难、融资贵依然困扰着小微企业的发展。本文立足于盐城小微企业的发展实际，在理论分析和现状介绍的基础上，全面探究商业银行个人金融业务对小微企业发展的作用。研究发现，盐城市商业银行个人金融支持小微企业发展方面效率相对较低、结构不尽合理，商业银行资金相对充裕与小微企业发展资金短缺的矛盾相对较为突出。未来需要从金融环境建设、商业银行转型与小微企业改革等角度全面协调二者存在的问题，将商业银行的发展与小微企业的需求相融合，多措并举，推动个人金融业务对小微企业的支持力度。

一、研究背景

快速成长的小微经济和持续积累的国民财富，为中国银行业个人金融业务的平稳快速发展提供了动力。收入的增加和投资理念的转变，使得客户对银行的依赖从单一的储蓄存款需求阶段进入到集储蓄、投资、融资于一体的全方位客户金融需求阶段。需求创造市场，在客户需求的推动下，个人金融业务的发展将成为商业银行利润增长的新空间。目前，伴随金融

---

① 课题来源：盐城市金融研究院，2014. 10—2015. 06，项目编号：2014YCJR004

作者简介：祝婧然，汉族，女，黑龙江肇东人，盐城师范学院讲师，中南财经政法大学博士生；黄健，汉族，男，江苏南通人，中国银行盐城分行副行长，会计师；孙文峰，汉族，男，江苏盐城人，招商银行盐城分行副行长，经济师；哈中友，汉族，男，江苏盐城人，中国建设银行亭湖支行行长，会计师；周维，汉族，男，江苏东台人，江苏银行盐城分行城中支行行长，经济师。

市场发育程度和开放程度的提高，商业银行面临更为复杂的竞争格局。为提升自身的核心竞争力，商业银行需要不断开拓新的业务领域，现在各商业银行已将个人金融业务列为业务发展中的重要领域，将个人金融业务的拓展视为重要战略目标。在这样的大背景下，如何抢占市场先机，占领客户资源，并为客户提供全方位、高质量的服务，成为各商业银行重点研究的课题，而小微企业的发展为商业银行个人业务的拓展提供了空间。

小微企业是相对于大中型企业而言的概念，自20世纪70年代起，由于科学技术的迅速发展，各类企业蓬勃发展，尤其是小微企业发展更加迅速，其在我国经济中的地位也日益显现。目前，我国小微企业超6 000万户，占全部企业总数的90%，是商业银行实现转型发展的战略选择。但由于存在缺乏规范的财务管理、现金流不易监测、经营情况不易把握、银行风险控制难度大、金融服务成本高等问题，小微企业一直存在融资难、融资成本高的经营困境；另一方面，随着利率市场化、金融脱媒以及资本约束不断强化，对以利差为主要盈利来源的国内银行传统模式产生重大冲击，迫使各大商业银行加快向小微金融领域拓展的步伐。正是基于内外客观形势的变化，商业银行需要关注小微企业。以盐城为例，2013年、2014年两年在城市的生产总值中，小微企业的贡献比例达到30%，小微企业已成为繁荣地方经济、缓解就业压力的重要推动力量，但小微企业融资难的问题依然存在，因此，如何缓解小微企业融资难，如何让商业银行更好地为本地的小微企业服务日益成为人们关注的焦点。基于此，本项目展开盐城个人金融业务支持小微企业的发展研究，具有很好的理论意义和现实价值。

二、个人金融业务支持小微企业的概念界定及相关理论

（一）相关概念界定

1. 个人金融业务的含义与类型

商业银行个人金融业务指商业银行以单个客户为服务对象，利用网

点、技术、人才、信息、资金等方面的优势，运用各种理财工具，为单个客户提供的财务分析、财务规划、投资顾问、资产管理等专业化服务活动。具体的讲，就是商业银行运用金融等方面的综合知识、专业技术及广泛的信息资源等优势，根据客户的财务状况和具体需求，向客户提供全方位的、个性化的金融服务。实际业务中除提供一般性信息咨询外，还利用储蓄、融资、银行卡、个人支票、保管箱、保险、证券、外汇、基金、债券等各种理财工具，提出合适的理财方案，指导客户如何安排收入和支出，通过资产的最佳配置，以实现理想和目标。

随着金融创新的发展，个人金融业务已突破原有的传统银行业务，一方面可以提供人民币活期存款、定期存款、汇兑业务、投资金融顾问、保管箱等业务；另一方面可以提供理财业务、信用卡、财务咨询、退休计划、出售保单、证券经纪及共同基金等创新金融服务。具体而言，根据银行资产负债项目的分类，个人金融业务可以划分为资产业务、负债业务和中间业务三类。个人资产业务，是指商业银行对客户发放的各种贷款业务。个人负债业务，是指对个人提供存款和非存款类负债所组成的银行业务的服务。个人中间业务，是指银行不用自己的资产，利用信用中介的身份，为个人提供各种金融服务，同时收取手续费，不影响银行的表内资产负债。

2. 小微企业的含义与特点

2011 年 7 月 4 日，四部门联合发布的《关于印发中小企业划型标准规定的通知》正式地将小微企业概念独立出来，其认为小微企业是微型企业、小型企业、个体工商户和家庭作坊式企业的统称。实际操作中，通常根据企业的从业人员数量、营业收入、资产总额等方面进行分类。如农、林、牧、渔业，小型企业的营业收入为大于 50 万元（含）小于 500 万元，微型企业的营业收入在 50 万元以下，即营业收入在 500 万元以下的统称为小微型企业。工业，小型企业的从业人员在 20 人（含）以上，且营业收入在 300 万元（含）以上，微型企业的从业人员不超过 20 人或营业收入小于300万元，即从业人员在300人以下或其营业收入在2 000万元以下的统称为小微型企业。批发业，小型企业的从业人员在5人（含）以上，且营业收入在1 000万元（含）以上，微型企业的从业人员在5人以下或营业收入在1 000万元以下，即从业人员在20人以下或营业收入在5 000万元以下的统称为小微型企业。从上述规定我们可以看出，小微企业的最显著的特点就是规模很小，从业人员和营业收入也很少。

小微企业的特征明显，具体而言，体现在如下几方面：第一，快速的市场反应。小微企业一般都贴近市场，能够根据市场需求的细微改变，快速调整企业战略，适应市场变化。但由于小微企业的经营规模小，抵御风险的能力弱，小微企业的规模通常很小。第二，多样化的组织模式。小微企业没有标准的组织形式，企业结构简单，层次较少，灵活性非常强。有些小微企业附着于大中型企业之下，沿用大中型企业的组织模式。有些家庭作坊式企业甚至不需要大型的工厂和厂房，仅把手工加工和技术研究作为工作内容。第三，创新潜力巨大。小微企业创新潜力巨大，体现在技术创新、机构创新和产品创新上。

（二）相关理论

1. 商业银行个人金融业务理论

（1）资产管理理论

资产管理理论重点在于保持资产的流动性，具体分为真实票据理论和转换能力理论。商业银行经营重要的一项准则就是要保持资产的流动性，真实票据理论也就是我们通常所称的商业贷款理论，是基于流动性的需求产生的，目的是应付不可预期的资金提存。转换能力理论认为银行资产流动性主要取决于商业银行持有的资产是否具有快速的变现能力，而并不仅仅取决于发放贷款的种类和周期。

（2）负债管理理论

负债管理理论认为，银行的流动性可以通过两种方式获得，一种是对资产项目的安排，另一种可以通过扩大负债获得。其中购买理论和销售理论对于商业银行负债管理影响较大。商业银行资产的扩张就可以通过主负债来解决，受存款限制的因素就减少了。在该理论的影响下，大额可转让定期存单等新的负债型金融创新产品不断推出和发展，极大地促进了个人金融业务的创新。

（3）超货币供给理论

超货币供给理论认为银行为达到经营目标，除了提供货币之外，还可以开展其他的服务如投资咨询、委托理财、管理顾问等，拓展了商业银行个人金融业务的范围，完善了商业银行现有的业务体系，为个人金融中间业务的产生奠定了理论基础。

2. 信贷配给理论

信贷配给，是指在利率条件固定的情况下，面对超额的资金需求，银行因无法或不愿提高利率，而设定非利率的贷款条件，使部分资金需求者退出信贷市场，以消除超额需求而达到平衡。信贷配给一般表现为两种形式：一种是在固定利率条件下，借款者的需求不能或只能得到一部分的满足；另一种是在固定利率条件下，银行对于不同的借款者采取差别对待，这类情况多发生在小微企业申请商业银行贷款时。

信贷配给产生的原因，主要是信息不对称带来的道德风险和逆向选择。银行为了避免道德风险和逆向选择，在无法判断贷款企业的风险大小时，会选择一个可能低于竞争性均衡利率但同时满足银行利润最大化条件的利率水平，对贷款企业进行信贷配给。由于银行和小微企业之间存在着信息不对称，银行较难判定小微企业偿还贷款的可能性，若仅靠提高利率水平作为贷款门槛，容易造成低风险客户因高利率而退出市场，导致市场上留下更多的高风险客户，加大了银行的风险。所以，商业银行会依据非利率贷款条件来挑选客户，主要根据小微企业的情况，如财务情况、信用记录、企业经营效益等，也可能通过对小微企业提出特定要求，如限定贷款期限和抵押担保物种类。不能满足这些条件的小微企业，将不能获得商业银行的贷款。银行凭借这种信贷配给方式，对小微企业形成一种信贷约束。

3. 客户关系理论

客户关系理论是市场营销学中的重要理论，也是商业银行实际业务中加强与客户联系、更好地为客户服务的重要理论依托，理论简称为 CRM 理论。其基于企业宏观发展视角，采取以客户为中心的经营策略，倡导以客户需求为导向，打破了传统的以产品为导向的模式，是营销学中一个大的进步。CRM 理论中，通过对各类与客户相关联的业务流程进行简化，并将产品市场的重点放在满足客户的需求上。CRM 理论是一套先进的管理思想和技术手段，它通过将人力资源、业务流程与专业技术进行有效整合，最终为企业客户的各个领域提供了一个完美的集合，使得企业以更低的成本、更高的效率去满足客户的需求，并与客户建立起基于学习型关系基础上的一对一营销模式，从而让企业可以最大限度地提高客户满意度及忠诚度，挽回失去的客户，保留现有的客户，不断发展新的客户，发掘并牢牢地把握住能给企业带来最大价值的客户群。商业银行在服务小微企业方面，需要牢牢立足于客户的需求，在产品的创新过程中充分考虑客户的需求，在市场前期调查之后细分市场，针对不同客户设计不同的金融产品，提供一对一服务，提供个性化的服务，进而满足小微企业的发展需求。

三、盐城个人金融业务支持小微企业的发展现状

（一）个人金融业务支持小微企业措施分析

1. 围绕宏观经济金融政策，加快产品创新和服务创新

围绕盐城市委、市政府提出的“全面推动小微企业发展”要求，各类金融机构顺势而为，主动对接市场需求，加大客户营销和创新产品运用力度，大力支持符合国家产业政策和宏观经济政策的节能减排、自主创新以及涉农小微企业的发展，加快业务结构、客户结构、收入结构的转型。同时要优化审批手续、提高审批效率，降低小微筹资成本。同时要进一步优化结算功能，优化个金产品组合，通过资金理财，提高小微企业资金使用效率。

2. 重视经济特征研究，扶持区域性特色产业发展

近年来，全市形成了一批特色产业，小微企业集中度高、上下游产业链长、地方经济贡献度大、从业人员众多，如建湖石油机械、东台的不锈钢产业、射阳的饲料产业、东风悦达起亚供应链、江苏江动集团供应链等。加大特色产业小微企业的个人金融业务结算服务、授信支持，符合经济和金融发展的方向。

3. 与地方政府主动互动，提供批量化授信服务

2014 年，盐城市经信委、沿海办、金融办等政府部门批准，本着“效果重于形式”原则，在各县（市）区开展“小微企业融资直通车”“中小企业业务乡镇行”“金融超市”等系列由政府搭台、银行唱戏、企业受助的中小企业授信客户批量化营销活动是一个成功的做法。

4. 正视小微企业不足，分析其经营及融资特征

小微企业存在的不足主要有：公司治理较简单，普遍采用家族经营形式、股东层与管理层相互渗透；财务制度不健全，缺少外部审计公证、部分企业不能提供完整财务报表；有效抵押品不充足，无法满足银行传统的风险缓释要求。其融资具有“短、平、快”三大主要特点，因此需要金融机构从“重实质信贷风险、轻抵（质）押物”的纯信用授信方式的管理技术入手，通过个人金融业务条线重建小微企业授信管理模式，各类金融机构都进行了有益的尝试并积累了一些经验，但总体上纯信用类贷款占比较低。

5. 扩大小微企业服务网点，加快基层金融机构转型

各类金融机构需要根据自身经营现状和发展定位，尤其是国有商业银行要加快业务转型和经营方式的转变，有序推进小微企业授信服务下网点步伐，扩大小微企业网点数和服务手段，“业务下沉、人员下沉、资源下沉、系统下沉”四个方面健全机制，保障基层网点开展小微企业区域性、辐射化、批量化营销，逐步构建起对小微企业立体化、全方位的金融服务网络。目前，盐城地区四大国有银行及部分股份制银行开展了小微企业结

算及授信服务下沉到基层网点工作并取得明显成效，据不完全统计，小微企业授信发起量有近40%来源于银行基层网点。

（二）个人金融业务支持小微企业的投放分析

1. 发挥重点地区的拉动支撑作用

全市各类金融机构将县域经济较好的东台、大丰、建湖、阜宁列为重点发展地区，在授信业务的尽责审批上提供绿色通道、快捷服务。以中行为例，2014年东台、大丰、射阳、阜宁四个县（市）小微企业授信客户数占比达到44.27%，授信余额占比达到48.45%。

2. 顺应市场规律，加快上半年的资金投放

从小微企业的授信投放时间看，每年上半年是集中投放的主要时间段。以中行为例，从个人金融业务条线发起的贷款占比看，一季度至二季度个人经营类贷款占整个个人贷款投放量的比重达到30%以上。具体数据见表1。

表1　2014年中国银行盐城分行个人金融业务贷款投放占比情况

单位：亿元

项目	4月	5月	6月	10月	11月	12月
住房发放量	30	21	20	20	29	30
个人经营贷款	11	10	9	6	7	7
当月非住房发放占比	26.43%	32.31%	31.50%	24.80%	18.69%	18.91%

（三）个人金融业务支持小微企业的使用分析

1. 盐城地区各类金融机构小微企业贷款情况

2015年一季度末，盐城地区小微企业贷款余额947.36亿元，其中国有商业银行小微企业贷款余额215.85亿元，占比22.78%；全国性股份制银行小微企业贷款余额181.92亿元，占比19.2%；地方农村中小金融机构小微企业贷款余额546.14亿元，占比57.65%。近年来，虽国有银行和全国性股份制银行不断加大对小微企业的授信支持力度，但地方中小金融机构是小微企业资金融通主渠道这一格局未有实质性改变。

在国有商业银行中，中国银行小微企业贷款余额72.33亿元，在国有商

业银行总量中占比为 33.5%；建设银行 54.66 亿元，占比 25.32%；工商银行 48.34 亿元，占比 22.3%，三大行增势较好，占比较高。在股份制银行中，江苏银行小微企业贷款余额 85.12 亿元，占股份制银行总量的 46.79%。在地方中小型金融机构中，主要是各县农村商业银行占据主渠道地位。

从贷款结构看，小微企业贷款余额 729.42 亿元，占小微企业贷款总量的 77%；小微企业主贷款余额 77.33 亿元，占比 8.16%；个体工商户贷款余额 140.61 亿元，占比 14.84%。从客户结构看，小微企业贷款总户 7 593 户，微型企业贷款总户 821 户。个体工商户户数则更多。相关数据见表 2。

表 2　2015 年一季度盐城地区金融机构小微企业贷款情况　单位：万元

机构＼指标	小微企业贷款及个体工商户	小微企业贷款	个体工商户贷款	小微企业主	小型企业授信户数	小型企业贷款户数	微型企业贷款户数
农发行盐城市分行	34 443	34 443	0	0	34	30	0
国有商业银行合计	2 158 536	2 002 770	54 310	101 457	2 475	2 104	69
工商银行盐城分行	483 424	434 475	0	48 949	377	345	5
农业银行盐城分行	277 212	268 764	3 597	4 851	464	353	10
中国银行盐城分行	723 251	658 600	38 791	25 860	900	868	34
建设银行盐城分行	546 646	522 364	2 717	21 564	517	444	18
交通银行盐城分行	128 004	118 565	9 205	233	217	94	2
邮政储蓄盐城市分行	289 384	135 139	129 636	24 609	432	235	14
浦发银行盐城分行	138 744	87 826	20 979	29 938	113	73	2
民生银行盐城分行	94 449	14 665	68 600	11 183	56	13	0
华夏银行盐城分行	48 770	47 850	500	420	71	55	0
招商银行盐城分行	152 258	126 440	8 869	16 950	50	36	2
中信银行盐城分行	14 288	13 600	112	576	18	16	4
兴业银行盐城分行	46 160	45 800	290	70	18	14	0
江苏银行盐城分行	851 210	790 327	60 883	0	1 138	1 002	108
南京银行盐城分行	65 408	64 572	536	300	34	32	20
苏州银行盐城合计	118 570	111 733	3 636	3 201	131	108	8
农村中小机构合计	5 461 361	3 819 070	1 057 706	584 585	4 325	3 875	594
全金融机构合计	9 473 581	7 294 235	1 406 057	773 289	8 895	7 593	821

2. 小微企业授信情况——以中国银行为例

（1）从全省中行情况看，个人金融业务条线发起的有小微企业背景的个人投资经营类贷款余额235.49亿元，占比15.71%，较2013年下降了4.24个百分点，降幅相对很大。其主要原因是经济下行对江苏省小微企业的经营产生重大影响。小微企业众多，产能很大但技术含量较低的浙江省受影响则更为严重。分地区看，降幅超过全省平均水平的有苏南地区的常州、南京，苏中地区的南通，苏北地区的徐州、泰州、盐城，相关数据见表3。

表3 2014年度全省中行各地区个人经营类贷款结构情况

项目	余额（亿元）			新发放（亿元）		
	个人投资经营类贷款			个人投资经营类贷款		
	余额	占比（%）	占比较年初	发放量	发放占比（%）	占比较年初（%）
无锡	31.41	14.63	-3.23	14.46	28.01	-10.58
常州	17.37	15.22	-4.51	9.30	28.25	-10.47
南通	43.13	29.54	-6.19	37.49	55.51	-9.99
南京	28.40	11.31	-4.30	9.94	13.94	-11.09
镇江	13.83	17.05	-3.84	8.71	29.67	-10.83
扬州	9.08	9.72	-3.23	5.66	21.08	0.19
盐城	24.09	19.10	-5.34	10.55	26.87	-16.03
泰州	11.38	13.12	-5.38	3.71	15.96	-10.19
徐州	20.44	18.29	-6.41	3.47	12.64	-20.86
连云港	15.72	19.27	-3.49	3.49	21.50	-14.09
宿迁	9.02	9.20	-1.89	2.46	12.36	0.56
淮安	11.61	12.36	-2.39	2.83	13.06	-10.54
合计	235.49	15.71	-4.24	112.07	26.22	-10.74

（2）2014年末，全省中行个人金融业务条线发起的微型金融商业模式贷款余额58 862万元，当年新增1 355万元。分地区看，苏南的无锡、南京总量较大，苏中的南通总量超亿元，苏北各地总量偏小，相关数据见表4。

表 4　2014 年全省中行微型金融商业模式贷款地区分布情况　单位：万元

分行	发放额	收回额	贷款余额	本年余额新增
常州	630	0	6 440	630
连云港	0	0	1 460	0
无锡	0	435	16 657	-435
镇江	0	0	3 216	0
泰州	350	0	1 093	350
南通	0	340	10 256	-340
宿迁	0	0	420	0
徐州	220	0	2 000	220
盐城	680	0	3 295	680
扬州	250	0	620	250
淮安	0	0	1 091	0
南京	0	0	12 314	0
总计	2 130	775	58 862	1 355

（3）2010—2014 年以来，盐城中行个人金融业务条线发起的个人投资经营类贷款呈现由低至高走势，其中 2012 年客户总数和贷款投放量、贷款余额均处于最高值，2014 年末当年投放量、年末余额处于 5 年来最低值，见表 5。

表 5　2010—2014 年盐城中行个人投资经营类贷款投放情况表　单位：万元

时间	投放笔数	投放金额	年末余额	余额笔数
2010 年末	1 805	75 488	100 246	3 122
2011 年末	1 542	79 749	129 034	3 869
2012 年末	2 107	128 335	180 020	4 708
2013 年末	1 382	85 763	161 774	4 479
2014 年末	1 488	67 158	127 952	3 792

四、个人金融业务支持小微企业的问题及原因分析

（一）商业银行外部问题及原因分析

1. 扶持配套政策不够完善

（1）相关财政政策偏向大企业，小微企业政策空间范围小

目前，财政的各种补贴资金 90% 以上拨付给经营效益较好、发展潜力

相对较大的大中型企业，却把真正需要资金支持的小微企业排除在外。所以，小微企业发展的空间进一步被缩小，也让小微企业和大中型企业的发展差距进一步拉大，究其原因，与我国金融市场的不完善、政策的需求性和发展的特点密切相关，未来需要制定相关的财政扶持政策，建立专门针对小微企业的财政专项补助基金，对符合条件的小微企业贷款给予一定的财政贴息，从而有效降低小微企业的融资成本，进而为小微企业打开融资的空间，让小微企业的资金需求真正得到充分的满足。

（2）减免税政策面临考验，小微企业面临税费瓶颈

天津市社科院战略研究所所长陈月生曾说过："减免小微企业税费，政策成本小、社会意义大。现阶段对小微企业最好的扶持措施就是减免税费。"目前国务院已批准，自2014年10月1日起至2015年12月31日，小微企业增值税和营业税免税额提高至3万元。新的减免税政策赢得了小微企业的广泛欢迎，直接降低了企业经营负担。但小微企业扶持新政策要实现效益最大化，还面临多重考验。一是减免税政策遭遇"信息不对称"，导致落实不到位，许多经营者对税收缴纳的具体政策和有力变化并不十分了解，减免税实际落实情况不能做到100%。中国《小微金融发展报告2014》显示，减少税费目前依然是小微企业最迫切的政策需求，但56.9%的小微企业表示并未享受到政策福利。二是杂七杂八费用多，企业负担仍重。据不完全统计，目前面向小微企业的行政性收费多达69个大类196种项目，各项费用支出占小微企业总支出的20%左右。这些让小微企业很难真正享受到减税政策的优化，小微企业的税费压力依然很大，小微企业面临着严重的税费瓶颈，成本的压力进一步提升。

（3）现行法律对中小企业概念规定不明确

《中小企业促进法》自2003年实施以来，对于改善中小企业经营环境，促进中小企业健康发展发挥了重要作用。但现行法律中对中小企业概念的规定过于笼统，而2011年6月发布的《中小企业划型标准规定》则规定中小企业划分为中型、小型和微型三种类型。也就是说，在国家政策

层面，微型企业已经从过于笼统的中小企业概念中分离了出来，如果不修订《中小企业促进法》，那么立法资源、政策保护就并没有用在需要保护的微型企业上面，从而偏离了《中小企业法》的立法目的。没有相对完善的法律保护和清晰的概念界定，小微企业在发展的过程中，无论是政策的理解与运用，还是融资中的方法与方式都会受到影响，也让商业银行对小微企业的支持力度大打折扣，这些都会对小微企业的发展产生不利影响，也会让小微企业在发展中举步维艰。

2. 金融环境建设尚不健全

（1）金融资源分配不合理，小微企业发展压力大

我国整体而言金融资源南北、东西分布不均衡，以盐城为例。盐城地区虽然地处沿海地区，但所处区域一直是欠发达地区，经济基础相对来说还是薄弱，虽然有些优势产业，最近几年也吸引了许多商业银行来盐城设立网点，但整体来说，金融资源相对来讲还是不发达，所以银行的很多资源都集中在几个优势行业，年平均资金投放量占银行资金投放总量的85%以上，这对银行来说无可厚非，但这却让更多的行业资金供给匮乏，使得金融资源分配不合理，而这个时候政府却没有健全政府调控机制，引导金融机构合理分配资源，从而让更多的企业得到供给，使得金融运行的整体生态环境不容乐观，这对小微企业的发展而言，压力更大、困难也更多。

（2）资本市场不成熟，小微企业融资渠道狭窄

国内小微企业不具备发行债券、股票的条件，大多数还是依赖向银行借款。近几年，由于我国经济的持续稳定发展，小微企业对资金的需要更加旺盛，可是银行信贷资金往往忽视信用较低的中小企业，而更加倾向国有大企业，导致不能很好地与小微企业建立合作关系，长此发展，小微企业资金需求不能得到有效的满足，商业银行的业务转型也是困难重重，这是资本市场不成熟的表现，同时也是小微企业融资渠道窄的直接结果。

（3）金融体系不完善，不适应小微企业的发展要求

金融体系的发展不完善，制约着小微企业的发展。一方面，国内金融

政策对小微企业的支持力度不够，小微企业融资环境欠佳。国家虽然支持、鼓励、引导小微企业的发展，但是对小微企业的信贷政策和信贷环境并不完善，同样也因为银行在分析信贷对象时，对小微企业所出现的成本收益极不对等的现象，在市场经济条件下小微企业的弱势群体地位也是实属无奈。另一方面，国内缺乏专门为小微企业服务的金融机构，在我国金融体系中，没有专门为小微企业发展的政策性银行和风险投资银行，缺少专业化的运作团队，当小微企业发展困难或面临危机的时候，没有具体的部门可以求助，也没有相关的政策或机构可以进行斡旋，2014 年全年盐城小微企业维权的成功率不足 50%，这些都使小微企业在发展过程中自身的利益很难得到有效的保护，也让小微企业可能面临的风险更大、需要应对的挑战更多。

3. 中小企业自身发展局限

（1）小微企业资金瓶颈严重，融资渠道狭窄

大部分企业再投资的资金都是来自利润，另一部分来自银行贷款。尽管通过银企对接和直接融资，部分企业获得了资金支持，但对于大多数小微企业，尤其是处于初创阶段的企业而言，资金短缺和融资难仍然是其最大难题。首先，小微企业在发展过程中通常面临的现实是得不到金融、担保机构的贷款支持，原因在于金融、担保机构门槛高和企业自身有效资产抵押不足。银行对贷款抵押物要求严格，融资手续繁杂，一方面，企业获取资金的时间过长，使用时间短，使用效率大打折扣；另一方面，融资成本过高，让企业望而却步。其次，企业的“三角债”问题严重，2014 年末盐城小微企业之间的“三角债”已经达到 8 000 万元，这是一个企业间普遍存在的问题，特别在小微企业之间尤为明显。实际业务中，小微企业为促进产品销售，大多以产品代销或先销后结账的方式，使资金流动较慢，相互之间拖欠货款严重，加剧了企业资金的困难程度。小微企业融资多以向亲戚朋友转借或使用民间借贷，资金来源不稳定，同时也增加了资金运转成本。这些让小微企业的资金安全性进一步降低，也让小微企业的融资空间日益缩小。

（2）小微企业销售渠道单一，市场空间狭小

首先，小微企业几乎都是靠业务员外出推销的传统营销模式，缺乏利用广告等现代营销理念拓展市场的意识，影响了企业的扩张经营和做大做强，也让小微企业的资金压力日益增大。其次，小微企业的生产大多是以产定销，缺乏市场调研和规划，生产规模和产销量停滞不前，生产模式大部分是夫妻店或放大了的家庭作坊，缺乏创新，不具备自主研发的条件和能力，产品单一，更新换代慢，没有品牌和专利，对产品销售市场定位较低，存在抓住一个客户算一个，卖不出去就不再生产的消极心理。最后，小微企业市场局限于本县及周边县市，市场容量小，竞争能力弱，应对瞬息万变的市场能力差，发展的局限较多，发展的空间不大，利润上升的空间也相对有限，盐城小微企业的年平均利润增长率在 1.5% 左右，影响商业银行对小微企业的综合评价。

（3）小微企业经营管理不规范，制约了企业的发展空间

首先，有些小微企业内部管理不规范、企业诚信缺失，这些先天性的不足造成了小微企业融资难、发展难、提升难，化解风险的能力弱等短板，2014 年盐城小微企业诚信缺失情况案例达到 8 例，这让商业银行给小微企业放贷中举步维艰，对个人金融业务支持小微企业作用发挥产生严重的不利影响。其次，大部分小微企业也因为沿用家族式管理，无法与现代化科学管理接轨，企业生产经营、营销管理、财务管理松散，生产经营和销售的随意性强，没有科学严格的规章制度规范企业生产经营，严重制约了企业的效率和发展壮大。最后，缺乏核心竞争力。虽然说科学技术是第一生产力，很多小微企业也知道，但没有大量的资金投入，吸引不了技术创新人员和技术研发团队，很多小微企业其实是在给大企业生产配套产品，自身的经营完全依赖于核心企业，没有竞争力，随时都面临危机，这些严重制约了小微企业的发展空间，也让小微企业的融资压力增大。

（二）商业银行内部问题及原因分析

1. 业务授信流程相对烦琐

大部分银行都将小微贷款业务放在个人金融范畴，由各分行的零售银

行部或个人金融部负责小微贷款业务流程的管理。也有商业银行下设的个人信贷部负责小微贷款的发起、上报、审批、放款的流程环节，一笔贷款成功发放至少要经过7个部门审核，需等待15~20天的时间，严重影响了小微贷款的发放速度。近几年来，我国各大商业银行都力图通过集中审批流程来提高小微贷款的审批效率，以招商银行为例，在2014年10月实现了小微业务总行审批的全流程，在减少分支行审批人员和优化流程的同时也带来了其他问题，如地区性授信政策的差异、内部沟通机制不畅等。总体而言，前后台业务流程的整合在初期需要磨合、有困难需要克服，但从长期看，对小微业务的授信流程的优化有着积极的意义，是增强商业银行个人金融业务对小微企业支持力度、推动小微企业融资难问题解决的重要举措。

2. 业务推动模式管理分散

各大商业银行的个人贷款部负责个人贷款业务的办理，房贷、小微贷、消费贷都是客户经理需要营销的贷款指标。在小微贷的业务推动流程上，民生银行有小微部专门负责小微企业贷款的营销外，其他商业银行个人贷款都在一个部门办理，业务的操作过程中针对性不是很强。商业银行一直以来对于小微贷款业务流程缺乏类同大型企业的完整授信流程，这影响了小微业务的系统化推动，也让小微企业授信的规范性不足。虽然很多银行从以前的“两圈两链”到现在的“两流两网”进行信息化、网络化的新型营销，推出了很多的业务模式，如抵押贷、配套贷、小额信用贷、供销流量贷、联保贷等，其中小额信用贷和联保贷获取客户快，办理流程简单，一直是商业银行快速推动小微业务的优势产品，但是在行业的选择和目标客户的决策上，很多先行的银行付出了沉痛的代价。客观上需要加强对商业银行小微贷业务推动模式的管理，优化现有管理结构，全面提升小微企业的针对性和可操作性。

3. 业务综合化、系统化程度不高

目前，各大商业银行在小微企业授信业务的管理方面，主要依赖客户经理的主观判断，综合性、系统性的分析相对较少，因此判断难免偏颇，同时也存在着一系列不确定的因素。很多客户经理都是从房贷业务办理开始，再办理小微贷业务，客户经理对小微企业授信业务的判断和风险业务的识别上存在个体差异。主要的原因为：商业银行一直重视大公司授信业务的综合化和系统化程度的管理，缺乏对小微业务授信模式的固化；小微服务客户经理队伍的培养体系不完善，业务技能和风险识别能力有待加强；产品模式上创新有力，但是风控不足，缺乏有效的后续管理机制。综上可以看出，房贷业务与个人业务还是存在着明显的差异，因此业务人员的判断也需要从多个方面着手，不能单独地依赖客户经理的主观判断，对商业银行个人业务的发展而言，业务综合化、系统化是一项长期工作，内外重视才能取得成效。

五、促进个人金融业务支持小微企业发展的对策建议

（一）完善地方金融环境建设，全面优化小微企业服务体系

1. 建立小微企业辅导体系，提升小微金融综合水平

结合盐城经济发展的实际需求，建立由政府协调支持，各级小微企业服务机构牵头组织，各大商业银行与广大社会专业服务机构参与的小微企业专业辅导体系。首先，小微企业服务机构要充分整合当地社会服务资源，加强对小微企业的指导和服务工作，对已有小微企业提供各项政策与信息、管理咨询、融资指导、人员培训等直接服务，对新创小微企业提供财税、法律、劳保、外贸等代理服务，从而帮助小微企业规范管理，建立健全财务制度，改善经营状况，增强竞争力，满足融资条件。其次，在公共服务的基础上，支持以技术、培训和创业等为主要服务业务的小微企业公共服务平台加快发展，充分调动各方力量，推动小微企业全面发展。最后，地方财政预算可安排专项资金，建立风险资金池、财政性担保公司出具担保。盐城可以通过多种方式的优化组合，降低商业银行的贷款风险，推动商业银行业务组合的优化，将政府的支持与商业银行的业务相融合，

全面拓展小微企业融资途径，推动小微企业融资难问题的有效解决。

2. 构建小微征信平台，推动小微企业信用信息体系建设

（1）完善小微企业信用信息基础数据库

基于已有的数据平台，结合盐城小微企业的发展实际，建立地区统一的全面信用数据平台，研究出台相应的征信管理办法，在对企业隐私和商业机密提供法律保障的同时，为跨部门信息的连通或共享等征信行为提供管理规范。同时，加强政府各部门之间的协调，解决信息互通中存在的行政性和技术性“瓶颈”。可在现有国家的法律法规的框架下，重新整合税收、工商、海关等方面的规定，对补充验证小微企业经营状况和信用表现最为重要的非金融类信息，探索合作模式和技术解决方案，降低征信中心和金融机构获取此类信息的成本。

（2）完善征信机构对小微企业征信和评级服务

实际业务中，可以从如下几方面进行着手：首先，开发小微企业评级服务，辅助银行优化信贷决策。我国的征信数据覆盖正面信息和负面信息，具有良好的量化分析基础。盐城基于国家在不断扩大征信内容的同时，可以借鉴其他地区对小微企业评级产品的开发实践，将先进的技术与盐城的产业发展需求相结合，真正增强对小微企业的信用评级。其次，引入市场化管理的模式，通过对比分析国际上的公共征信机构和私人征信机构发现，公共征信系统往往由中央银行直接管辖，带有一定的监管目的，因此内容限于受中央银行管辖的信贷机构信息，服务提供也比较单一，而商业评级机构的市场驱动力更强，往往能根据市场需要开发多种征信产品和服务，发挥商业化运作的优势，盐城可以结合地方优势，发挥自身的优势，增强对小微企业的信用综合评比。

3. 加大政府财政支持力度，多元化缓释贷款风险

（1）出台直接面向小微企业的财政投融资政策

盐城可以整合现有的资源，立足于金融市场的发展实际，在基金设立方面，可综合统筹目前的各类基金，争取尽早设立“政府—小微企业发展

基金”，将各类专项支持基金、风险补贴等统一纳入该基金进行综合管理。该基金归口到财政局，以政策性基金市场化运作模式开展，类似社保基金的管理模式，在源头上通过市场化运作扩大小微企业收益，减少地方财政每年的资金投入及财政负担。此外，地方财政每年可从小微企业税收中提留一定比例建立小微企业发展扶持基金，委托地方商业银行定向发放小微企业委托贷款，类似住房公积金贷款的操作方式。基金存管的商业银行要配套发放一定比例的小微企业贷款，这样存管的商业银行既可获得稳定的存款来源，同时通过发放委托贷款也可获得手续费收益，实现收益的多样化。“政府—小微企业发展基金”通过商业化运作，能够产生贷款收益，可以推动商业银行的持续发展，也能更好地将商业银行业务与小微企业的需求相结合，真正运用政策推动小微企业的全面发展。

（2）建立对商业银行小微企业贷款的经济补偿机制

小微企业的贷款风险较大，政府可以基于市场化的操作需求建立小微企业贷款的经济补偿机制，全面降低商业银行的风险。具体而言，首先，进一步完善小微企业贷款快速核销、贷款损失税前扣除等扶持政策。小微企业贷款的违约率和违约损失率相对较高，提高小微企业不良贷款专项准备金税前计提的比例，或者允许商业银行对小微企业不良贷款税前计提特殊准备金，以增加小微企业贷款拨备的抵税效应。同时，扩大商业银行小微企业不良贷款核销权限，使商业银行不良贷款基本能做到自主核销。其次，进一步完善小微企业融资的风险补偿机制。通过政府扶持，建立小微企业融资的风险补偿机制，包括设立政策性融资担保机构和建立风险补偿基金等。同时，统筹建立小微企业贷款的风险补偿机制，鼓励各地按照小微企业在当地经济规模中的比重设置相应的风险补偿基金，使风险补偿成为普惠性的制度安排。最后，通过人行的业务发展实际，进一步强化落实小微企业信用担保机构免征营业税、准备金提取和代偿损失税前扣除等政策。同时继续增加对小微企业金融服务的税收支持，包括减免小微企业金融服务的营业税和所得税等政策。

（二）凸显差异化服务理念，提升小微企业服务的针对性

1. 银行业要转变经营理念，提升小微企业的战略地位

对小微企业提供金融服务是商业银行自身健康发展的必然要求，这样既可以避免把信贷过于集中在大企业而导致的金融风险，又可带来新的客户群，扩展商业银行的服务领域，从而实现可持续发展。随着推进利率市场化，小微企业金融服务的创利空间将更大。当前，大中型商业银行网络覆盖面广，信贷资源非常充足，放贷能力较强，具有坚实的发展小微企业信贷业务的条件，所要解决的问题是要作战略调整，战略视野中要纳入小微企业信贷业务。商业银行在发展小微战略的过程中，要避免使用传统的强迫性手段，通过生拉硬拽的方式获取客户的认可，而是要增强服务理念，争取用特色的产品和优质的服务吸引客户，紧紧围绕客户的需求制定和丰富金融服务产品的样式。城市商业银行要不断挖掘和探索客户的不同需求，研发出丰富多样的适合不同客户需求的金融产品，通过有效针对的金融服务来降低作业成本，抢占更多的信贷产品，增加银行的富足资金储备。城市商业银行在设计新的金融服务产品时，要注重差异化和特色化，提高服务的灵活性，方便客户各种需求的满足。城市商业银行在批量制订授信方案时，要通过合理开发控制成本，通过不同方式的交叉销售增加客户的需求，注重保证金融服务产品在有效生命期内的实施活力，完善产品的评价管理机制，及时更新落后的不符合市场需求的产品。

2. 落实商业银行“四单”原则，增强小微金融专业化水平

商业银行个人金融业务中的“四单”原则，指的是单列信贷计划、单独会计核算、单独配置人力资源与财务资源、单独客户认定与信贷评审。落实“四单”原则可以构建专业化经营与考核体系，更加符合个人金融业务的发展需要，同时能够更好地满足小微企业的发展需求。为了更好地推进“四单”原则的落实，商业银行需要建立专业化的管理和营销队伍，对小微企业业务实行单独预算、单独考核和单独核算，构建适应小微企业融资特点的信贷流程与审批体制，构建标准化产品设计和模

式化市场营销，简化内部基础信贷管理工作。通过创新小微企业的信贷机制，可减少所办贷款审批审查环节，提高小微企业融资效率，是促进个人金融业务支持小微企业发展的重要举措。个人金融业务支持小微企业发展需要建立专业化的业务管理团队，商业银行需要致力于打造有较高知名度和影响力的专营品牌和特色服务。系统全面地进行专业化培训，有效提升小微企业金融服务水平。围绕客户需求变化，整合运用盐城当地各类金融资源，为小微企业提供集结算、理财、信息、咨询为一体的"一揽子"服务，同时结合互联网金融发展带来的机遇和变革，顺应小微企业的金融需求变化，提供全时段、全方位、一站式、便捷化、低成本的金融服务。

3. 创新个人金融业务品种，满足小微企业发展需求

（1）积极推广上级行开发的新产品，提升金融产品的市场适应度

首先，要认真解读总行或者省级分行最新下发的一系列业务新政和创新产品，通过各种形式对客户经理进行培训，保证对新政策新产品有足够的了解，这是推广新产品的基础；其次，要抓住有利时机，利用平时对客户的了解，及时获取客户需求和动向，将客户需求与新产品有效地匹配，将优势产品作为获得高端客户的利器；最后，运用良好的营销和沟通技巧，完成新产品的推广，提升新产品的市场认可度。

（2）基于当地发展需求，努力开发本地新产品

根据中国银行品牌知名度和美誉度调查报告的权威分析我们可以了解，实际业务中影响某家银行个人客户品牌美誉度的积极因素主要是权威、国际化，消极因素主要是与客户心理距离远、缺乏创新、电子渠道不完善。因此，在今后的业务创新中，盐城的各大商业银行应当牢牢把握小微企业的发展需求、贴近现实生活，将全球化、中高端和专业化三个方面紧密融合，将小微企业的需要与商业银行的业务创新相结合，不断立足于现实发展的需要，开发出更加满足客户需求的产品、更加具有市场竞争力的小微企业需求的金融产品。

4. 控制个人金融业务风险，深化小微企业服务改革

（1）组建代职检查团队，加强合规检查与管理

首先，组建成立网点负责人代职检查团队，通过空降式的代职检查，了解和掌握网点管理现状，进一步防范基层网点经营管理风险，对负责人在岗履职情况进行检查、评估，以改进基层网点内控建设。其次，以代职检查团队为基础，专门成立网点管理领导小组，由一把手任组长，对各类内外审检查发现的问题进行定期专题研究，防微杜渐。再次，紧跟目前网点战略转型这一大背景，利用代职检查的有利条件，对涉及网点转型的诸如业务完成情况、流程设置、人员效率、网点绩效等多方面进行综合了解与记录，努力为各决策部门提供第一手的资料。最后，在检查问题的同时，重点加强业务指导与培训，不仅对一些操作性问题要及时在现场进行纠正，也要通过开展专题会议、现场集中培训等形式进行集中教育，以最终达到提升网点经营管理水平的目的，全面提升小微企业服务质量。

（2）完善绩效考核体系，调动防控积极性

建立自上而下、逐级负责、逐级问责的绩效考核机制，将风险识别、分析、评估、监督、控制和报告等环节纳入到基层机构业绩考核和领导人员目标责任管理中。首先，可以将操作风险指标加入到员工的绩效考核中，通过风险与绩效的挂钩，提高员工积极防范操作风险的积极性；其次，可以将操作风险指标与员工福利计划挂钩，实现员工对操作风险的日常重视与关注；再次，建立健全对违规违纪事件的举报制度，进一步健全完善绩效考核体制，包括执行者、管理者、检查者、前任领导、用人者的职责；最后，严格执行违规积分制度，引导广大员工自我约束、遵章守纪，有效减少直至杜绝违规操作现象，充分调动管理人员严格管理的积极性和主动性。

（三）强化小微企业自身建设，提升小微企业综合水平

1. 加强小微企业创新，提升小微企业自身能力

（1）小微企业要大力创新，努力扩大市场范围

小微企业要努力创新，只有创新才能生产出新的产品和新的服务，才

能赢得更广阔的市场。小微企业大多具有较小的规模、灵活的管理方式、员工自主性强，能够充分发挥个人才能等。小微企业总经理应充分发挥小微企业的规模小、可控性强的优点，不断进行产品创新、新技术开发、新工艺探索，通过各种方式的创新来抢占和瓜分市场。

（2）遵循国家各项规章制度，严格会计业务程序

小微企业要按照国家规定的规范格式来编制标准财务报表，严格遵守会计政策法规来进行会计事项的记录，并对各项会计资料进行妥善的保管存放，以此来进行财务会计制度的完善与规范。财务会计制度的完善与规范，为商业银行考核小微企业经营状况提供可靠的依据，能提高贷款的审核通过率，通过规范的财务报表和科学的财务体系，也会很好地提升小微企业自身的信用度。

（3）转变经营管理方式，明晰企业产权制度

目前，大多数小微企业的经营方式为家庭经营，这种经营方式由家族内部人员掌权，而家庭经营企业管理者的选拔具有不正式性，在管理者的选拔过程中容易出现偏差，很容易做出错误决策。尽管是家庭成员掌权，排除了外部人员竞争的压力，但是家庭成员之间权力的争夺，也会给企业带来大量的损耗。因此，企业产权的明晰以及现代企业制度的建立显得尤为重要。只有这样才能促进小微企业融资问题的解决，促进小微企业的发展壮大。

2. 加强小微企业信息体系建设，帮助小微企业树立诚信意识

信息不对称是小微企业融资难的根本原因所在，商业银行和小微企业之间的信息交流是解决小微企业融资问题的关键所在。政府和金融机构建立的征信系统制度，仅仅方便了金融机构的信息查询。融资问题的解决单靠此点难以解决，还需要小微企业也做出相应的努力，如建立企业信息系统，记录并保存企业经营管理、财务等方面的信息。只有这样才能与金融机构征信系统实现对接，为金融机构提供有说服力的数据信息，提高贷款审核通过率，解决小微企业的融资问题。小微企业在经营过程中要保持良

好的诚信，以便将来从金融机构获得资金的支持。具体措施如下：首先，管理者要有良好的诚信意识，企业管理者的决策影响到整个企业的发展，具有良好诚信意识的管理者必然会加倍关注企业的诚信问题，进而采取相应措施保持企业良好的诚信状况；其次，进行诚信经营企业文化建设，培育员工的诚信意识，将诚信观念传递到企业内部的所有员工，形成一个良好的氛围；最后，重视诚信的积累，加强与固定几家银行的联系，保持良好的还贷记录，从而为小微企业未来融资打好基础。

3. 发挥产业集群优势，提升小微企业综合实力

波特教授在1998年提出了产业群或集群的定义，指出产业群或集群是指在某一特定领域中通常以一个主导产业为核心，大量产业联系密切的企业以及相关支撑机构在空间上集聚，发挥协同作用，形成强劲、持续竞争优势的现象。小微企业由于规模小、可担保资产少，难以从金融机构获得贷款。单个的小微企业是这样，如果把单个的小微企业按照产业或者集群联系起来，其规模就相当可观了，融资问题也就相对容易解决了。产业集群能够优化融资环境，为各小微企业提供了一个相对稳定的环境。产业集群是由多个小微企业联合而成，可供担保的抵押品充足，能够较快从金融机构获得贷款，并将贷款风险分散到各个小微企业，单个小微企业承担的风险小。通过对单个资源的整合，提升小微企业的综合实力，推动小微企业集群效应的体现，改变小微企业的传统形象，重新树立小微企业良好的新形象，同时理顺小微企业与商业银行之间的关系，增强商业银行对小微企业的认可度，进而从根本上解决小微企业融资难的问题，推动小微企业在经济新常态的背景下，基于产业发展的集群效益，立足于现实的发展需求，全面增强自身的竞争力，真正实现小微企业的健康、快速、和谐发展。

参考文献

[1] Kof Fi Sodokin, Charles Donou - Adonsou. Banks, Microfinance Institutions and Economic Growthin the West African Economic and Monetary Union

[J]. African Development Review, 2011(12):495 –510.

[2] Miki Hamada. Financial services to the poor: an introduction to the special issue on microfinance [J]. The Developing Economies, 2012 (3): 1 –14.

[3] Milford Bateman. The Role of Microfinance in Contemporary Rural Development Finance Policyand Practice: Imposing Neoliberalism as "Best Practice" [J]. Journal of Agrarian Change, 2012 (10):587 –600.

[4] Rebel A. Coleal, Lawrence G. Goldberga and Lawrence J. Whitea. The Micro Structure of Small Business Lending by Large and Small Banks[J]. Journal of Financial and Quantitative Analysis,2013(6):227 –251.

[5] Charlotte Wagner. From Boom to Bust: How Different Has Microfinance Been From Traditional Banking [J]. Development Policy Review,2014 (3): 187 –210.

[6]秦黎,朱丽宣. 我国商业银行对中小企业信贷融资问题探讨[J]. 长白学刊, 2011 (3):88 –92.

[7]宋琳. 从商业银行角度浅析我国中小企业融资难问题[J]. 价值工程, 2011(08):14 –20.

[8]蔡斌. 商业银行抵押担保贷款面临的风险及防范对策[J]. 北京工业大学学报(社会科学版),2011(11):51 –56.

[9]王耀发. 商业银行发展微小贷款业务的相关问题研究[J]. 经济观察, 2012(3):15 –20.

[10]彭凯,向宇. 我国银行开展小微企业贷款的困难和对策[J]. 银行管理, 2012(6):34 –39.

[11] 张玲,宰红玲,乔中秋. 新政策背景下金融支持小微企业发展情况的调查与思考[J]. 时代金融,2013(1):56 –60.

[12]郭代. 商业银行小微企业金融服务策略研究[J]. 企业技术开发, 2013(6) :28 –35.

[13]刘雪英,张方杰. 中国商业银行经营多元化的实证研究[J]. 经济与管理, 2014(11):67-69.

[14]殷军. 面向流程银行的金融产品整合与创新[J]. 上海农村金融, 2014(9):19-21.

[15]冉晖. 商业银行发展中小企业信贷业务的思考[J]. 重庆工学院学报(社会科学版),2014 (11):51-53.

[16]王晨,关颖,黄潇雨. 后金融危机时期城市商业银行风险管理研究[J]. 经济纵横, 2015(2):88-90.

盐城金融业对接上海自贸区研究[①]

张　桢　季　健　张晓燕

【摘要】 自2013年上海自贸区成立以来，涉及金融改革的措施不断出台，很多措施已在全国复制推广。在这样的历史机遇下，课题组研究盐城金融如何更好地对接上海自贸区，促进金融业跨越式发展，从而实现社会资源优化配置，使金融在推动盐城国民经济发展和社会全面进步中发挥更大作用。本文首先详细研究了盐城市金融业发展现状，并归纳总结了其在发展过程中存在的问题。接着在政策体系和政策内容两方面，全面梳理了上海自由贸易区发展进程中的金融改革创新，并分析了盐城金融业对接上海自贸区的必要性与可行性。最后提出盐城要打造长三角北翼金融高地承接优势，培育沿海金融支撑竞争优势，并指出盐城金融业对接上海自贸区的途径主要包括当地政府、金融监管机构、银行方面等。

一、研究背景

当前，以信息化为代表的技术革命，推动了经济全球化与经济一体化的进程，形成了当前区域经济发展的两大趋势。经济全球化与区域经济一体化两大潮流日益深化，成为盐城对外开展经济合作、促进本地区域经济发展的重要背景。盐城经济的发展需要和苏南、上海、长三角乃至世界其他国家开展合作。

---

① 课题来源：盐城市金融研究院，2014. 10—2015. 06，项目编号：2014YCJR005

作者简介：张桢，汉族，男，江苏常州人，厦门自由贸易区管委会财政金融局金融主管，博士；季健，汉族，女，江苏盐城人，盐城师范学院教授，博士；张晓燕，汉族，女，河北邯郸人，盐城师范学院讲师，硕士。

目前，国家实施了很多关于区域经济发展的重大战略，这些战略涉及盐城的包括："一带一路"与"长江经济带"战略、2015年我国与韩国签订协议准备在2015年启动中韩自由贸易区、江苏沿海大开发战略、苏南苏北对口经济合作、陇海经济带。

在国家大力实施"一带一路"与江苏沿海大开发的战略背景下，中韩自由贸易区也即将启动，盐城有着其他地区无法比拟的优势。盐城处于长江经济带、丝绸之路经济带的结合部，与韩国、日本隔海相望，拥有江苏少有的海洋港口。盐城还拥有丰富的土地、滩涂、农业资源以及相对廉价的劳动力。经过多年的发展，盐城经济与产业有着一定的良好的基础。我国正处于市场经济全面深化改革的攻坚阶段，资金的融通在资源配置中发挥着重要作用。区域经济的发展，离不开金融的支持。

从固定资产投资来看，2013年期间，年度投资资金来源总额2 687.33亿元，国内贷款资金来源262.48亿元，占比为9.77%，比财政性资金来源0.5%与利用外资等资金来源1.31%高出很多，银行贷款总额占GDP的比重一直很高，2013年末银行贷款占GDP的比重为63.72%，以上说明盐城经济转型升级与产业优化同金融业的发展有着紧密的关系。

自2013年上海自贸区成立以来，涉及金融改革的措施不断出台，很多措施已在全国复制推广。在这样的历史机遇下，课题组研究盐城金融如何更好地对接上海自贸区，促进金融业跨越式发展，从而实现社会资源优化配置，使金融在推动盐城国民经济发展和社会全面进步中发挥更大作用。

二、盐城金融业现状分析

（一）盐城金融业运行现状

金融是现代经济的核心，这是对金融在现代经济中地位和作用的科学界定。金融在市场资源配置中起着核心作用。近些年来，盐城市着力抢抓江苏沿海发展和长三角经济一体化国家战略的叠加机遇，积极打造长三角北翼金融高地，采取了一系列金融发展举措，为经济发展方式转变提供动力，促进了经济发展和金融稳定的有效融合与相互协调，为盐城市经济社会发展做出了积极贡献。

1. 盐城金融业与经济

根据盐城国民经济统计资料显示，2013 年末，盐城城镇单位从业人数 88.63 万人（不含私营与个体），金融行业从业人数 2.55 万人，占城镇从业人数的 2.88%，创造了 3.64% 的地区生产总值。

2013 年度，盐城市地区生产总值为 3 475.5 亿元，按可比价计算，同比增长 12.3%，第三产业实现增加值 1 350.3 亿元，同比增长 13.4%，其中金融产业实现增加值 126.44 亿元，同比增长 19.9%，金融增加值增长速度超过地区生产总值 6.5%。

从固定资产投资来看，2013 年期间，年度投资资金来源总额 2 687.33 亿元，国内贷款资金来源 262.48 亿元，占比 9.77%，比财政性资金来源 0.5% 与利用外资等资金来源 1.31% 高出很多，是除自筹资金（占年度投资资金来源的 78.3%）以外最主要的资金来源。

近年来，盐城各银行机构执行稳健的货币政策，保证货币供应量适度增长，改善金融服务，增加信贷投入，为盐城经济持续稳定健康发展创造了宽松的金融环境。截至 2013 年末，本外币各项存款余额 3 219.90 亿元，新增 503.03 亿元，同比增长 18.52%，其中：单位存款 1 342.15 亿元，个人存款 1 828.46 亿元。在贷款业务上，2013 年末本外币贷款余额 2 214.59 亿元，新增 358 亿元，同比增长 19.34%，其中：短期贷款1 125.10亿元，中长期贷款 951.49 亿元，票据融资 137.08 亿元。银行贷款总额占 GDP 的比重一直很高，2013 年末银行贷款占 GDP 的比重为 63.72%，说明了盐城的金融业与盐城经济发展有着紧密的联系。

2. 金融体系与机构的发展

目前，盐城金融机构基本形成了国有商业银行与股份制银行为主体，政策性金融与商业性金融相分离，区域性商业银行和证券、保险等非银行金融机构并存的现代金融体系。

除了传统的工商银行、农业银行、中国银行、建设银行四大国有商业银行，华夏银行、邮储银行、交通银行、浦东发展银行、招商银行、民生银行等全国股份制银行先后在盐城设立分行。近年来，区域性银行也加快进驻盐城的步伐，江苏银行、南京银行、太仓农商行、昆山农商行纷纷设立分行。盐城农村信用社改革已基本完成，目前，全市8家农村信用社全部完成股份制改造，转型升级为农村商业银行。东台稠州村镇银行、建湖中成村镇银行等多家村镇银行相继设立。另外，全市先后成立了26家农村小额贷款公司，有着覆盖各乡镇的农民资金互助合作社128家，融资性担保机构50家，为金融业更好地服务“三农”与中小企业打下了良好的基础。

3. 直接融资渠道不断拓宽

证券营业机构不断增加，全市共有光大证券、国元证券、南京证券等证券期货营业部15家。企业上市工作不断推进，2011年，盐都翔宇疏浚在香港主板上市，融资5.6亿港元，江淮动力公开配售2.4亿股，募集资金6.75亿元。2012年，全市建立了110多家上市公司后备企业资源库，新增股改企业19家，新增上市辅导企业4家，东强股份进入证监会待审，东方交投债、盐城东方债、盐城城南债、大丰债等4个城投债公开发行，募集资金47亿元。此外，盐城国投集团10亿元小微企业扶持债券获国家发改委批准发行。创投基金与风投基金快速发展，全市现有股权投资基金20多家，其中在江苏省发改委备案的有6家，数量列苏北第一。

4. 加大金融对实体经济与“三农”的支持力度

金融机构把握好机遇，积极增加对实体经济的支持力度，促进信贷政策与产业政策、地方经济重大发展战略相匹配，引导信贷资源进一步投向全市经济社会发展的重点领域与主要环节。2012年年内，全市新增制造业贷款70.53亿元，占全部新增贷款的33.7%，居各行业首位，新增中小微企业贷款123.8亿元，同比增长16%。

农村金融改革不断深化，农村合作信用社股份制改革基本完成，原先的 8 家农村信用社与合作银行都已改制为农村商业银行，射阳农商行和黄海农商行在外省异地设立村镇银行。2012 年末，全市金融机构涉农贷款 972. 2 亿元，占整个贷款余额的 52. 4%，县域农村金融机构涉农贷款比例超过 90%。农村金融机构呈现出多元化的趋势，农村小额贷款公司、农村资金互助合作社与政策性农村保险在推进农村生产与农村经济发展过程中起着重要作用。

5. 外汇业务发展迅速

近年来，盐城市对外经济合作日益频繁，盐城的进出口贸易与直接投资的发展迅速。

2013 年期间，盐城市进出口总额 65. 28 亿美元，同比增长 13. 45%，其中：进口 27. 50 亿美元，出口 37. 79 亿美元。2013 年全年，盐城市签订外商直接投资合同 262 个，合同外商直接投资金额 30. 46 亿美元，实际投资 15. 50 亿美元。实现旅游外汇收入 2 533 亿美元。按 2013 年年平均人民币对美元汇率为 6. 2 元人民币/美元计算，2013 年盐城市进出口总额占地区生产总值的 11. 64%，盐城经济外向性越发明显。

2012 年年内，全市跨境收支总额 91. 93 亿美元，同比增长 29%，其中跨境资金流入 56. 14 亿美元，同比增长 18. 22%，跨境资金支出 35. 79 亿美元，同比下降 13. 79%，全年银行结售汇总额 75. 57 亿美元，同比增长 27. 68%，其中银行结汇额 49. 06 亿美元，实现净结汇 22. 56 亿美元。全市跨境人民币结算总额 12. 13 亿美元，同比增长 123%，外汇存款额 2. 79 亿美元，外汇贷款余额 3. 92 亿美元，其中贸易融资 3. 28 亿美元。盐城市跨境收支业务与跨境人民币业务为盐城市金融全面对接上海自贸区打下了良好的业务基础。

（二）盐城金融业发展过程中的问题

总体来说，盐城金融业发展势头良好，为盐城社会经济平稳较快发展提供了保障，但与先进地区相比有着一定差距，需进一步增强自身实力，为盐城经济“促转型、调结构”做出贡献。这些差距主要表现在如下几方面：

一是金融业发展仍不充分，金融总量偏小。目前全市金融机构存、贷款总量列在江苏省第10位，与经济总量列第7的位置不相匹配。2013年，全市金融产业增加值分别占地区生产总值与服务业增加值的2.1%和5.5%，比江苏省平均水平低了3个和6.8个百分点。

二是金融机构聚集程度不高。从数量上看，全市现有的银行机构比徐州与南通分别少3家与8家。从结构上看，全国性的股份制银行偏少，至今还没有一家外资银行落户。从类型上看，虽然一些知名金融机构落户盐城，但大多数是设立分支机构，设立区域总部的只有昆山农商行一家。盐城虽然是全省最大的乘用车制造基地，但汽车金融仍处于起步阶段。

三是金融创新力度不大。金融产品品种单一，各金融机构产品同质化严重，缺乏有特色、高质量的金融服务，对林权、滩涂与海域使用权、知识产权等新型抵质押方式开拓力度不够。此外，银行国际业务品种不丰富，以传统的结售汇与贸易融资为主。

四是服务中小微企业的力度仍要进一步加大。金融机构对中小微企业的投放规模还不大，难以满足其信贷资金需求；针对中小企业信贷产品开发力度不够，不能适应其差异化的金融需求。

五是金融生态环境建设不容乐观。近年来，全市发生由非法集资和高利贷引发的诈骗、非法拘禁等刑事案件多起，严重扰乱了正常的金融秩序；民间借贷缺乏正确的引导，企业民间融资额较大，年利率偏高，存在较高的金融风险。

三、上海自贸区发展进程中的金融改革创新

（一）关于上海自贸区金融改革创新的政策体系

2013年8月，国务院正式批准设立中国（上海）自由贸易试验区。2013年9月，《中国（上海）自由贸易试验区总体方案》公布，自此上海自贸区挂牌启动。根据总体方案，在总面积为27.78平方千米的自贸区范围内，将实施一系列监管服务模式的转变，从政府职能转变、扩大投资领

域开放、推进贸易发展方式转变、深化金融领域开放创新和完善法制提供制度保障五个方面进行市场化的探索，率先建立符合国际化与市场化跨境投资与贸易规则体系，为我国扩大开放与深化改革提供新路径与新思想。

金融创新是上海自贸区的重点与核心。从总体方案来看，上海自贸区金融开放与改革主要聚焦在三方面：一是在风险可控、条件具备的前提下，在试验区内对人民币资本项目可兑换、金融市场利率市场化、人民币跨境使用等先行先试；二是推动银行、保险、融资租赁等金融服务对符合条件的外资与民资等金融机构全面开放；三是完善管理、加强监管的前提下，允许区内中资银行办理离岸业务。

上海自贸区的金融开放措施，其功能意义不仅仅局限于自贸区范围内，将有助于推动人民币国际化，对上海建设国际金融中心也有着积极影响。就整个金融改革的大局而言，上海自贸区金融改革也承载着中国金融领域改革开放的试验田功能。“可复制、可推广、可升级”的创新模式，将自贸区先行先试的金融改革政策在全国范围内推广，推动中国金融改革进程。

为了配合实施国务院上海自由贸易区总体方案，各部委与上海市政府支持金融开放改革的政策陆续出台（见表1），为规范自贸区金融发展提供了制度保障。

表1　支持上海自贸区金融改革的相关政策

时　间	部　门	名　称
2013-09-18	国务院	《中国（上海）自由贸易试验区总体方案》
2013-09-29	上海市政府	《中国（上海）自由贸易试验区管理办法》
2013-09-29	银监会	《关于中国（上海）自由贸易试验区银行业监管有关问题的通知》
2013-09-29	证监会	《资本市场支持促进中国（上海）自由贸易试验区若干政策措施》
2013-09-29	保监会	《发挥保险功能作用，支持中国（上海）自由贸易试验区的有关批复》
2013-12-02	中国人民银行	《关于金融支持中国（上海）自由贸易试验区建设的意见》
2014-02-21	中国人民银行	《关于支持中国（上海）自由贸易试验区扩大人民币跨境使用的通知》

资料来源：《中国（上海）自由贸易试验区总体方案》等文件。

（二）上海自贸区金融改革政策内容分析

从自贸区总体设计思路看，上海自贸区继续秉承改革开放的基本理念，但鉴于其建立背景的特殊性，自贸区并不强调给予更多优惠政策，而是着重体制机制创新，希望建立符合国际化和法治化要求的跨境投资和贸易规则体系。鉴于此思路，自贸区金融改革在金融领域全方位开放的基础上，积极探索金融服务国际化，推进金融制度和管理模式创新，促进跨境贸易和投资的便利化。

1. 促进金融领域全方位开放

深化上海自贸区的金融领域改革开放，首先需要开放金融机构市场准入和业务许可范围，吸引国内外金融机构进入上海自贸区开展创新业务，提高金融服务业的开放水平。

（1）全面开放市场准入

从银行业看，银监会支持中外资银行入区经营发展，允许在自贸区内新设分行或专营机构或将区内营业网点升格为支行或分行；支持区内设立非银行金融公司，支持全国性金融资产管理公司和金融租赁公司在自贸区内设立分公司或专业子公司；支持民间资本进入区内银行业，设立民营银行、金融租赁公司和消费金融公司等金融机构，民营资本也可以参股与中、外资金融机构在自贸区内设立中外合资银行。从证券业看，证监会支持证券期货经营机构在自贸区内注册成立专业子公司，如风险管理子公司和资产管理子公司等。从保险业看，保监会支持在自贸区内试点设立外资专业健康保险机构，支持保险公司在自贸区内设立分支机构，支持国际著名的专业性保险中介机构等服务机构以及从事再保险业务的社会组织和个人在自贸区依法开展相关业务。

（2）放宽经营许可范围

从银行业看，银监会支持自贸区内银行业金融机构发展跨境融资业务，包括大宗商品贸易融资、全供应链贸易融资、离岸船舶融资、外保内贷、商业票据等；支持区内银行业金融机构推进跨境投资金融服务，包括跨境并购贷款和项目贷款、内保外贷、跨境资产管理和财富管理业务、房地产信托投资基金等；允许符合条件的中资银行在区内开展离岸银行业务。从证券业看，证监会将委托筹建国际原油期货平台，支持自贸区内的单位和个人按照规定双向投资于境内外证券期货市场，允许区内企业的境外母公司按规定在境内市场发行人民币债券，支持区内证券期货经营机构开展面向境内客户的大宗商品和金融衍生品的柜台交易。从保险业看，保监会支持在自贸区内开展人民币跨境再保险业务，支持上海研究探索巨灾保险机制，支持上海开展航运保险，支持保险公司创新保险产品，不断拓展责任保险服务领域。

2. 强化跨境金融服务功能

（1）专设自由贸易账户

为了有效落实自贸区相关政策措施并便于监管，根据“一线放开，二线管制”的基本原则，央行专门为自贸区内的经营单位设立了一个特殊账户，即自由贸易账户（FTA）。从性质看，自由贸易账户有点类似于境外机构境内外汇账户（NRA）或离岸账户（OSA），与境外账户之间的资金可自由划转；所不同的是，NRA 或 OSA 一般只针对非居民，而自由贸易账户既包括居民又包括非居民，当然只能针对自贸区内的居民或非居民。同时，央行明确居民自由贸易账户与境外账户、境内区外的非居民账户、非居民自由贸易账户、居民自由贸易账户与境内区外的银行结算账户之间产生的资金流动视同跨境业务管理，有效隔离了自贸区与“区外境内”之间的货币资金往来。

这种内外分离型的自由贸易账户，在很大程度上方便了自贸区居民和非居民开展跨境交易和资金跨境流通，大力推动了银行离岸业务和离岸金融市场发展，同时也能较好地控制国内资金和国际资本大量流动的风险，是一项相得益彰的金融创新之举。

（2）推进资本项目双向开放

在设立自由贸易专门账户的基础上，为了便于自贸区企业或个人开展投融资活动，央行进一步放宽自贸区的资本项目管制，这也被认为是自贸区金融改革政策的核心内容。当然，开放资本项目毕竟容易导致出现金融风险事件，特别是我国尚未实现利率市场化以及大量海外热钱流入等背景下金融风险更大。为此，央行在基本放开自贸区与境外之间的资本项目可兑换，实现“一线放开”的基础上，适当放宽自贸区与境内区外之间的资本项目管制，通过限额等方法“二线安全高效管住”资本跨境流动。

首先，允许自贸区与境外的资本项目可兑换。一是放开对外投资限制，允许自贸区内的居民（含企业、个人、个体工商户）进行跨境直接投资或境外证券投资以及境外衍生品投资业务，可以直接向银行办理所涉及的跨境收付、兑换业务。二是放开对外融资限制，允许自贸区内机构（含中外资企业、非银行金融机构等）从境外融入本外币资金，在区内或境外开展风险对冲管理；试验区分账核算单元（即金融机构在自贸区内的分支机构）基于自身风险管理需要，可参与国际金融市场衍生工具交易。

其次，放宽自贸区与境内区外的资本项目管制。一是适当放开非居民在境内投资，允许符合条件的境外个人开设非居民个人境内投资专户，按规定开展包括证券投资在内的各类境内投资；允许区内金融机构和企业按规定进入上海地区的证券和期货交易场所进行投资和交易。二是适当放开非居民在境内融资，允许区内企业的境外母公司按有关法规在境内资本市场发行人民币债券，同时允许经批准的试验区分账核算单元在一定额度内进入境内银行间市场开展拆借或回购交易。

（3）扩大人民币跨境使用范围

为了支持上海人民币离岸金融中心建设和推进人民币国际化，央行进一步扩大自贸区内人民币跨境使用领域和范围，增加人民币流出和回流渠道，进一步丰富人民币跨境业务和产品，提高人民币使用效率和收益。一是在经常项下实现跨境人民币结算的基础上，允许区内机构（重点监管名单内企业除外）和个人的直接投资进行跨境人民币结算，可以在上海地区银行直接办理。二是开放跨境电子商务人民币结算业务，由上海地区银行业金融机构与自贸区内具备互联网支付资质的支付机构合作开展。三是区内金融机构和企业可从境外借用人民币资金，但资金用途有所限制，不得用于投资有价证券、衍生产品或委托贷款。四是区内企业和集团内开展双向人民币资金池业务，为其境内外关联企业提供经常项下集中收付业务，便于跨国公司开展集团内人民币资金归集与管理，也便于境内外人民币资金池内资金进行双向流通。

3. 加快推进金融制度创新

（1）深化外汇管理改革

无论是资本项目改革创新，还是扩大人民币跨境使用，都需要对外汇管理制度进行相应改革，使自贸区的外汇管理与国际制度相接轨。具体看，自贸区深化外汇管理改革包括一系列简化或下放外汇管理手续，主要包括：一是进一步简化外币资金池管理，深化国际贸易结算中心外汇管理试点，扩大跨国公司总部外汇资金集中运营管理试点企业范围，促进上海成立跨国公司、集团企业的资金中心。二是简化直接投资外汇登记手续，直接投资项下外汇登记及变更登记下放银行办理，并允许自贸区外商直接投资项下外汇资金按意愿结汇。三是取消金融类租赁公司境外租赁等境外债权业务的逐笔审批，简化飞机、船舶等大型融资租赁项目预付货款手续等，支持试验区开展境内外租赁服务。四是取消区内机构向境外支付担保费的核准，区内机构直接到银行办理担保费、购付汇手续，支持银行开展面向境内客户的大宗商品衍生品的柜台交易。

（2）深化利率市场化改革

在利率市场化改革方面，央行也给予上海自贸区一些先行先试政策，如将区内符合条件的金融机构纳入优先发行大额可转让存单的机构范围，在区内实现大额可转让存单发行的先行先试，条件成熟时放开区内一般账户小额外币存款利率上限等。

目前，在自贸区实施的一些金融改革措施，包括跨境双向人民币资金池业务和外汇资金集中运营业务，已在全国推广，并取得了显著的效果。

四、盐城金融业对接上海自贸区的机遇与挑战

（一）盐城金融业对接上海自贸区的必要性分析

1. 对接上海自贸区是盐城经济金融发展的内在必然趋势

盐城金融业对接上海自贸区，是加快盐城金融业跨越发展的新目标、新定位。江苏沿海发展上升为国家战略，长三角一体化进程加快使盐城面临着重大历史性机遇。世界经济结构大变化、大调整，区域经济竞争日趋激烈使盐城在新一轮竞争中处于一个重要关口。适应新形势、应对新挑战不仅要求全市经济工作有新思路、新举措，金融业发展也要有新定位、新作为。

盐城金融业对接上海自贸区，是抢占新一轮经济发展制高点的战略举措。在新一轮经济发展中，后发地区要增强竞争力，实现新跨越，就必须解放思想，奋力开拓，努力突破经济发展“关节点”，奋力抢占结构调整“制高点”。强经济必先强金融。一般地讲，金融对经济的作用更多地表现在服从，适应经济发展的需要，是被动地发挥作用。但同时金融对经济又具有很强的反作用。金融机构的服务情况直接制约经济发展的速度；金融体系的结构状况，直接影响到实体经济的运行走向。只有以更大的力度促进金融业发展，抢占金融业发展制高点，以金融发展带动经济转型升级，才能在新一轮区域经济竞争中抢占先机，赢得主动实现经济金融良性互动、和谐发展。

盐城金融业对接上海自贸区是深度接轨上海、融入长三角的重要选择。接轨上海、融入长三角是盐城市委、市政府做出的重大发展战略。长期以来，盐城与上海有着特殊的历史渊源和经济合作关系。盐城接轨上海条件得天独厚。上海有三块“飞地”（三大农场）在盐城，苏沪合作园区基本都落户盐城。盐城每年有20%的农副产品达100万吨粮食、400万吨蔬菜、35万吨禽蛋、15万吨水产销往上海。现在上海是长三角的龙头，正致力打造国际金融中心，这必将对长三角地区产生巨大的辐射带动作

用。随着盐城经济社会快速发展，金融开放度的不断提高，与长三角的金融同业交流和合作日益增强。盐城金融业对接上海自贸区，有利于盐城发挥优势借上海之力，做强做大经济实力，打响盐城金融品牌。可以预见，上海作为建设中的国际金融中心，必将对盐城金融业快速发展提供支撑和引导，盐城金融业将成为上海金融中心的补充和延伸。

盐城金融业对接上海自贸区，对弥补金融业自身缺陷，加大资金供给，满足当地企业金融服务需求有着积极意义。与发达地区相比，盐城的金融理念滞后，金融总量偏小，金融市场主体不足，金融产品不够丰富，金融创新机制不够完善，盐城金融业对接上海自贸区，能吸收其金融要素，借鉴先进做法，以弥补自身发展缺陷；实施沿海发展战略后，随着基础设施、现代农业、新型工业（汽车、化工、纺织）、服务业、能源等沿海发展重点项目的开展，对金融资金的需求将大大增加，上海自贸区金融改革所带来的资金供给增加与成本降低为满足盐城资金需求提供了契机。

2. 盐城金融业对接上海自贸区的效应分析

上海自贸试验区着力打造具有国际标准的投资贸易便利、货币自由兑换、监管高效便捷、法制环境规范、制度政策创新的高水平开放平台，通过集聚高能级主体和要素，将对周边经济体产生巨大的辐射和带动效应。

（1）“虹吸效应”

随着一系列金融业相关细则逐步出台，自贸试验区优惠的政策和完善的配套服务会吸引外资金融机构入驻，这将加剧盐城在招商引资方面的压力。另外，自贸试验区对外资 PE 和 VC 具有较强的吸引力，这在一定程度上影响中小型创新企业在盐城的发展，对当地现代金融产业竞争优势的培育带来不利影响。

上海自贸区将先行先试区内企业人民币资本项目放开，人民币自由兑换等金融业务，这有利于跨国公司内部的全球调拨资金和拓展业务，再加上区内的税收和外汇使用优惠政策，这可能会对盐城资金流产生“虹吸效应”。

（2）溢出效应

上海自贸试验区将在短期内快速集聚大量的资金流和现金流，同时由于自贸试验区内空间有限，对项目实行优中选优，将会对上海本地制造业产生挤出效应，会向区外产生巨大的溢出效应。自贸试验区一定程度上破除了以前在跨境结算、贸易、物流以及国际金融业务方面的管制，将会给在沪金融机构带来更多的业务，有利于打通国际资本市场，吸引国际高端投资流向长三角地区，可以为盐城的制造业升级带来优质和高效的金融服务，促使制造产业由被动嵌入全球价值链转向主动实现对全球价值链的掌控。预期人民币自由兑换、利率与汇率市场化、金融产品创新、离岸创新业务、内外资引进在自贸试验区先行先试，将对盐城现代高端服务业发展理念、产业、技术和人才产生极大的溢出效应。

（3）引领效应

从地缘经济上看，上海自贸试验区将带动整个长三角地区经济的转型升级，其改革的引领效应会促进盐城在产业、人才、服务、信息与技术以及政策方面的创新。体制机制的创新是决定地区经济发展活力的重要因素，金融业属于高负债产业，其经营发展情况依赖于实体经济乃至整个宏观经济环境，需要在自贸试验区成功的基础上，建立法治、透明的市场规则，使金融这一重要因素资源在统一的市场规则下得到高效配置。

（4）借鉴效应

上海自贸试验区在扩大服务业开放、促进境外投资、加快金融制度创新和增强金融服务功能等方面实行功能突破和制度创新，为盐城新一轮金融改革发展提供了方向与经验借鉴。自贸区强调进一步深化改革，厘清政府边界，放开管制和市场化配置要素，自贸区方案体现了未来发展的方向：制度红利、改革红利将代替政策红利、人口红利；突出“可复制、可推广”经验重于辐射带动功能。盐城应借鉴“可复制、可推广的经验”，不断争取和借鉴自贸区的扶持政策和改革措施，从而建立完善高效透明的市场体系。

（二）盐城对接上海自贸区可行性分析

1. 盐城金融业对接的优势分析

（1）上海自贸区自身发展的需要分析

为支持上海自贸区的发展，仅在金融服务领域，从 2013 年 9 月到 2015 年 2 月中国人民银行等机构就先后出台三批重要政策深化金融体制改革，每次政策的出台都促进了全球各类金融资源向区内集聚，给区内机构带来了机遇，而对只有 28 平方千米的上海自贸区而言，客观上也有与其他地区合作的刚性需求，而上海周边的苏州、南通、无锡等地区都是虎视眈眈。因此，对于盐城而言，必须要采用“争”的姿态，分享自贸区的国内外资源、分享改革的红利；反之，如果不能在体制机制创新方面紧跟一步甚至抢先一步，将很可能在未来的区域竞争中被迫扮演制度模仿及经济追赶的角色。

（2）地理与基础设施优势

盐城濒临长江经济带，而且是沿海大开发战略实施的核心区域，有完备的公路交通网、近 600 千米的海岸线、年吞吐量逾 5 000 万吨的大丰港和江苏长江以北首家国家级综合保税区，在上海“2 小时经济圈”之内，在与自贸区的合作上有着天时地利的优势。

（3）产业经济优势

盐城产业基础雄厚，包括技术优势、管理优势、资金优势、规模优势等。无锡以汽车制造、医药化工材料、制造业等产业为主体，发展现代制造业。盐城经济高速增长，2013 年生产总值达 3 475. 5 亿元，人均 GDP 首次超过 6 000 美元。第三产业成长迅速，新兴产业提升迅速，具有发展前景。上海自贸区的成立，使得盐城能更好地发展优势产业，优化传统制造业，升级高端服务业，给盐城市创造了一个更加广阔的平台。

（4）金融业有着良好的基础

以创建省级金融生态县为抓手全面启动金融生态建设工作取得阶段性成效。良好的金融生态环境已成为盐城发展的“名片”。民生、浦发、交通、华夏、招商、黄海农商行等一大批金融机构、股份制商业银行先后落户盐城，这些为盐城金融进一步发展的基础。

2. 盐城金融业对接的劣势分析

盐城金融机构在对接上海自贸区，为企业提供良好的金融服务的过程中存在着不少困难，但最大的劣势是缺乏必要的金融人才。在与上海自贸区对接过程中，会有很多具体业务的对接，尤其是国际金融业务，盐城金融机构除需加大金融人才自身的培养力度外，还要广泛吸引人才。

金融业本身存在不足，须待完善。目前与发达地区相比，盐城的金融理念发展滞后，金融总量仍然偏小，金融市场主体不足，金融产品不够丰富，金融创新机制还不完善。发展金融业还面临长三角北翼其他城市的巨大竞争。在全国范围内来看，特别是与江苏苏南的兄弟城市相比，盐城地区经济仍不发达，难以通过自身的完善达到与上海自贸区对接和合作的条件。

五、盐城金融业对接上海自贸区的建议与途径

金融开放作为上海自贸区建设的一项核心内容，必将对周边地区要素资源的再配置和经济的新一轮发展产生深远影响。盐城作为比邻上海、长三角北翼最重要的区域，需要积极谋划、深入研究相关的对接措施。地方政府、监管机构、与其他相关部门要立足当前，着眼长远，在政策推动、制度创新和环境营造等方面发挥积极作用，推动盐城金融主动接轨上海自贸区建设，实现跨越式发展。

（一）盐城金融业加快对接上海自贸区的建议

1. 加深认识，高度重视

从国家战略的角度看，自贸区的定位是适应经济新常态形势的需要，重点推进的是体制改革，而不是政策洼地，这与此前的经济特区和自由贸易园区有着本质的区别。自贸区采用的各项政策，制定初衷都是为在全国推广做准备的，此前在自贸区实施的“负面清单”管理思路、跨境人民币

资金集中运营等政策目前已在全国范围内得以运用和推广。因此，关注自贸区，既可以使我们对国家的未来政策走向有更好的把握，又能够使我们的理念及时得于更新，更加具备前瞻意识，做好管理理念和制度设计方面的准备。

2. 多方参与，形成合力

金融业与自贸区的对接，应当是一个较为系统的工程，商业银行无疑是参与对接的主体，但仅依靠商业银行的“单打独斗”或者“各自为战”还远远不够，只有政府主管部门、金融监管机构、金融机构行业协会共同参与并建立高效运行的联动协调机制，才能有力保障盐城金融业与上海自贸区之间的“无缝对接”。

3. 打造长三角北翼金融高地承接优势

盐城应以自身发达的制造产业为基础，借助良好的金融生态环境，率先错位打造次级区域金融中心，变被动为主动，主动承接自贸试验区外溢和配套的金融业务。一是建设金融后台服务基地。打造立足长三角、面向海内外，有一定全国影响力的金融后台服务基地，主要是为上海国际金融中心建设提供配套服务。建设初期可以主要承接数据单据处理、呼叫中心等中低端业务，中远期则可以吸引电子银行、金融产品创新研发等中高端业务，形成金融中心的后援系统，建成成熟的金融服务外包产业集聚区。二是积极发展专业服务业。针对自贸试验区专业服务业开放领域、为未来承接自贸试验区专业服务业转移做准备，大力发展中外合资人力资本中介服务，重点培育金融类国际人才中介机构，积极发展信用服务，吸引各类征信机构、资信评估机构、信用担保机构落户。

4. 培育沿海金融支撑竞争优势

2009 年月 10 日，党中央、国务院从全局和战略的高度，对新一轮沿海地区发展做出了重大部署，江苏省沿海开发战略由此上升为国家规划，成为具有全局意义的国家战略。作为这一战略的三个主体城市之一，盐城市依托其独特的沿海区位优势及丰富的土地后备资源，也随之迎来了千载难逢的历史机遇。江苏沿海开发战略上升为国家战略后，金融政策向沿海地区倾斜，不但解除了过去金融发展相对缓慢的阻碍，同时满足了大规模基础设施建设的资金需求。江苏沿海开发战略的成功实施关键在金融产业改革。要把握上海自贸试验区资金、信息、人才等要素溢出契机，抓住其允许向境内适度渗漏的机遇，积极吸引境外资金流向港口设施建设、滩涂围垦、沿海产业项目建设，提升沿海地区经济发展综合竞争力。积极主动提升沿海地区金融业能级。可以复制上海自贸试验区在人民币资本项目可兑换、人民币跨境使用等方面的创新政策，吸引传统金融机构（如银行、证券、保险公司、公募基金、信托、财务公司等）和创新型专业机构（如证券自营、直投子公司、对冲基金等）落户，为沿海基础设施建设提供专业高效的金融服务。

（二）盐城金融业加快对接上海自贸区运作的途径

1. 当地政府管理的对接

（1）加强组织领导，建立对接机制

当地党委、政府要加强宣传引导，深化盐城各级各部门和社会各层面对上海自贸区建设重要性的认识，开展自贸区常识、自贸区基本政策等内容的辅导，强化盐城社会各界抢抓参与上海自贸区建设的机遇意识，真正做到统一认识，形成合力。

牵头组建由政府相关职能部门、商业银行、金融监管机构、金融业协会等机构参加的自贸区对接工作领导小组，专题研究盐城金融与其他产业对接上海自贸区问题，重点推动不同商业银行之间的优势互补和对接自贸区方面的经验共享，通过定期举办会议协调解决商业银行对接自贸区工作进程的困难、需求和建议，掌握和推进各职能部门、监管机构在支持商业银行对接工作中采取的实质措施，共同公关对接中的重点项目，并将对接工作作为重点内容，专项纳入到市政府对各参与机构的年终考核，通过体制的完善促进金融业对接自贸区工作的提速。研究制定盐城对接上海自贸区的办法和意见，明确目标任务，分解落实措施，完善对接机制。

建立相应的网络平台，与上海自贸区实现无缝对接，在第一时间获取上海自贸区的最新信息。密切关注上海自贸区建设动态，加强对自贸区政策的学习研究，深入研究上海自贸区相关政策细则，紧密结合盐城经济金融发展实际，进一步厘清盐城开放型经济发展的新思路和新举措。强化部门对接机制，特别是市金融办与外经部门作为自贸区的牵头部门，要积极与上海对应有关部门保持密切联系，第一时间掌握动态信息。

（2）转变政府职能，推进“简政放权”

在上海自贸区总体方案设计的五大类主要任务中，加快政府职能转变放在首位，改革政府审批制度，实行“负面清单”管理。对于盐城而言，其同样有着非常重要的启示，虽然盐城没有立法权，但可以在现有的法律法规规章框架下，制定一些灵活的规范性文件，比照上海自贸区的做法，进一步削减行政审批事项，借鉴“负面清单”和尝试审批制转为备案制的做法，并争取在行政程序建设和模式上有所突破，联合商业银行、金融监管部门等机构建立“一站受理”的工作机制，积极创建条件引进网上审批的先进做法，简化办事程序，为迎接挑战创造更加优化的行政环境。

（3）积极主动提供各类服务

一是给予“窗口指导。”自贸区成立以来，盐城已有一些企业和政府部门在自贸区“抢滩登陆”，或是了解自贸区政策动向，或是开展实质性的经营活动，但目前还处于较为松散的状态，而作为政府主管部门，有责任也有条件通过自身的影响力，成立驻自贸区的“联合会”，通过与上海自贸区管委会以及盐城各家金融机构的合作，掌握已入驻机构的信息，为拟入驻企业提供指导和帮助，并通过定期的交流互动，了解入驻机构的工作进展，了解自贸区的新型业务，总结对接自贸区工作的经验得失，主动为企业解决包括提供金融支持在内的各项困难，为盐城企业在自贸区的做大做强当好“后盾”。

二是担当“牵线搭桥”的责任。首先，从自贸区运行实践看，入驻自贸区企业来自全国各地甚至境外，接触企业的范围非常广泛，业务发展机会随之增加，并且由于自贸区企业身份“特殊”，在与境外及境内区外企业进行业务合作时占据一定优势，因此，政策主管部门应积极鼓励符合条件和有实际需求的企业加入自贸区，虽然短期内可能会产生“虹吸效应”，但是对盐城的长期发展将有更为实在的“反哺效应”。其次，由于受自贸区地域限制，许多区内企业客观上存在区外发展的需求，政策主管部门要加强盐城具有大型深水港、国际空港、国家级综合保税区和相对低廉的劳动力资源等优势的宣传，特别是2015年2月中韩两国完成自贸协定全部文本的草签后，作为商务部正式推荐的三家重点合作城市之一，创建中韩（盐城）产业园已正式提上日程，给境内外企业带来了无限商机，盐城要充分把握上海自贸区服务、辐射和带动作用，联合盐城各大商业银行，提供配套的金融服务，主动对接和支持上海产业转移，争取上海自贸区设立后溢出的先进制造业、服务业项目到盐城落地生根。除此而外，政府主管部门还可充当媒介，协助盐城本地企业开展与自贸区企业的合作，成为对方的生产或供应基地，通过产业链纽带促进盐城开放型经济的发展。

2. 金融监管机构方面的对接

盐城市中国人民银行、外汇局和银监局等金融监管机构，承担着维护地方金融秩序、净化金融环境和提升金融运转效率的重要职责。在对接自贸区的进程中，要发挥好两个方面的作用。

一方面，在自贸区管理政策日益开放并逐步向全国范围推广的新形势下，监管部门要进一步强化金融业务参与主体的监管，遏制和打击虚构业务背景、假造资金用途“套利”等违规经营和违法犯罪的行为，为各项新政新规的推广复制、为合法经营企业享受“政策红利”保驾护航。

另一方面，监管部门要充分借鉴自贸区先进经验，结合盐城实际需要及时调整和创新管理思路。例如，在自贸区内，银监局对商业银行设立分支机构已从事前审批改为事后报告，外汇局对资本类业务的登记也已调整为由商业银行直接办理，虽然盐城地区身处自贸区之外，一些特殊政策目前尚不能直接运用，但是绝大多数政策在区外的实施仅仅是时间问题，监管部门应具备敏锐的超前意识，把握好未来好政策调整的动向，并在实际工作中转变管理思维方式，为促进商业银行业务创新和实体经济发展发挥应有的作用。而如何保证好上述两个作用的发挥，则给盐城金融监管部门提出了新的更高的要求。

一是要深入领会和践行服务与管理并重的监管理念。从外商投资项目由核准制改为备案制、直接投资项下的跨境人民币业务适用简化流程等一系列支持自贸区的政策不难看出，对商业银行和企业等金融参与主体的监管，已由过去复杂的事前审批转变为全流程的事中、事后监督，这样，在通过后台实时监测有效防范风险的前提下，可以大大提高办理效率，确保商业银行和企业抓住稍纵即逝的业务发展机会。因此，监管部门和人员要主动适应新形势下的新要求，改变“为管理而管理”的传统工作思路，把促进贸易和投资便利化，服务地方经济作为工作的重心。2014 年中国人民银行南京分行通过“南银发〔2014〕137 号”文件，对金融支持盐城加快经济发展提出了九大方面的指导意见，便是落实上述管理理念的重要体现。同时，监管部门今后更要侧重于实质性风险的控制，对于金融机构和企业存在的重大违规违法线索，务必要追根溯源，一查到底，而对于那些轻微和非主观故意造成的差错，则不宜上纲上线，小题大做，特别是已经过自贸区检验并在全国推广实施的便利化措施，更要解放思想，主动响应，不能以防范风险为由仍然沿袭已过时的管理措施，甚至对金融参与主体提出新的附加的管理要求，一边做“减法”，一边做“加法”，导致自贸区“红利效应”的衰减。

二是要主动适应和积极探索创新监管手段。自贸区金融领域的改革举措推出的背后都有强大的系统作为支撑，特别是 2014 年 5 月推出的自由贸易账户系统，经过了一年时间的论证和开发，强大的事中事后风险管理体系才得以建立，为区内机构借用境外低成本资金、享受汇差上的额外收益以及将来在全国范围内推进的资本项目的可兑换奠定了基础。因此，盐城金融监管部门，应当从自贸区的管理模式上，充分认识到运用系统实施管理的必然趋势和重要意义。认真掌握和研究目前上级监管部门已投产的系统，做好监测数据的分析、运用，并结合监管中的难点，提出完善和优化监管系统的建议，或者开发出具有地方特色的监管系统，改革目前习惯于人工监测和现场检查的模式，大幅减少商业银行、企业以及监管部门自身在此方面的过多耗费，提升打击违规违法行为的精准度，提升对金融参与主体业务检查、年度评级等方面的效率，“归还”给商业银行和企业本应用于业务开拓的时间和资源。

三是积极为金融参与主体对接自贸区创造有利条件。作为监管政策的执行者，金融监管部门对自贸区各项新政有着更为深入和权威的理解，为推进盐城企业与自贸区的对接进程，监管部门可在认真梳理和筛选参与对象的基础上，选择跨境人民币、境外融资、外汇资金网上支付等热点和具有普惠价值的业务，组织开展针对性的政策宣讲，通过批量推广的模式为企业指点迷津。同时，对实务中企业存在真实而合理的业务需求，但不完全符合现行管理政策的情况，监管部门可参照自贸区的管理思路和政策走向，尝试采用一事一议、一企一策的方法予以解决。此外，在自贸区新政向区外推广过程中，还会出现因准入门槛过高而导致优惠政策难以在盐城实施的问题，监管部门可在充分分析盐城经济状况和潜在企业需求的基础上，主动向上级部门反映，争取政策上的调整和突破，使盐城企业能够分享到体制改革带来的实惠。

3. 银行方面的对接

自从 2007 年交通银行在盐城成立分行以来，各家股份制商业银行纷至沓来，截至 2014 年末，仅盐城市区就有商业银行近 20 家，为盐城经济和金融业的发展做出了积极贡献。作为盐城金融业的中坚力量，在对接上海自贸区的工作中，各家商业银行务必充分依托各自优势，发挥好以下几方面的作用：

一是政策宣导和解读作用。从 2013 年 9 月挂牌以来，上海自贸区各项新政陆续出台，仅金融领域而言，以中国人民银行为代表的金融监管当局就围绕金融市场化、国际化和法制化三大支柱，推出了“金改三十条”等一系列政策措施，对于广大企业，尤其是身处区外的盐城地区企业，由于信息的不对称和专业能力限制，难以对各类政策的要义和益处深入了解和把握，而各家商业银行则可充分发挥自身的渠道优势、专业优势和直面客户的优势，针对不同企业的特点和偏好进行宣导，答疑解惑，为企业参与和融入自贸区业务铺平道路。

二是媒介和桥梁作用。自贸区的蓬勃发展，特别是先照后证、负面清单等便利化举措的推出，吸引了众多企业，特别是物流、仓储、外贸企业、“总部经济”类企业、服务型企业和“走出去”企业的眼球，企业通过自贸区的平台可以争揽新业务、接触新客户，获得新资源，各家商业银行则可充分依托在自贸区和上海地区的兄弟分行，为盐城企业顺利入驻，开立账户、办理结算和尽快熟悉新的业务流程提供支持，并通过相互之间的合作，为企业提供贸易金融、离岸金融、投行并购、财务管理等新型综合服务方案。

三是授信支持作用。无论是盐城企业在自贸区设立的分公司还是与自贸区有业务合作的盐城本地企业，各家商业银行都可以采用不同形式给予资金支持或其他信贷支持。对于赴自贸区新注册的企业，商业银行可主动介入和协助其积极争取自贸区分支行的授信额度；对于总部在本地而在自贸区设立子公司的企业，商业银行可采用集团统一授信方式，占用盐城核心企业未领用额度实现资金融通；对于与自贸区企业有深度合作的本地企业，各商业银行可针对交易对方的实力和资信，利用授信额度置换的模式进行供应链融资，支持盐城企业发展。

四是产品嫁接和业务创新作用。自贸区核心任务之一就是进行制度创新，成熟一批，推广一批，据统计，截至 2014 年末，区内已有 27 项制度创新成果先后在全国或部分地区复制推广。自贸区现行和即将实施的各项新政，无疑是国家发展战略的风向标，资本类业务由核准制改为登记制、跨境人民币业务流程大幅简化等已在全国推广的便利化改革举措都是实实存在的例证。因此，关注自贸区的政策动向，尽快了解和把握各项新型业务的精髓，并前瞻性地进行业务转型和创新，为盐城绝大多数并不能直接或者无须进驻自贸区的企业提供更为优质的增值服务，应当是各家商业银行对接自贸区，服务实体经济的主要方向。

当然，要最大化地发挥支持盐城实体经济主力军的作用，各家商业银行仍需励精图治、勤练内功，并从以下几个方面入手提升对接自贸区的能力。

一是深化基层对接机制。据了解，各家商业银行总行对与上海自贸区的对接都高度重视，纷纷成立了高规格的工作领导和推动小组，并采取了一系列措施。但是在市县级的分支行，目前在对接上还多限于口头和上级行的文件上，甚至个别基层网点的负责人对“自贸区”的了解仅限于知道是一个专有名词。因此，当务之急是，各商业银行要在基层分支行特别是县域内的分支机构建立起常设的自贸区工作推进小组，吸收与企业直接接触的客户经理、产品经理加入，并建立起定期反馈机制、信息交互机制和内部考核机制，保证上级行相关工作要求、梳理的目标企业清单和业务解决方案能够及时传导到基层一线，前台客户端收集到的业务需求也能够第一时间反馈到各商业银行的产品研发部门和决策部门，切实提升对接工作的实效。

二是加强自贸区专业人才培养。自贸区成立虽然仅仅一年有余，但是推进速度之快远远超出预期，FT 分账核算模式、资本金意愿结汇制、人民币双向资金池等经济金融热词扑面而来，而要吸收和消化新的业务知识，提升服务企业的业务能力，各商业银行市级分行必须在人才培养上加大投入，把自贸区重点业务纳入到本行的培训体系，用好上级行开发的业务平台和提供的业务案例，开展集中面授、视频宣导和上门送培“三位一体”的培训模式，并建立起自贸区业务咨询专家名录，负责解决辖属分支机构碰到的各种“疑难杂症”。此外，还可把对接自贸区人才的培养纳入到本行专业人才序列，通过专设的晋升通道打造与自贸区对接的长效机制。

三是推进系统内的横向交流。自贸区业务，包括上年下半年新推广的跨境人民币双向资金池、本外币集中收付汇等重点业务，对于盐城地区的商业银行而言目前仍显陌生。为更快地发现潜在企业、更好地服务目标企业、更准确地理解各项新型业务，各家商业银行可通过“走出去、请进来”的策略，组成包括基层业务人员和产品研发人员在内的学习小组，到上海市及自贸区的兄弟行现场观摩，熟悉业务流程，掌握操作要点，增强感性认识；主动邀请自贸区分支行的同事来盐举办自贸区业务知识讲座，通过切身体验分享服务企业经验和实战案例；除此而外，各商业银行还可采用搭建跨省市和县际交流平台的方式，实现自贸区业务的实时研讨和在线互动，借兄弟行之力，及时和更为圆满地解决盐城企业的差异化需求。

4. 具体业务对接

根据上海自贸区政策试点在全国推广的工作进程和走向，并结合盐城地区经济金融实际发展的内外部环境，在未来一段时间，盐城应遵循积极探索、持续推进和量力而行的工作思路，在以下三大重点业务领域进行尝试和拓展。

（1）紧跟导向，做大做强跨境人民币业务规模

上海自贸区自成立以来，紧紧围绕国家推进人民币国际化的发展策略，先行先试，在贸易结算和投融资领域全面出击，取得了骄人战绩，2014 年末自贸区跨境人民币结算总额高达 3 226 亿元。而从盐城的发展情况看，虽然经过 4 年多的推广，跨境人民币结算量逐年提升，但是跨境人民币的增长动能仍显不足，例如，2014 年货物贸易项下跨境结算量 43. 49 亿元，在海关进出口量中占比仅有 9. 41%，因此，盐城跨境人民币业务推动的空间和潜力巨大。可采取如下举措推动盐城跨境人民币业务。

一是开展富有成效的宣传推广活动。可由市中国人民银行牵头，召集全市进出口企业、“走出去”企业、集团企业参与，举办普惠式的推广讲座；也可由各商业银行主导，通过家家到的走访方式进行一对一的推介，使广大企业充分认识到人民币国际化的光明前景和必然趋势、知晓跨境人

民币在避免汇率风险、锁定进出口业务收益方面的优势。

二是做好跨境人民币特色业务的运用。自贸区成立一年多时间来，相继推出人民币境外借款、双向人民币资金池、跨境人民币集中收付、跨境电子商务和个人跨境人民币结算等新型业务，多数业务目前已在区外推广，但是目前上述业务在盐城尚未取得大的突破，各商业银行要加强此类业务的研究和运用，并结合本行自主研发的产品主动挖掘潜在需求，为企业规避汇率风险提供更大的空间，而中国人民银行也要在降低客户准入门槛上主动加强与上级监管部门的沟通，从而给盐城企业争取更多的“国民待遇”。

三是促进经常与资本项下跨境人民币的均衡发展。2014 年末盐城直接投资项下跨境人民币结算量 2. 62 亿元，占各类外商投资的 6. 32%，占比非常小。因此，商业银行在关注货物贸易、服务贸易等业务的同时，还要主动动员企业直接使用人民币进行境内外投资、借用外债和对外放款，规避汇率波动风险和外币结售汇时的特殊限制，而作为外商投资信息源头的政府招商局、商务局和外汇局，则要改变过去等银行上门求助的惯性思维，通过相应的平台定期向各商业银行无偿提供外商投资企业、“走出去”企业的信息，为商业银行的主动对接提供有价值的线索。

四是进一步简化业务流程。根据自贸区相关规定，上海地区银行原则上只需凭区内机构和个人提交的收付款指令，即可直接办理相关跨境人民币业务。而在盐城地区，办理跨境人民币业务的规定目前仍然比较烦琐，虽然中国人民银行出台了一些简化政策，但由于监管部门过于强调“展业三原则”，商业银行需要企业提供的证明材料较多，而且还需采用人工方式专门进行跨境人民币信息的申报，与使用外币结算相比明显复杂，影响了企业采用跨境人民币结算的意愿。因此，监管部门通过系统功能的改进和管理措施的调整，为简化跨境人民币的日常操作提供了有效支撑，是突破当前盐城跨境人民币业务发展瓶颈的必由之路。

（2）顺势而为，加大境外融资业务的拓展

无论是从中国人民银行最初制定的支持试验区建设的“金改三十条”，

还是2015年2月推出的“自贸区金改3.0版”，都清晰地传导了国家促进投融资便利化，进一步降低企业融资成本，推进利率市场化的决心。自贸区全面放开区内企业境外融资的限制，不仅会直接导致其他地区授信企业的流失，而且会大大压降今后商业银行的融资报价水平。特别是中韩自贸协定正式生效后，“两国金融企业进军对方国家或开放资本市场时，双方都应努力提供互惠待遇”，意味着将有更多韩国金融企业进入中国，因此，对于盐城地区的商业银行而言，必须积极搜寻和拓宽吸收低成本资金的途径，以满足盐城企业，特别是对价格特别敏感的韩资企业客户群的需求。一方面，商业银行可依托自贸区的平台，采用境外人民币借款的方式，为盐城入驻自贸区的企业，特别是没有“投注差”的中资企业，从境外合作银行获得资金；另一方面，商业银行可依据“境内融资境外化”、“表内融资表外化”的思路，主动加强与境外联行和代理行之间的合作，并可通过多方询价、提前预约、24小时微信实时联系等方式，为企业争取低成本的本外币资金（一般情况下，可带来1%～2%的利差“收益”）。而从更利于操作的角度看，后者在盐城更具推广价值，因此也应作为重点拓展的方向。

具体融资方式上，可根据企业的实际条件和需要，选择占用外资企业“投注差”的海外直贷业务，也可选择以进出口贸易为背景的表外贸易融资业务。具体推动手段上，商业银行可根据历年来与各家境外机构的合作情况，对各家海外合作银行的优势和“风格”进行梳理和排名，从长期利率最低、短期利率最低、手续最为简便、政策执行最为灵活、业务处理速度最快等方面进行细分，通过表单式管理提高工作效率，更好地解决企业的差异化需求。

税务部门对境外银行融资利息税收的收缴，则应当从便于税源控制和便利企业的角度，授权办理银行批量代缴代收，不能由于片面强调局部利益，强求企业自行申报缴纳，避免给业务的正常办理带来干扰。而金融监管部门对企业通过财务运作来降低成本、获得“额外收益”的行为应当给予支持，避免动辄使用“套利”的帽子限制企业合理融资，避免过于频繁地上门调研而影响企业正常业务的发展。

（3）主动尝试，推进现金管理平台的转型升级

2014年，中国人民银行和国家外汇局根据上海自贸区试行经验的基础上，在全国范围内全面推广跨境双向人民币资金池业务和外汇资金集中运营。两项政策的出台，搭建了境内外资金流动的桥梁，实现了经常项目的集中收付，给许多跨境集团、“走出去”企业带来了重大利好，因此，在企业和金融从业者点赞的自贸区九大热点金融业务中分列第一位和第四位，特别是跨境人民币双向池业务，2014年收支总额高达783亿元。而在盐城地区，在此类业务上尚未取得突破，因此，在今后的一段时期，要将上述业务作为重点攻克的项目进行推进，积极应对，主动出击，避免盐城企业的资金外流，并积极争取引入盐城企业境内外关联公司资金，做大盐城可利用信贷资金规模。

对于各商业银行而言，一方面要紧紧依托在手的客户资源，以盐城“走出去”企业或有海外发展需求的企业、总部在盐城或在盐城设有分公司的企业、设立资金中心或财务公司的集团企业作为重点，做好筛选和梳理并主动上门宣传，特别是对市外汇局已列为2015年首批试点的市区、响水、大丰的三家企业，要提供量身定制的服务，使企业深入了解资金池可实现境内外资金自主调剂、降低融资成本、提高资金周转效率等方面的优势，并协助企业办理、完善监管部门所需要的各项手续，争取目标企业将盐城作为资金归集的主办地，至少为将来办理此类业务打下基础。

另一方面，发挥好境外联行、代理行众多的优势，并加大做好本外币网上跨境支付功能的开发推广，在现有现金管理平台的基础上，提供资金池监管、境内外自动对账、跨境资金实时归集、下拨、定期提供交易报告等“一揽子”服务，使参与企业真正体验到资金集中运营带来的益处。对于金融监管部门，当务之急的工作是积极争取上级监管部门进一步放宽盐城企业办理此类业务的准入门槛。由于此类业务对参与企业在经营年限、

营业收入或者收支规模上设立了一些条件。目前盐城符合条件的企业还不多，监管部门应当从盐城经济规模的特殊性、相关企业的发展潜力和支持地方经济发展的需求出发，主动向上级监管部门争取政策上的支持和倾斜，以帮助更多的企业分享制度红利。同时，还要积极协助企业解决业务推进中遇到的困难，例如，通过此模式办理经常项下的集中收付业务时，根据税务局的惯例，在办理出口退税时，需提供合同发票和银行收汇凭证，而在开展集中收付后，上述凭证的主体、金额都可能发生改变，甚至出现轧差后金额为零或收付反向的情况，难以符合原先的要求，因此，监管部门要加强与税务部门的沟通，根据新型业务的特殊性出具专项的规定和说明，以保证创新业务的顺利开展。而作为政策相关主管部门，则要在培育和扶持企业、加强基础设施建设、打造良好投资环境上多做文章。根据国家产业政策导向，积极创造条件，与商业银行联动，鼓励和推动盐城企业以商品、人员、资金、贸易为媒介和平台，“走出去”发展。同时，着力做大盐城特色，以汽车产业为龙头，以供应链金融为纽带，以多功能和现代化的中韩（盐城）产业园为基地，加快实现韩资多元化和产业化发展，打造我国东部韩资企业密集区。并通过税费优惠、融资便利、战略合作等措施，重点推进新能源、节能环保、电子信息、高端装备四大主导产业的发展，吸引更多的境外企业、异地企业，包括自贸区内的企业来盐设立分公司，为跨国资金运营业务和其他业务的长远发展奠定基础。

参考文献

[1]马志宏,刘中明.对盐城市金融发展情况的调研与思考[J].唯实,2012(4):56－58.

[2]陈鸿祥.江苏沿海经济转型升级的金融支持策略——以盐城市为例[J].盐城师范学院学报(人文社会科学版),2014,34(3):9－14.

[3]许生杰.浅谈盐城市长三角北翼金融高地建设[J].经济研究导刊,2013(31):152－153.

[4]朱琳慧,高瑛.积极对接上海自贸区,分享扩大开放红利——无锡对接上海自贸区的对策[J].中国商贸,2014(19):179-181.

[5]陈昊,王军.上海自贸区发展进程中的金融改革与银行业发展策略研究[J].南方金融,2014(6):86-91.

[6]王道军.上海自贸区建立的基础与制度创新[J].开放导报,2013(10):31-33.

[7]毕玉江.上海自贸区贸易转型面临的制约因素与对策[J].经济纵横,2014(8):8-12.

[8]闻继宁.抓住溢出效应 加快对接上海自贸区[J].经济纵横,2014(8):8-12.

[9]丁俊发.上海自贸区给物流业发展带来的机遇与挑战[J].中国流通经济,2014(11):4-7.

金融支持大丰区现代农业发展的调查研究[①]

季 健 孙成秀 张建军 周 维

【摘要】在城乡一体化逐步发展的背景下，大丰区现代农业的发展取得了一系列成功的经验与模式，其中，依托金融的强力支持是大丰区现代农业快速发展的重要经验。本文通过实地调研与基础理论的指导，界定了现代农业的概念，总结出大丰区现代农业发展的特色及大丰区金融支持现代农业发展的现状，在此基础上分析研究金融支持大丰区现代农业发展存在的问题，主要包括金融抑制突出、有效担保不足、农业保险发展滞后等问题。最后针对这些问题，结合大丰区的实际情况，提出了促进金融支持现代农业发展的对策建议：加大政策性金融机构支持力度，完善支农政策，建立有效担保平台，发展农业再保险业务。

一、研究背景

2015 年中央一号文件指出，积极发展现代农业，建立现代农村金融制度，创新农村金融体制，引导更多的信贷资金和社会资金投向农村，是全面落实科学发展观、构建社会主义和谐社会的必然要求，是加快社会主义现代化建设的重大任务。发展现代农业是改造传统农业，实现农业走上市场化、规模化、集约化经营，农村走上繁荣，农民走上富裕道路的必由之路，对完善产业结构，增强农产品的国际竞争力具有重要战略意义。

---

① 课题来源：盐城市金融研究院，2016.05—2017.02，项目编号：2016YCJR001

作者简介：季健，汉族，女，江苏盐城人，盐城师范学院教授，博士；孙成秀，汉族，女，山东临沂人，盐城师范学院讲师，硕士；张建军，汉族，男，江苏滨海人，江苏银行盐城分行行长，经济师；周维，汉族，男，江苏东台人，江苏银行盐城分行城中支行行长，经济师。

金融是现代经济的核心。发展现代农业、建设社会主义新农村、解决“三农”问题，都离不开强有力的金融支持。金融作为现代经济中的资源配置核心，在支持现代农业发展的众多要素中，被认为是非常重要的要素，多数研究都倾向于肯定金融体系与促进农业发展具有正相关关系。因此，完善农村金融，支持农业发展，被认为是现代农业发展进程中有效的推动器。

在城乡一体化逐步发展的背景下，盐城市现代农业的发展取得了一系列成功的经验与模式，其中，依托金融的强力支持是盐城市现代农业快速发展的重要经验。系统研究盐城市发展现代农业过程中金融支持体系的运行状况、存在问题，探索如何完善盐城市现代农业金融支持体系对于促进盐城市现代农业发展、推进盐城市城乡统筹协调发展具有重要的理论意义和实践意义。

二、研究的理论基础

（一）现代农业的内涵和特征

1. 现代农业的内涵

现代农业是在传统农业的基础上逐渐发展起来的，是农业发展的新阶段。现代农业是通过应用现代科学技术，采取现代经营管理方式，强调农业产业联系，不断调整农业结构，延伸农业产业链条，以实现农业总要素生产率水平的不断提高和可持续发展的农业，是在市场机制与政府调控的综合作用下，按照现代产业的理念，以产业关联关系为基础、以科技为支撑、以现代产业组织为纽带的可持续发展的包括农业产前、产中和产后环节的有机系统。现代农业发展的主要目标是提高农产品的供给数量、保障农产品的质量、促进农民持续增收以及促进生态环境保护和可持续发展[1]。

2. 现代农业的特征

现代农业有别于其他的农业发展形态，从不同的层面来看，具有不同的特征。

从技术层面看，现代农业具有以下五大特征：一是生物技术不断取得重大突破；二是信息技术得到越来越广泛的应用；三是农产品深加工技术迅猛发展，大大促进农业产业化发展；四是农业的装备水平和生产手段不断改进；五是材料技术等各种高新技术在农业领域得到了广泛的应用。从经营管理层面看，现代农业具有以下特征：集约化经营、专业化分工、科学化管理、市场化运作、社会化服务、可持续发展[2]。

（二）金融发展理论

1. 金融结构理论

金融结构的变化是伴随着金融的发展而出现的，决定一个国家的金融结构是金融理论研究的目标[3]。该理论认为：在经济发展的过程中，随之而出现的是假设金融机构的总资产比例是固定的；金融发展水平越高，融资成本就越低；金融机构在金融资产中所占份额仍然随着经济的发展而提高；经济增长随着金融的发展而不断发展。在我国，农业和农村地区金融资源的逆向流动和逆向配置，导致我国农业和农村的金融脆弱性。因此，金融结构理论对于推进我国农村金融深化具有非常重要的意义。

2. 金融抑制和深化理论

由于发展中国家经济发展水平对金融活动各项指标的限制，导致发展中国家的居民用积累实物或者实体取代货币储蓄积累。金融抑制导致金融机构的内部储蓄降低，实体经济发展缓慢甚至衰退，最终抑制本国经济的发展。因此，改善金融抑制的最好方法就是通过对居民的储蓄能力和意愿的提高积累储蓄资本，深化金融改革实现与经济水平的共同发展[4]。在我国，由于资源过渡倾斜，对农业的投资严重不足，导致农业的发展严重滞后。因此，有必要把这两个理论作为我国农业金融发展的基础性理论。

3. 金融约束理论

在对金融抑制和深化理论的研究后，各国学者提出金融约束这一理论。金融约束的目标是预防金融抑制所造成的负面损失和引导金融机构的“趋利避害”[5]。金融约束这一理论的出现，有利于解决金融抑制对发展中国家经济发展的负面影响，有利于对金融市场准入的限制和监管，有利于金融机构的深化改革和开拓创新金融市场。因此，利用金融约束解决金融抑制，建立高效的金融支持体系来促进现代农业的发展[6]。

（三）农村金融发展理论

1. 农村信贷补贴论

该理论认为：为解决农村地区经济发展缓慢的状况，引入政府扶植性正规金融机构和资金，并且建立专门机构监督管理，这样就会促进农业生产的发展，从而带动金融机构创新针对农业居民的贷款[7]。Jensen (2001)[8]运用实证分析得出结论：在市场化水平较高的发达国家，采取政府干预的政策明显取得了良好的成效，而发展中国家却仍然十分缓慢落后。由此推断，过分依赖政府扶植性金融机构和资金是很难构建一个发展良好的农村金融体系的。现代农业金融支持体系的建立不能单纯依赖政府投入，需要政府和金融机构的共同支持。

2. 农村金融市场论

该理论重视市场的作用，认为政府的干预对农村金融市场的影响是巨大的且扭曲的，必须要依靠市场自行决定。虽然在短期内能够达到对农村金融体系的发展，但是长期以来，单纯依靠市场来决策就会导致市场灵活性过强而且难以控制，农户借款的不确定性也就增加了。对于经济水平相对落后的发展中国家，是不能完全依靠市场来决策的，仍然需要政府宏观调控保障农村居民的利益。在我国，农村金融市场不完善，不能适应现代农业对资金的多样化及大额需求，仍然需要政府的支持。

3. 不完全竞争市场论

该理论的研究主要是针对发展中国家的金融市场，认为发展中国家的金融市场完全依靠市场机制是不可靠的，由于市场灵活性极强所以需要政府采取适当的手段来控制市场失灵的状况出现。与农村金融市场论不同的是，不完全竞争市场论需要政府在一定程度上对金融市场进行宏观调控，这一点对于该理论尤为重要。因此，弥补市场失灵所带来的负面影响需要政府具备完善的宏观调控机制，让其更好地为农村金融市场服务，促进农村经济社会的发展。

我国是一个农业大国，现在正处于传统农业向现代农业转变的阶段，农业的金融弱质性严重阻碍了现代农业的发展。因此，现代农业发展的金融支持正越来越引起我国理论研究者和决策者的重视。构建高效的现代农业金融支持体系必须建立在一系列理论基础之上。理论是实践的指南，本文通过对现代农业与金融领域相关理论的梳理旨在建立完善的现代农业金融支持体系。

三、大丰区现代农业发展的特色

截至2016年底，大丰区现代农业示范基地21个，主要分为设施农业、休闲农业、特色农业、生态农业等。通过调研荷兰花海、丰收大地、盐土大地、绿野新中、锦绣大地、恒北村等，大丰区现代农业发展的特色如下：

（一）“产业+融合”新业态

整合各产业资源优势，提升农业品牌价值。大丰区现代农业发展呈现新业态。通过调研发现，大丰区近年来适应高端化、多元化的市场需求，积极开发农业的生产、生活、生态、示范功能，不断促进与第一、二、三产业的融合发展，拉长“短腿”，补齐“短板”，探索出现代农业发展的新业态。同时，进一步实施品牌战略，提升农副产品附加值，提高市场竞争力。新丰镇“荷兰花海”是农业与“三产”有机融合的成功案例，利用农业和农村资源，为居民提供观光、休闲、娱乐等多项服务。大丰港区“盐土大地”着力开发农业的生产功能，加快科研攻关、品种选育、基础设施等关键环节发展，提升农业经济效益，促进农民增收。大中镇“丰收大地”通过创意把文化艺术、农业技术、农副产品有机结合起来，为农业和农村的发展开辟新的空间，提升现代农业的产值和价值。

（二）“市场+创新”新模式

积极开展土地流转，实行公司化运作模式。稳定和完善农村土地承包关系是创新农业经营体制机制的前提和基础。加快发展农业专业合作社是创新农业经营体制机制的重要依托。大丰区积极实施土地流转，实现农业生产的公司化、产业化经营，旨在推动市场化运作，提升公司化的发展活力。公司化经营可充分利用现代高科技技术来提高劳动生产率。“绿野新中”现代农业园区在新中村、描花村进行土地流转，由盐城市大丰区绿野新中农业发展有限公司投资建设，园区采用“公司 + 合作社 + 农场”的模式，带动入园主体发展经济，推广农业新品种、新科技、新种植模式，提升西团镇现有特色产业，形成了规模效益，促进了农民增收。“荷兰花海”依托江苏裕丰城镇建设有限公司和江苏裕丰旅游开发有限公司两个公司运营，土地被这两个公司流转后，农民不仅每亩地每年能拿到流转费 900 元，还被优先安排到景区的花卉栽种管理等就业岗位，实现了群众致富。

（三）“品牌 + 效应”新体验

发挥现代农业示范作用，形成区域经济发展的带动效应。大丰现代农业园区通过打造园区自己的品牌，进一步提升效益，增强产业带动能力，推动农业增效、农民增收、农村繁荣。恒北村的早酥梨已是全国闻名，已获得第二届中国国际农业博览会名牌产品称号，获得欧盟颁发的有机食品证书，获得了绿色食品认证。恒北村以早酥梨为主发展其他 10 多个果品，并且覆盖到周边 6 个乡镇、2 个农场面积达 5 万多亩地，同时促进了周边 6 个乡镇的农民增收，带动周边乡镇一起致富。2015 年，恒北村人均收入 24 000元，促进了农民的增收。

（四）“项目 + 特色”新亮点

推动产学研深度融合，打造区域市场特色。习近平 2014 年在江苏调研时曾强调，推动产学研深度融合，实现科技同产业无缝对接。大丰区积极贯彻习近平主席的讲话精神，大力发展现代高效农业，实施农业科技，促进了农民增收，已形成了多个具有不同园区特色的项目。“盐土大地”是中国第一个国家级盐土农业科技园区，主要业务有研发耐盐农作物、海水养殖等。江苏丰收大地种业发展有限公司是一家从事园艺作物的育种、工厂化育苗、组织培养和设施有机栽培的技术研发和产业化经营的农业高科技企业，坚持在走科技创新和模式创新的道路，充分发挥技术优势，在设施园艺高端种业的产业链中确立自己的优势地位。“绿野新中”现代农业园区也与山东蔬菜研究所合作实施智能日光温室，与南师大合作实施感光棚果蔬种植展示项目。

（五）“智能 + 服务”新联动

建立新型农业经营主体信息数据库，实现产业链一体的智能化管理。大丰区通过政府推动、人行主导、部门联动、企业参与、配套支持“五位一体”，以央行征信系统为平台，信托职能部门管理职能，借势农商行（农信社）的信贷服务，创新开展新型农业经营主体信用信息数据库建设，取得了一定的成效，成功地探索出一条金融服务新型农业生产经营主体的新路径。“绿野新中”与山东蔬菜研究所合作实施的 200 亩新型智能日光温室可利用物联网技术。“绿野新中”现代农业园区引入了农业物联网智能控制系统，这套系统包括信息采集节点、计算机控制中心和智能控制系统。通过安装在大棚里的信息采集节点可以实时采集、存储其所在地点的各种土壤和环境参数。这些数据又能通过无线发射器传送到计算机控制中心，技术人员可随时掌握大棚实时温湿度、光照等情况，根据这些信息，计算机直接控制大棚的天窗、遮阳网、湿帘作业。

四、大丰区金融支持现代农业发展的现状

近年来，大丰区十分重视发挥金融在促进农村经济发展中的重要作用，加强政策引导和支持，下大力气解决城乡金融资源配置失衡的问题。目前金融支农环境得到逐步优化、服务网络进一步完善。截至 2016 年末，大丰区金融机构现代农业贷款余额 1 129 700 万元，同比增长了 21.72%，涉农贷款占比由 2015 年的 24.90% 增长到了 28.00%（见图 1）。但金融机构服务品种单一、惠农贷款尚未普及、金融服务总量和结构难以满足现代农业发展需要。

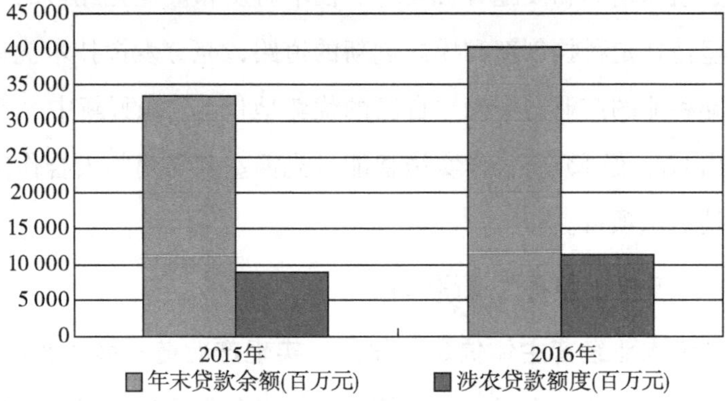

图1　大丰区金融机构农业贷款情况

注：现代农业贷款指19家农业企业贷款情况

（一）政府和金融机构组合出拳，逐步优化金融支农环境

现代农业园区的建设需要投入大量的资金，而农业作为一个弱势产业，资金来源渠道少，单纯依赖集资农民的资金不能满足现代农业发展的需要，这就需要政府的财政支持。大丰区各镇政府响应国家支持“三农”的政策，先后出台了一系列金融支持现代农业发展的政策措施，对现代农业园区的建设给予了大力的财政支持。例如，区政府给“绿野新中”一亩地补贴8 000元，补贴“锦绣大地”一亩地800元，“丰收大地”就是大丰区委政府为加快现代农业发展而兴办的农业生态示范区。当地的金融机构也加大了对农业的支持力度。据相关部门统计，中国农业银行对大丰区的涉农贷款额度从2011年的94 431万元增长到2014年的175 623万元，增长了46.23%，2016年由于县改区，中国人民银行数据统计口径发生了变化，涉农贷款余额相对于2014年之前有所下降，但2016年比2015年增长了80.10%；江苏银行涉农贷款额度增长也很快，2015年比2014年增长了26 761万元，增长了24个百分点。中国邮政储蓄银行涉农贷款余额每年增长幅度不均，但是涉农贷款余额占比达到年均20%左右；江苏大丰农业商业银行和大丰江南村镇银行涉农贷款比重相当高，尤其大丰江南村镇银行，每年都占到95%左右，涉农贷款余额从2011年到2015年不断增

长，每年增长5个百分点左右。截至2015年末，大丰农商行涉农贷款余额1 009 692万元，占年末总贷款余额的66.53%；大丰江南村镇银行贷款余额86 622万元，占年末总贷款余额的96.48%；江苏银行涉农贷款余额140 199万元，占比86.6%；中国邮政储蓄银行涉农贷款余额7 498万元，占比13.58%；大丰区农业银行涉农贷款余额35 645.26万元，占比11.75%。(见表1)

表1　2011—2016年大丰区主要金融机构年末涉农贷款余额情况 单位：万元

金融机构	贷款余额＼年份	2011	2012	2013	2014	2015	2016
中国农业银行	年末贷款余额	123 009	153 702	211 904	255 888	303 283	331 046
	涉农贷款额度	94 431	111 567	161 503	175 623	35 645	64 196
	涉农贷款占比	76.77%	72.59%	76.22%	68.63%	11.75%	19.39%
江苏银行	年末贷款余额	—	—	—	131 390	161 851	189 761
	涉农贷款额度	—	—	—	113 438	140 199	47 126
	涉农贷款占比	—	—	—	86%	86.60%	24.80%
中国邮政储蓄银行	年末贷款余额	30 923	33 094	40 376	48 734	55 219	88 666
	涉农贷款额度	13 686	9651	1014	9 401	7 498	8 339
	涉农贷款占比	44.26%	29.16%	25.13%	19.29%	13.58%	9.40%
大丰农商行	年末贷款余额	769 531	904 504	1 069 973	1 276 803	1 517 600	1 697 668
	涉农贷款额度	726 907	631 365	798 823	976 547	1 009 692	517 680
	涉农贷款占比	94.46%	69.80%	74.66%	76.48%	66.53%	30.49%
大丰江南村镇银行	年末贷款余额	54 332	65 837	86 510	86 542	89 786	77 441
	涉农贷款额度	54 332	63 464	82 142	82 238	86 622	54 522
	涉农贷款占比	100.00%	96.40%	94.95%	95.03%	96.48%	70.40%

注：①现代农业贷款指19家农业企业贷款情况。
②2016年度涉农贷款额度下降是由于县改区，中国人民银行统计口径发生调整。

（二）多种方式融合增开源，创新融资手段优服务

目前有江苏银行、浦发银行、招商银行、大丰农商行、民生银行等金融机构对部分现代农业园区给予了一定额度的授信。例如，江苏银行给“荷兰花海”提供了一个20亿元的旅游发展基金。金融机构给现代农业园

区提供了一定的融资便利。2015年“荷兰花海”通过天丰证券在上海交易所发行了私募债券。江苏大丰农商行按照家庭农场出产策划和融资需求特点，拟定专门家庭农场贷款打点步伐，为客户提供开户、授、用信、电子银行、结算等“一站式”处事。江苏大丰江南村镇银行紧密结合大丰区农业经济发展的需求，创新金融产品，优化担保方式，简化审批手续，扩大涉农贷款种类，如家庭农场贷款、农机购置补贴贷款等，开辟了现代农业发展“绿色通道”。中国农业银行持续增加服务“三农”资源投入，截至2016年6月末，中国农业银行支持专业大户和家庭农场16.3万户，贷款余额317亿元，对家庭农场单个农户的贷款额度也已提高到1 000万元。

（三）惠农贷款尚未普及，制约农业现代化进程

农户扩大生产规模、农业废弃物的重新利用以及现代农业的创新发展等都需要大量的资金，而且农业风险较高，寻求不到有力的支持也成为现代农业发展的瓶颈。金融支持现代农业永远是缺杠杆，同时金融教育也辐射不到基层，如在新丰镇，一个普通养殖小区只需投资8万元左右，而一个现代化养殖小区则要投资50万元左右，对于农户来说是一笔很大的投入。农户在农民资金合作社最多只能贷到5万元，由于农村有效担保抵押不足、金额较大，银行不愿贷款，农户筹集50万元的投资额是有一定的难度的。大丰区惠农政策并未完全普及。

（四）金融服务产品相对单一，使得现代农业发展进度缓慢

农村金融产品单一、供给不足，涉农金融机构创新动力不足。当前农村金融产品主要是银行贷款，很多创新金融产品在农村得不到应用。由于农村金融市场较为分散，交易成本较高，所以相关的涉农金融机构，参与农村金融产品和服务方式创新的积极性和力度相对较弱。同时区中国农业发展银行、中国农业银行、中国邮政储蓄银行都属非法人机构，既无贷款审批权，也无信贷产品创新自主权。这些都严重束缚了农村金融产品创新的手脚。同时，农村信用社也存在创新能力不足、思想保守等问题。这与当前现代农业发展金融需求的多样化不相适应。

五、大丰区金融支持现代农业存在的问题

近几年，金融机构对大丰区现代农业的发展提供了较大的支持，但仍然存在一些问题，具体如下：

（一）金融支持不均衡，各园区发展存在差异

信贷主要投放在目前发展良好的示范区，如观光农业、旅游农业等投入较多，而对于一些种植为主的农业示范区投放力度不足。由于一些园区经营不规范，抗风险能力相对较差，所以银行对其放款额度很少，远不能满足其需求。对于畜禽养殖、秸秆综合利用，这方面需要的资金流量比较大，金融机构对这方面的支持力度也不够，或者是征信成本要求过高。由于金融机构要控制风险，则大部分金融机构对于现代农业的支持是“锦上添花”，而不是“雪中送炭”。例如，金融机构对于新丰镇“荷兰花海”提供了较多支持，而对于白驹镇“锦绣大地”提供的资金支持却远不能满足其资金需要。

（二）国有金融机构投入较少，资金供给压力增加

区现代农业园区的资金来自金融机构的支持主要是比较灵活的商业银行，如江苏银行、浦发银行、招商银行、中信银行等。这些金融机构能够给它们提供手续简化、利率优惠、期限延长等多种方式的融资便利。建设银行、中国农业银行、中国银行也有涉入，但这些国有商业银行由于手续复杂、贷款门槛高等原因，示范区很少去这些机构贷款。中国农业发展银行对其资金的支持力度也不够，支持范围狭窄，作用也十分有限。而农村信用社的资金实力难以承担起现代农业大战的重任。走访的几个农业示范区大多是政府支持的资金较多，而从国有商业银行和政策性金融机构那里获得的贷款很少。

（三）金融抑制突出，融资渠道少

政府出台的一些金融政策如利率控制、信贷配给、市场准入等措施，抑制了金融机构对现代农业的投入。大丰区发展现代农业的金融抑制主要表现为：农村正规金融机构门槛高，催生了农村民间非正规金融机构的产

生。目前农民资金合作社银监会不收，中国人民银行也不管，政府采取的也是看到一些问题就关掉的政策。证券和信托等在农业领域也很少，目前只有“荷兰花海”依靠天丰证券发了私募债，其他园区几乎一片空白。国有大型商业银行在农村的分支机构很少，如在走访的几个示范区所在的乡镇几乎没有看到中国农业发展银行的分支机构。

（四）有效担保不足，农业贷款难

担保机构发展缓慢也是农业贷款难的关键性因素。大丰区有效担保不足主要体现在：第一，由于现代农业建设具有周期长、风险高，受自然灾害、生态环境、市场变化等因素的制约，农业项目效益波动性较大等特点，一般的商业险的担保机构不愿意为其提供担保，只能依赖政府提供的资本金的政策性担保机构。对财政资金依赖性强，如果缺乏后续资金来源，担保机构仅靠微薄的保费收入很难弥补可能发生的代偿或赔付，这不仅很大程度地威胁着担保机构的生存，也制约了担保机构支持农户和企业发展的能力。第二，现代农业经营主体通过专门的信贷担保机构获得金融机构贷款，一定的担保费用加上贷款利息费用，使得农业项目经营的融资成本进一步提高。第三，担保机构侧重于对大型现代农业项目提供信贷担保，小的农业项目和普通农户很难通过担保机构获得金融机构贷款。例如，白驹镇“锦绣大地”，由于缺乏有效担保，很难从金融机构获得贷款，资金大部分只能是从亲戚朋友那里借来。

（五）农业保险发展滞后，金融供给紧张

农业生产对于农业保险具有相当大的需求，尤其是随着现代农业的发展，农业生产规模不断扩大，资金投入不断增加，承担的风险相应加大，迫切需要得到保障，而盐城大丰的农业保险发展滞后，目前对农作物、奶牛、生猪有保险，但实施力度不够，参加者也少。一旦发生自然灾害，保险给予的补偿也弥补不了灾害带来的损失。例如，2015 年，由于大风、雨水多等天气灾害的影响，“锦绣大地”损失了 30 多万元，而只获得了 4 万元的赔偿。另外，当前农业保险主要是政府投保，对于商业性保险投保的

少。由于农业保险发展滞后，在一定程度上提高了金融机构对农业、农村企业风险程度的评估，成为“惜贷”的重要因素，加剧了现代农业发展金融供给的紧张状况。

六、促进金融支持现代农业发展的对策建议

（一）加快培育新型农业主体，推动其成为稳定承贷主体

加快培育新型农业主体，积极引导新型农业经营主体明晰产权，建立健全各项规章制度，建立科学高效的管理体制，使新型农业经营主体的经营管理符合金融机构的信贷准入要求。地方财政部门帮助金融机构支持较少的乡镇新型农业经营主体建立财会核算中心，资源共享，规范财务行为，推动其成为独立的、稳定的承贷主体，增加金融机构对其信任度，争取获得更多资金支持。

（二）加大政策性金融机构支持力度，建立容错纠错机制

要解决农业示范区发展的资金问题，需要积极提高示范区的信贷支持。因此，要加大政策性金融机构对现代农业的支持力度。政策性金融机构对现代农业示范园区进行投资，一方面可以解决现代农业园区发展的一部分资金需求，另一方面可以表明国家对农业示范区的重视程度，可以依据政策性金融机构的资信度和资金实力引导商业性银行向现代农业示范园区投资。提升政策性金融支持力度，要以中国农业发展银行为主导，其他政策性银行为辅助，提高农业贷款的限额，降低贷款的审批条件，将农业贷款的审批权限下放、减少农业贷款的审批环节和手续，提高农业贷款的审批效率，解决“申报过严、手续过繁、时间过长、审批权过度集中”的状况，使园区能够更多更快地获得政策性贷款的支持。由于现代农业园区的建设是需要创新的，金融是需要探索的，所以政府还应建立容错纠错机制，鼓励现代农业园区的创新建设。

（三）完善支农金融政策，解决金融抑制

促进现代农业快速发展的金融支持体系的建立和完善，离不开金融政

策的配合与支持。中央银行应按照有利于现代农业发展的原则，在确保信贷资金安全的前提下，调整现代农业贷款的标准、利率浮动范围和管理模式，采取贴息、担保等方式鼓励商业银行对现代农业项目提供贷款；中国农业发展银行应当设立发展现代农业的专项贷款，实行最优惠的利率；应利用证券市场等直接融资与银行信贷等间接融资安排较严格的监管体系，对现代农业项目形成约束机制，提高投资效率；应加快建立风险投资机制，在一定范围内，鼓励以不同形式组建风险投资公司和风险投资基金，拓宽资金来源渠道。

（四）完善担保平台，建立政策性担保机构

由于商业性的担保机构以盈利作为其发展的前提和目标，在选择担保业务时很少选择具有高风险的农业企业，因此应着力于发展政策性担保机构，建立以政策性担保机构为主，商业性担保机构为辅的农业示范区担保平台。政策性担保机构的建立可以分为两个方面：一是政府投资建立，实行市场化运作。为了实现担保体系的顺利运营，防范金融风险，政府应在担保政策方面给予支持，尤其是提高对于商业性担保机构的支持，以鼓励和促进商业性担保机构将其业务转向现代农业园区。政府出资成立不以营利为目的政策性的担保机构，实现政府调节经济结构和经济发展目标。二是，政策性担保机构作为农业园区信贷的主要担保提供者，同时引导商业性担保机构加入到担保平台中，为商业银行、农村信用社等金融机构放贷提供信用担保，从而减少金融机构的风险。政府与商业性担保机构合力出资成立担保机构，同样以市场化方式运作，在实现政府担保目的的同时注重商业性担保机构的盈利目的的实现。这样，现代农业示范园区在担保机构的担保下，可以更容易地获得商业银行、农村信用社等金融机构的信用贷款，从而使区现代农业园区在缺少有效担保品的情况下仍能得到信贷的支持。

（五）发展农业再保险业务，推动农业保险发展

农业保险能够有效转移农业风险，农业保险平台的建设是重要的风险

保障。农业风险包括自然风险和市场风险，这两种风险都具有损失概率大、损失程度高、不可控性等特点，这使得保险公司承受损失的可能性急剧增大。而我国目前尚没有一个国家层面上的农业保险工作机构，相关法律法规和制度还不够完善，农业保险产品也比较单一。因此，发展农业保险应以政府为主，通过政府财政补贴保险公司经营农业保险的亏损，同时应注重对一些专业性保险机构的支持，鼓励这些机构积极发展农业保险业务和农业再保险业务。农业保险平台也要以政府为主，政府要加大对农业保险的政策和资金扶持。对农业保险机构实行所得税减免，为农业保险机构在农业保险业务方面的经营管理费用和保险理赔给予一定的财政补贴，激励各保险机构积极从事农业保险业务。地方政府还应提高开展农业保险的积极性，充分认识到农业保险发展的长期利益。

（六）完善相关法律政策，提供现代农业发展的金融生态环境

完善法律保障系统是现代农业金融支持体系建设的基本前提。迄今为止，我国尚未制定任何关于农业金融的专门法律，立法滞后造成多头管理、责任不清、监管不力等体制问题，不利于我国农业发展。因此，有必要制定，《农村合作金融法》《农村政策金融法》《农业保险法》《中小金融机构破产法》《农村社区再投资法》等专门法律，保障、规范金融机构的运行，使其在运行过程中有法可依、有章可循，为现代农业发展提供一个良好的金融生态环境。在不与国家制定的有关法律相冲突的基础上，通过制定地方性法规，使非正规金融合法化，使其充分发挥为现代农业发展服务的功能。打造公平合理的法律支撑体系，一方面要迅速建立健全相关法律、法规，让不守信用者没有空子钻；另一方面要加大执法力度，增强处罚力度，大大提高违法和不讲信用行为的成本，使其得不偿失；另外，还应加强法制宣传，推进金融法制工作全面开展。

参考文献

[1]周应恒,耿献辉.现代农业内涵、特征及发展趋势[J].中国农学通报,2007(10):33-36.

[2]张宝文.现代农业:一项重大而紧迫的历史任务[J].农业经济导刊,2007(2):3-4.

[3]郭翠荣,吕超群.金融发展理论中"金融发展"含义的演进[J].山东财政学院学报,2007(04):23-27.

[4]王玉,陈柳钦.现代金融发展理论的发展及计量检证[J].兰州学刊,2006(02):136-141.

[5]廖若晨.大力发展金融业促进滨海新区经济发展[J].天津经济,2011(02):44-47.

[6]刘斌.促进区域经济协调发展的现代金融服务机制研究——基于连云港的数据[D].南京:东南大学,2009.

[7]温涛.中国农村金融风险生成机制与控制模式研究[D].重庆:西南大学,2005.

[8]Jensen. Small business Credit Availability and Relationship Lending: The Important of Bank Organizational Strueture[J]. Economic Journal, 2002, 112(477)L:32-53.

金融支持中韩盐城产业园区的路径探析①

黄庆庆 葛步明 赵太银

【摘要】2015年6月1日，中韩自贸协定签订，盐城被正式确定为中韩产业园区地方合作城市，标志着盐城主动策应“一带一路”国家战略、大力拓展对外开放新空间取得又一重大成果。中韩产业园的主要任务有全力突破重大项目，加快培育新兴产业、加快实施重点工程，提升项目承载能力、扎实推进重要事项，形成发展强大合力。随着中韩盐城产业园区的发展，金融对其的支持就显得尤为重要。本文结合国外成熟的金融创新，对中韩盐城产业园区的发展提出一些政策建议。

一、中韩产业园概况介绍

（一）中韩产业园的园区简介

2014年7月，习近平主席与韩国前总统朴槿惠达成“共同建设中韩产业园”的共识。2015年6月1日，中韩自贸协定（FTA）正式签订，盐城被确定为中韩产业园区地方合作城市。2015年10月31日至11月2日，李克强总理访韩期间，《中国商务部与韩国产业通商资源部关于在自贸区框架下开展产业园合作的谅解备忘录》正式签署。

盐城与韩国隔海相望，“海空走廊”便捷，作为江苏韩资密集区，拥有现代起亚、摩比斯、现代制铁等韩资企业近1 000家，总投资超50亿美

① 课题来源：盐城市金融研究院，2016.05—2017.02，项目编号：2016YCJR002

作者简介：黄庆庆，汉族，女，江苏启东人，盐城师范学院助教，硕士；葛步明，汉族，男，江苏建湖人，盐城银监分局局长，经济师；赵太银，汉族，女，江苏盐城人，盐城银监分局，经济师。

元，韩国已成为盐城最大的外资来源国和贸易伙伴国。盐城与韩国南原、大邱、首尔城北区结为友好城市，每个县（市、区）都有韩国友城。国际学校、国际会展中心、汽车主题公园、新嘉源人才公寓等功能设施投入使用，国际医院、韩国社区、汽车博物馆等正在建设。两万多名韩国人常年在盐城工作与生活，韩国元素随处可见，盐城已经成为韩国友人的第二故乡。在省委、省政府的坚强领导下，盐城全方位拓展对韩经贸交流合作，正按照第四代中外合作园区的建设理念，着力营造一流环境，集聚一流项目，打造一流园区，加快推进中韩盐城产业园区规划建设。

中韩盐城产业园区“一园三区”的发展格局基本确定。“一园”：中韩盐城产业园区，“三区”：核心区、主体区、联动区。“核心区”，为国家级盐城经济技术开发区，规划面积 100 平方千米，启动区 20 平方千米。“主体区”，为国家级盐城经济技术开发区、城南新区和大丰港经济区。规划面积为 210 平方千米，启动区 45 平方千米。城南新区，规划面积 40 平方千米，启动区 10 平方千米。大丰港经济区，规划面积 70 平方千米，启动区 15 平方千米。“联动区”，为市域 10 个省级以上开发区或平台载体，集聚全市最优质资源，着力打造对韩经贸合作新高地[1]。

中韩盐城产业园区充分发挥盐韩双方的基础和优势，以中国沿海汽车城、韩资工业园、盐城综合保税区、盐城未来科技城、韩国社区、国际美容健康城、生态智慧康居城、盐城海港、盐城空港、韩国风情园为十大功能平台，重点发展十大合作产业。汽车产业：现已形成东风悦达起亚为龙头，摩比斯、国际汽车试验场等为配套的汽车全产业链，“十三五”期间实现整车、零部件、服务业 3 个千亿目标，建成国内汽车产业链最完整的产业基地。新能源汽车产业：以奥新碳纤维、轻量化新能源汽车为龙头，以长三角新能源汽车研究院为平台，加快推进奥新 15 万台、东风悦达起亚 5 万台新能源汽车项目，广泛开展技术合作，与行业领军企业投资战略合作，加快拥有自主知识产权、轻量化、纯电动核心技术的新能源汽车产业链。“互联网 +”产业：加大与韩国 ICT、明氏等未来科技领域的合作力度，积极推动众包、众筹、众创、微客等新型制造模式发展。全力推进互联网与工业、商贸、金融等行业深度结合。智能装备制造产业：抢抓“中国制造2025”、韩国制造业创新3.0战略机遇，加快发展远程医疗设备、特种机器人、工业机器人、服务机器人产业，重点发展智能制造成套成线装备、智能装备、智能测控装置与部件等三大领域。光伏光电产业：围绕光能源、光显示、光照明三大领域，加快与重点企业合作，加快形成比较完整的太阳能光伏、LED照明产业链和光显示产业集群，打造中国东部“光谷”。跨境电商产业：放大盐城综合保税区的功能优势，与韩国摩比斯、乐天等跨境电商合作，打造全国领先的区域性商贸物流中心、电子商务与现代物流产业融合发展的核心聚集区。健康美容产业：规划建设国际美容健康中心，与韩国GCT株式会社、美容健康产业发展基金、德琳整形外科医院等加强合作，着力打造“韩国美容、盐城品牌”。大数据产业：加快建设10万平方米的大数据中心，致力打造云存储绿色数据中心、重点行业大数据应用产业基地、大数据创新创业孵化基地。现代服务业：围绕培育千亿汽车服务业，加快打造8个汽车服务业中心；加快发展临港物流、高端服务业、旅游业、文化创意产业。重型高端装备制造业：重点发展新能源风电装备、港口机械、海工装备、冶金装备等为主的重型装备制造业，加快建设重型装备研发、生产、制造基地[2]。

中韩盐城产业园区将按照“为国家试制度、为地方谋发展”的思路，根据“产业新业态、城市新生代、运作新机制、着眼新未来”要求，坚持“巩固发展并重、创新创业并举、软件硬件并施、先行先试探索”，加快建成对韩开放体制机制创新区、中韩经贸和人文交流的新平台、宜商宜居和谐发展的现代化新园区、国际知名的低碳生态园区，把盐城进一步推向对外开放的前沿，致力成为江苏呼应“一带一路”国家战略的新的重要支点和平台，成为江苏乃至全国对韩交流合作的新的重要通道和基地，成为影响和促进江苏沿海开放发展的重要窗口和纽带。

（二）中韩产业园的发展规划

为全面贯彻落实中韩自贸协定精神和市委、市政府《关于加快中韩盐城产业园发展的意见》要求，切实加快中韩盐城产业园核心区的率先发展，根据《中韩盐城产业园总体规划（2015—2020）》，盐城也制定了中韩盐城产业园核心区建设三年行动计划（2015—2017），按照“一年打基础、两年拉框架、三年展新貌”的思路目标，遵循规划建设第四代国际合作园区的功能定位，坚持规划引领、强化对接争取、突破重大项目、打造载体平台、提升功能配套、创新体制机制、扩大宣传推介，充分发挥与韩国大邱广域市、庆尚北道，特别是大邱庆北经济自由区的合作优势，着力营造一流环境，引进一流人才，聚集一流项目，打造一流园区。按照规划，到2017年，GDP突破500亿元，年递增13%以上；一般公共预算收入突破50亿元，年递增14%以上；规模以上工业开票销售2 000亿元，年递增14%以上；固定资产投资年递增20%以上，累计实际利用韩资10亿美元，实施重大项目62个，重点工程53项，重要事项36件，重大活动79个，建成全市高端引领、转型升级、绿色发展示范区，改革、开放、创新先行区。

二、自贸区与其他中外产业园区金融创新的借鉴

（一）上海自贸区的金融创新举措

自贸区的设立是一项国家战略。作为我国自贸区战略首先落地的示范地，上海自贸区肩负着重大使命。上海自贸区自成立以来，先后开展了自由贸易账户业务、投融资汇兑便利、人民币跨境使用、利率市场化、外汇管理改革等一系列金融创新试点，在金融业务创新方面取得了不少经验及成果。

1. 分账核算为创新试验提供了安全保障

根据规定，上海地区金融机构应通过设立试验区分账核算单元的方式，为符合条件的区内主体开立自由贸易账户，并按照“标识分设、分账核算、独立出表、专项报告、自求平衡”[3]的要求开展相关金融服务。该体系独立于金融机构现有的账户体系，是一套单独核算、分开管理的体

系。自由贸易账户与其他账户划转需按照一定规则进行，且每笔业务均能被采集、监测。自由贸易账户分账核算管理相当于为自贸区业务的开展搭建了一个“电子围网”，防止跨境、跨市场交叉性的风险传递，既可有力支持自贸区推进金融创新试验，又可确保创新试验能够在风险可控的范围内进行。

2. 跨境融资引“全球之水”浇灌“自贸区之花”

2015 年 2 月，跨境融资宏观审慎管理首先在上海自贸区试点，允许上海地区金融机构、试验区内企业及非银行金融机构根据宏观审慎规则，并依据特定的风险转换因子来实施境外融资。根据该细则，区内企业最多可融入两倍于实收资本的境外资金，银行上海市级分账核算单元最多可融入其境内法人机构一级资本的 5%。区内主体可根据境内外资金价格的不同，灵活选择合适的融资渠道，以有效降低融资成本。自贸区内金融机构可以从境外拆入低成本资金，贷款给区内企业用于生产经营；也可以通过为企业提供信用支持的方式，便利其从境外借款。

3. 创新监管方式为自贸区业务保驾护航

上海自贸区建设的重点内容之一是推进政府职能转变，由注重事前审批转为事中、事后审批。为鼓励自贸区金融机构创新，监管机构推出了一系列创新监管措施。针对银行首次开办的自贸区新产品、新业务，银监局推出了首单报告制，要求银行及时报告该业务的基本情况、创新点、政策依据以及合规和风控评估意见等。同时，上海银监局在全国还首创银行业务创新监管互动机制，针对法规未覆盖、法规不明晰、政策无操作细则的领域，设立绿色政策通道，允许上海自贸区银行拟先行先试的非行政许可类的新产品、新业务，通过“自主申请、监管指导、个案突破、持续评价”的方式，有条件地率先试点。正是因为有了金融创新的肥沃土壤，以及鼓励、开放、允许不断试新的监管态度，自贸区银行才能不断推出创新产品，更好地服务区内主体。

（二）苏州工业园区的金融创新举措

苏州工业园区是中国和新加坡两国政府间的重要合作项目，自开发建设以来，在中央和省市各级的高度重视下，在中新合作双方的共同努力下，园区经济社会发展取得了令人瞩目的成绩。2015 年，面对宏观环境的复杂变化，园区认真贯彻落实中央和省市决策部署，坚持稳中求进，突出创新引领，全力推动经济社会持续健康较好发展。

1. 优化各类金融产业扶持政策

为促进园区经济转型升级，园区持续完善、优化各类金融产业扶持政策，不断在落户奖励、用房补贴、人才补助、规模奖励、发展奖励等方面加大支持力度，吸引金融类企业和私募基金落户。2015 年，园区又获商务部授权自行办理境外投资备案，获批国家级境外投资服务示范平台，专业为企业“走出去”提供集成化、专业化的一站式服务。凭借坚实的产业基础、活跃的创新氛围、优美的生活环境、充沛的人才资源，园区吸引了大量私募股权投资基金、并购基金、产业基金落户扎根。目前，园区已集聚各类私募基金近 600 家，管理资金规模超 1 200 亿元，600 亿元国创母基金顺利推进。

2. 建立健全多层次多元化的资本市场和投融资体系

苏州工业园区探索投贷联动试点等业务创新，推出知识产权质押贷、期权贷等科技金融创新产品[4]，建立健全多层次多元化的资本市场和投融资体系，力争到“十三五”末集聚金融类机构超千家，私募投资基金类企业超 700 家，管理资金规模达 2 500 亿元，挂牌企业数量超 300 家。

3. 开展跨境人民币创新业务试点

园区获批开展跨境人民币创新业务试点，包括在新加坡的银行机构对园区企业发放跨境人民币贷款、股权投资基金人民币对外投资、园区内企业到新加坡发行人民币债券、个人经常项下及对外直接投资项下跨境人民币业务等四项。在跨境贷款方面，与上海自贸区政策相比，园区的试点在多方面取得突破：一是首次尝试负面清单管理模式，重点限制产能过剩、高耗能高污染行业；二是贷款规模管理创新，区别于上海自贸区等针对企业设定贷款规模，园区试点对跨境人民币贷款实施区域余额管理创新，在管理上更加灵活，加大了企业自主权；三是贷款用途创新，允许借入的贷款用于企业向其集团内关联公司进行委托贷款，有利于集团统筹调配资金，促进总部经济发展。

在个人跨境业务方面，园区个人跨境业务无国别限制，在经常项下个人跨境业务操作已无障碍，目前累计办理园区个人跨境人民币经常项下结算 124 笔，金额 692.17 万元。在资本项下，园区个人跨境人民币投资业务流程明确，操作简化，进一步促进了个人境外投资便利化。园区还开展外商投资企业资本金意愿结汇试点，允许园区注册的外商投资企业，可以根据自身意愿随时办理资本金结汇，将汇兑后人民币存入结汇待支付账户，企业根据实际经营需要进行支付，实现“先兑换，后支付”，从而使园区内的外商投资企业可以有效规避人民币升值带来的汇兑损失，使园区外商投资企业享受到政策红利，促进贸易投资便利化。

4. 推进金融领域开放创新，大力发展股权投资基金

在国内并购基金发展如此迅猛的环境下，苏州工业园区积极把握经济发展新常态，推进金融领域开放创新，大力发展股权投资基金，使其成为园区金融发展的主要特色和亮点。为了顺势而为，让园区集聚更多金融机构，助力中国金融产业发展，2016 年 11 月 4－6 日，苏州工业园区将举办第十三届中国并购基金年会、第二届中国并购基金年会暨中国基金博物馆五周年庆典，会议将会围绕“中国的全球并购机遇”“并购基金与杠杆收购”“金融科技与并购”三个主题展开，届时将有 500 位政企精英人士共同探讨并购，深谈中国企业发展之道。

（三）中国—新加坡吉林食品区的金融创新举措

中新（中国—新加坡）吉林食品区是 2008 年 10 月在第七届亚欧首脑会议上，中新两国总理共同提议的项目，后经中新双方多次考察、论证、洽谈，选址在永吉县。2012 年 9 月 6 日，在北京人民大会堂，由国务院前总理温家宝和新加坡总理李显龙等中新两国高层领导共同见证，中新吉林食品区项目签订投资合作协议。中新吉林食品区的建设对吉林省切实保障

食品质量安全，探索建立新型食品质量安全监管模式；有效解决“三农”问题，探索建立新型发展建设模式；特别是进一步扩大开放，探索建立新型合作发展模式具有重大意义[5]。

1. 构建政府融资平台

为加快食品区发展步伐，提升市场化运作能力，破解园区融资瓶颈，2010年，经永吉县政府研究决定，由永吉县财政局出资6 190万元成立国有独资公司吉林中新食品区开发建设投资有限公司，作为食品区发展的市场化主体。公司在食品区党工委和董事会的领导下按照“统筹三化发展，中新合作共建，一县两制管理，财政独立对省，政府公司并行，聘任制绩定酬，政企社会共赢”的发展方针，完善市场化运作机制，理顺园区开发管理职能。一是要以加快发展为第一要务，不断创新投融资方式，积极整合资产，剥离债务，组建资产评估、市政管理、建筑开发、水务物业等子公司。二是要以大项目和城市基础设施建设为重点，利用好公司开发资质，努力向投资控股、资本经营、房地产开发等实体经济转变。三是以金融信贷支持为依托，吸纳优质社会资本，做好招商引资服务工作。

2. 创新融资方式，开展股权投资专项基金

中新吉林食品区股权投资政府引导基金和吉林中新食品区基础设施建设股权投资专项基金的前期准备工作在省金融办的大力帮助下已经全部完成。目前基金运行的最好方式是以省、市、县三级财政为支撑，按照“政府引导、市场运作，科学决策、防范风险”的原则进行投资运作，旨在通过政府引导，充分发挥基本财政对项目自有资金和区域建设资金的吸附和放大作用，增强社会投资者信心，突破融资瓶颈，支持中新食品区基础设施项目建设以及围绕食品区优势、特色产业和未来城市发展基础设施项目建设进行投资，加快食品区发展。

3. 在园区内完善各类金融服务机构

在食品园区内，引进各家金融服务机构，为园区内提供多种多样的金融服务；同时在省金融办的支持下，小型贷款公司已经完成注册手续，担

保公司也在审批中。2012 年以来，得益于省金融办、国家开发银行吉林省分行和农村信用社的大力支持，食品区管委会和开发建设投资公司不断扩展思维、开阔视野，与民生银行、华融渝富资本和东北证券等金融机构在基金设立、债券发行等方面积极开展交流合作。

（四）欧盟的金融创新举措

1. 欧盟支持创新型中小企业的金融机制

中小企业是创新的重要力量。但由于规模小、风险高、融资需求分散且量小，中小企业很难从正规金融机构取得贷款。中小企业融资难的问题成为制约企业发展的主要瓶颈。欧洲投资基金作为欧盟所属金属政策性金融机构，其宗旨是向中小企业提供金融支持和服务，在欧洲中小企业融资上发挥了重要作用。本文对欧洲投资基金支持中小企业的金融机制、风险管理模式等进行了研究和分析，发现欧盟建立风险共担机制，提高资金效率；以企业运作机制为中心，降低信贷风险；发挥政府主导作用，支持中心企业融资等解决中小企业融资难的举措，值得我国借鉴。

2. 在欧盟之间实行货币一体化，创立了欧元，建立了欧洲中央银行

欧元的最高意义就在于，欧洲希望通过创立一个强势货币和一个强大的区域货币体系安排，来削弱美元的霸权地位，以谋求欧洲的利益，这对国际货币体系产生了深远影响。良好效应在于刺激欧盟企业的生产与贸易。在没有统一货币的情况下，欧盟各国的企业，尤其是中小企业在生产和销售过程中不能不考虑汇率的波动，以及由此带来的交易风险和成本的额外增加，包括产品价格的不确定性，但是有了统一的货币——欧元后，中小企业可以规避一些汇率风险，大大地促进了欧盟地区经济的发展。

3. 创新金融监管的模式

为应对金融业快速发展，提高金融监管的效率与有效性，欧盟国家普遍进行了金融监管结构改革，形成了结构明晰、分工明确、协调合作、适应金融业发展的新型监管结构。从目前的情况看，欧盟的金融监管框架实际上有两个层次上的含义，即成员国一级的金融监管和联盟一级的金融监

管。从欧盟一级的金融监管来看，欧盟一级的金融监管实际上包括两方面的内容，一方面是在欧盟范围内强化成员国有关金融监管部门之间的密切协调与合作，另一方面则是通过逐步建立和完善区域金融监管体制来进一步提高欧盟的金融监管效率。

（五）中韩盐城产业园值得借鉴的举措

1. 建立园区发展基金

2016 年 6 月 23 日下午，中韩盐城产业园发展基金第二次股东大会举行，会议审议通过了公司各项规章制度，签订了基金委托管理协议，标志着中韩盐城产业园发展基金正式运行。会议要求基金下一步发挥财政资金对中韩盐城产业园区的投资杠杆作用，在全省范围内公开招募 10 家金融机构跟进投资，引导金融机构共同设立各类子基金，形成 200 亿元的基金总规模，扶持中韩盐城产业园区内的重大项目和重点工程。这是园区内的一大金融创新举措，通过设立基金的方式来支持园区内重大项目的发展，给予园区重大的资金支持。

2. 在园区内引进并完善各类金融服务机构

为进一步加强银企互动，实现银企双赢，2016 年 12 月 13 日上午，落户盐城经济技术开发区的全市首家外资银行——新韩银行盐城分行成功举办首届银企对接会。新韩银行的成功落户，实现了盐城外资银行入驻零的突破，将为盐城金融业加强国际合作、实现互利共赢拓展新的发展空间，并且韩亚银行也即将在盐城落户。此外，园区内的各大金融机构发挥自身优势，抢抓发展机遇，不断创新经营理念、金融产品和服务方式，在人民币信贷和跨境结算、FT 账户监管、中韩跨境电商合作方面先行先试，为中韩产业园区内的企业提供资金支持，为建设“强富美高”新盐城做出积极贡献。

3. 创新民营企业的金融杠杆，给予园区内的企业资金支持

园区做了三个资金池，分别叫韩园贷、财宝袋、科技贷，三个资金池开发区财政各出 5 000 万元，一共拿出 1.5 个亿，然后放大 10 倍跟相关银

行的总行合作，三个资金池一共总量15个亿，15个亿全部投入到园区内的实体企业里面去，这些投放和它的投放条件和环节是低于一般商业银行对投放信贷企业的考核要求的，原则上本应经过发局园区财政局初审以后交给银行去做，这就是为了支持园区内的企业，银行业也愿意合作，因为投进1.5个亿，2016年年底到现在三个资金池的使用率大概在60%。

4. 推进金融改革创新

支持韩国银行机构对园区内企业开展跨境人民币贷款业务，支持韩资跨国企业集团开展跨境双向人民币资金池业务，支持韩国银行、保险等金融机构到园区设立分支机构，支持符合条件的韩资企业在园区设立合资基金管理公司，支持园区内银行机构办理中韩货币互换项下韩元融资和各类海外直贷等创新业务，鼓励开展外商投资企业知识产权质押贷款业务。

三、中韩盐城产业园区金融需求分析

作为园区经济的细胞，满足园区企业金融需求是做好园区金融服务的关键。中韩盐城产业园区内企业的金融需求与园区金融服务关系密切，园区内企业的金融需求能否满足就直接影响到中韩盐城产业园区的金融服务质量。因此，这里主要对中韩盐城产业园区内企业金融需求进行分析。企业的金融需求大致可以分为融资服务需求、结算理财服务需求、信息咨询服务需求、信用担保服务需求等4类。

（一）融资服务需求

获得资金是园区企业运作的前提条件，因此融资需求是园区企业的第一需求。在省、市、区三级政府部门的大力推动之下，中韩盐城产业园目前已形成了政府财政支持资金、银行贷款、企业自筹资金、其他融资方式相互联动的多元化融资体制。

1. 政府财政支持资金

2016年5月，由省、市、区政府部门共同出资设立区域引导母基金中韩盐城产业园发展基金，注册资本20亿元，由江苏省政府投资基金、盐城市财政局、盐城市国泰公司及盐城经济技术开发区、城南新区和大丰区共同出资设立。基金设立后，将发挥财政资金对中韩盐城产业园区的投资杠杆和引导作用，在全省范围内公开招募10家金融机构跟进投资，形成200亿元基金总规模，有力推进中韩盐城产业园建设。

2. 银行贷款

目前，园区内企业生产经营所需的资金，除自有资金外，大部分是从银行借入的。从中韩产业园建立伊始，各级政府就积极支持金融机构入驻。截至2015年末，中韩盐城产业园已引入银行类金融机构20家，其中大型商业银行5家、股份制商业银行9家、城市商业银行3家、农村商业银行1家、村镇银行2家，设立网点及自助设施41处，从业人员468人。银行类金融机构各项存款余额185.8亿元，同比增长36.3%，各项贷款余额108.8亿元，同比增长155.4%。同时，相继成立1家融资租赁公司、1家商业保理公司、1家投资担保公司、3家小额贷款公司、1家基金管理公司和1家保险公司分公司等非银行类金融机构。给予了企业融资极大的方便，大大缓解了企业成长过程中的资金瓶颈问题。

3. 企业自筹资金

企业自筹资金是区内企业融资的重要途径。区内企业在创业初期，主要依靠积累满足对资金的需求。这一时期，为区内企业积极提供孵化资金融资，对中小企业的发展十分重要。但目前由于盐城风险投资机构较少，区内企业所需资金仍高度依赖自身的积累。

4. 其他融资方式

中韩盐城产业园发展基金正积极联系国内外知名投资公司和其他民间金融组织来区投资，鼓励具备条件的高新技术企业利用资本市场获得融资。目前园区已吸引近千家总投资超70亿美元的韩资企业落户。

（二）结算理财服务需求

中韩盐城产业园的企业除了中国本地企业，还有大量的韩资企业，因此除了需要一般的境内人民币结算业务，还涉及跨境人民币结算。在外商投资企业设立前期，境外企业需要汇入前期费用、投资款，或境内所得再投资。过去这些均需要通过外汇资金结算，不仅费时费力，还由于牵扯到汇率不断变化而导致经常出现与外管局核准投资额不符的情况。在跨境人民币业务实施后，企业可以通过跨境人民币结算，或是外商直接投资专用账户服务等来方便地进行境内企业的设立。外商投资企业在后续经营中，一般会有五大类需求，分别是选择适当的贸易结算工具的需求，获得资金融通支持的需求，优化资金使用的需求，降低财务成本以及管理境内外资产的需求。对于贸易结算工具，外商投资企业可以根据自身情况使用信用证、托收、汇款等人民币或外币形式进行结算。对于资金融通支持的需要，企业可以采用进出口贸易融资、协议付款或协议融资等人民币贸易融资手段。目前盐城的银行业金融机构跨境人民币金融服务已经涵盖了国际结算、贸易融资、跨境投融资、全球财富管理、投行服务、账户服务、一站式综合化金融服务方案等各个方面。这些跨境人民币业务对于企业拓宽融资渠道、规避市场风险、降低财务成本、提高资金周转率等都是十分有益的。

（三）信息咨询服务需求

信息在提高企业竞争力方面起着至关重要的作用，信息咨询服务已成为企业提高国际竞争力的基本手段。中韩产业园区内的企业有不少外资企业或者与国外企业有合作业务，因此园区企业面临更加激烈的市场竞争，研究、开发、生产、经营、管理等一系列活动必须与国际接轨。园区企业需要有关产品的国内外动向、市场趋势等信息以及新产品开发的设计取向、市场定位和入市时机的市场调研和咨询建议，占领和扩大市场的市场营销组合策略等咨询。当前盐城提供此类信息咨询服务的专业机构很少，银行业金融机构在信息咨询服务方面也相对薄弱。中小企业对信息咨询服务的需求分为三个层次。

一是信息咨询。商业银行进行有关信息收集、分析比较，以市场调查报告或数据库的形式，向中小企业提供有针对性的市场信息和竞争情报，使中小企业了解自己的市场份额，客户的反映和要求，产品或服务的发展趋势等信息。

二是管理咨询即企业诊断。为了出口贸易和市场竞争的需要，取得某种资格认证的诊断。具体包括资格认证咨询、投资咨询、工程咨询、技术咨询、财务与法律咨询、营销咨询、网络化咨询、人力资源咨询、业务流程与组织机构设置咨询、商务公关、商务服务等。商业银行可以根据中小企业的具体情况、相关的宏观环境、国际/国家标准和惯例，各种成熟技术及已有案例，利用分析软件，采取科学的分析方法为中小企业提供咨询报告或相应的服务。即从市场调查到信息更新、营销策划、会展推介、代理或代销，设置出口代理一条龙服务。

三是战略咨询。主要是为企业提供战略设计、竞争策略、业务领域分析与规划设计服务。影响企业发展的宏观政策、经济环境、科学技术等因素在不断变化，因此企业要适时地调整发展战略、企业目标、市场定位、竞争分析、业务范围与人才战略，才能在激烈的市场竞争中占领先机。

美国许多政府机构都有针对企业的信息服务，其中专门针对中小企业发展、处理中小企业事务的小企业管理局 SBA 提供的信息服务最为完善。中小企业管理局主要包括通过发放小册子、录像带以及电子广告牌向中小企业提供各种市场信息和技术信息服务，建立专门的咨询台，通过电话帮助解决在开办和运行企业中出现的问题，为中小企业开设在线服务，在网络上开办小企业教室，提供电子教程，设立美国企业咨询者项目，提供对政府商业信息和服务的一站式电子连接等等。

（四）信用担保服务需求

在市场经济条件下，企业的生存和发展离不开信用资源。信用资源主要来源于企业的预期偿债能力，即信用价值。信用资源是在市场交易过程中逐渐积累起来的。园区企业由于大多数为新成立或成立时间较短的企业，这就必然产生信用资源积累不足的问题，其融资受到了极大的局限。

在目前的情况下，通过银行机构贷款仍然是园区大多数企业主要的融资渠道，但是从银行获得贷款的企业也不多。信用问题的存在主要是由于在信贷市场上，企业和银行之间的信息是不对称的：信贷交易之前的信息不对称问题增加了企业从银行骗取信贷用于冒险的动机（即“骗贷动机”），致使贷款的需求显著增加，在银行的贷款供给小于企业的贷款需求的情况下，产生“逆向选择”，使得银行面临的贷款客户往往是大量的劣质客户或骗子充斥其中，银行放贷风险增加。信贷交易之后的信息不对称问题，也增加了企业从事高风险活动的动机（即“冒险动机”），处于信息劣势地位的银行无法及早发现并制止企业的“道德风险”，致使按时收回贷款本息的可能性大大降低。所以发放贷款前后的信息不对称，导致的“逆向选择”和“道德风险”问题使得银行的信贷业务面临险恶的环境。而对于园区初创企业而言，存在资产规模和经营规模较小，固定资产少、土地、房产等抵押物不足等制约因素，如果没有第三方的介入，会使一些有发展潜力的小企业失去发展的机会。

要解决园区企业贷款难、担保难、抵押难的问题，帮助企业顺利融资的重要环节是消除企业与银行机构之间的信息不对称问题。专业化担保机构在信息的获取与处理，风险的分辨、分散、防范和化解，专门人才的利用与培训和专门技术的研究与开发等方面都可以取得明显的规模经济，可以减少交易费用，所以发展担保机构是一个解决信息不对称问题的有力措施。对于企业而言，由于担保机构具备上述优势，可以获得其具体信息，把符合条件并有发展潜力的企业筛选出来，为其提供担保，提升其信用等级，从而增加其获得贷款的能力。对银行而言，有了担保机构的担保，多了一道防范风险的屏障，减少了贷款的风险，节约了收集信息的成本和交易费用，并且可以从中发掘优质的客户，为其提供其他的金融服务，从而增加银行的盈利。

针对目前盐城银行与信用担保机构合作不尽如人意的现象，可以借鉴国外比较成熟的经验，采取措施加以改进。例如，日本信用保证体系由信用保证协会和信用保险公库组成。其中信用保证协会直接面向中小企业，为中小企业的贷款提供担保。信用保险公库是信用保证协会转移风险的机构，通过在信用保险公库为所担保的贷款进行保险，可以把从银行贷款机构转移来的风险分散一部分由信用保险公库承担，降低了信用保证协会的担保风险，提高了信用保证协会的担保能力。

四、中韩产业园区现有金融业与其他产业关联分析

金融业是与国民经济各部门高度相关的产业，金融业的产品和服务与制造业、服务业关系密切。金融业通过其产品和服务进行经济资源配置，能够为经济增长提供增加值贡献，因此其发展水平直接影响到社会资本的形成和配置效率。制造业和服务业各部门对融资资金和金融服务的需求离不开金融业，同时金融业的发展壮大也离不开各产业部门的投入和产出。金融业与各产业部门之间不仅存在着直接的投入产出关系，而且存在着深远的波及效果。

中韩盐城产业园区主要为“一园三区”的发展格局。“一园”：中韩盐城产业园区，“三区”：核心区、主体区、联动区。“核心区”为国家级盐城经济技术开发区，“主体区”为国家级盐城经济技术开发区、城南新区和大丰港经济区，“联动区”为市域10个省级以上开发区或平台载体，集聚全市最优质资源，着力打造对韩经贸合作新高地。国家级盐城经济技术开发区作为中韩盐城产业园的核心区，重点发展汽车、新能源汽车、光电光伏、智能装备制造、软件及服务外包和电商物流等六大产业。

（一）园区内金融业与汽车行业的关联性分析

近年来，中国汽车产业的基本面发生了根本性的变化，转型升级成为行业必由之路，以移动互联为代表的新思维、新技术、新模式不断涌现，给传统的汽车制造业提供了新思路，产业的整合和结构的调整、从制造到创造升级、从生产经营到产业经营升级，并同时向资本经营、全球市场经营升级，已经成为全行业共识。金融在中国汽车业转型升级中的作用举足轻重。中国汽车市场已进入成熟阶段，需靠创新技术、结构调整来保持发

展，扩大汽车消费需要金融助力，金融要同时为消费者和经销商提供支持。2016年，中国人民银行、发改委、工信部、财政部等八部委联合印发《关于金融支持工业稳增长调结构增效益的若干意见》（银发〔2016〕42号），提出鼓励银行业支持新能源汽车生产、消费及相关产业发展。目前盐城市金融办正在会同市人行组织汽车产业链银团贷款，支持园区内企业发行中小企业集合票据，努力推动新能源汽车企业、零部件配套企业在创业板上市融资。盐城市银监局运用市场准入、履职评价、监管评级等多种监管手段，督促银行积极调整授信结构，增加信贷投放，切实减轻企业的融资负担；争取韩资银行早日落户盐城，助力开发区汽车及零部件产业园区建设。中国农业银行盐城分行成立以分管行长为组长的综合营销团队，以农行金科通产品、利付通产品、流动资金、国际贸易融资等业务为组合，组织与银企对接会，逐户上门营销，建立与园区定期沟通联系机制。中国建设银行盐城分行加强对与东风悦达起亚汽车公司等核心企业配套的上下游小企业的营销和签约信用保险公司（中国平安、中国进出口保险公司）的合作；积极运用国内保理等供应链融资产品满足园区客户的资金需求，拟通过国际业务、贸易融资等产品为单位提供金融服务。交通银行盐城分行对东风悦达起亚系汽车配套企业可择优支持，包括各种表内外业务，切实满足企业的实际需求，积极拓展东风悦达起亚公司配套供应链融资业务。随着市场竞争的日渐加剧，汽车金融正成为汽车行业发展的新契机和角力的新舞台。国内知名汽车网站汽车之家的调查显示，在被问及“未来购车是否会考虑贷款购车”时，有90.5%的被访问者表示会考虑。随着我国成为全球第一大汽车消费市场以及一、二线城市车辆升级换代，选择贷款购车的比例会不断升高，有着很大的发展空间（目前在发达国家，如法国和美国，新车购买时选择贷款的用户达到了70%），包括汽车贷款在内的汽车金融正在成为购车行为不可缺少的重要因素。汽车金融业务主要集中在汽车贷款部分，主要分为汽车金融公司贷款、银行汽车贷款和信用卡分期购车三种形式。盐城目前尚未成立汽车金融公司，主要以银行汽车贷款和信用卡分期购车两种形式支持汽车行业发展。悦达集团已成立了悦达财务公司，为集团内企业融资提供了便利，下一步悦达财务公司将积极打通汽车产销的整个供应链环节，尤其是要打通消费环节，汽车金融就是未来中国汽车产业市场上的一张生死牌，谁拿到谁就掌握了未来市场的主动权。

（二）园区内金融业与光伏产业的关联性分析

光伏行业有别于传统企业，资金和人才密集，产业链较长，高耗能，高污染，前期投入较高，回收期长，行业波动较大，是典型的政策导向型产业，政策的稳定性和延续性对于行业的发展至关重要，也是商业银行面临的主要风险。因此，传统金融并不能满足光伏行业的融资，解决光伏产业的投融资需求，必须依靠金融创新。具体包括两个方面：一方面是在信贷市场，变以资产抵押控制风险的思维为以项目未来收益权为出发点的思维；另一方面是在金融创新和资本市场，加速网络金融产品和股权类融资产品的创新。在信贷市场的金融创新方面已经有了突破。例如，江苏银行光伏发电项目贷款，金额：应根据借款人项目总投资、自有资金金额、实际融资需求量及已落实可用于还款的现金流确定；期限：含建设期；担保：创新了以收费权和光伏发电设备分别质押和抵押的担保方式；还款：根据对应的光伏电站项目未来产生的现金流合理确定还款计划，同时接受借款人利用其他收入来源（如财政补助资金等）偿还贷款本息。在资金、资本市场方面的金融产品创新，园区企业可以借鉴国内的一些经验，如在互联网金融方面，早在 2014 年初，联合光伏就已推出 1 000 万元以光伏电站为投资方向的众筹产品，首创国内规模经济的众筹先例。光伏企业借助在国际资本市场的独特优势，围绕资产证券化大方向，推出不少创新金融产品。目前，阿特斯、晶科、保利协鑫等企业都在探讨和尝试推出国际最新金融创新产品。智能装备制造、软件及服务外包和电商物流行业目前中韩产业园区内企业尚未形成规模，金融业对这些行业的发展还处于企业初创的融资需求。

总的说来，目前中韩产业园区的金融业与其他产业的关联关系还处于资金的供给方和需求方的关系，尚未真正实现产融结合。经济新常态条件下，无论金融业还是其他产业的发展都会遇到新的制约和挑战。如何才能有效推动产融结合，助推经济稳定发展，是新常态下必须破解的难题。产融结合，归根结底是要从产业资本和金融资本共同发展来进行推进，实现产融平衡，从而真正创新企业发展模式，在全球化和竞争白热化的市场环境中实现可持续发展，强化企业的核心竞争力。正如李克强总理在2015年政府工作报告中指出的，要“提高直接融资比重，降低社会融资成本，让更多的金融活水流向实体经济”。

五、中韩产业园金融支持产业的路径

（一）健全和完善多层次的资本市场，降低社会融资成本，为产融结合创造良好的发展环境

我国资本市场由20世纪90年代开始发展至今，已发展成为由主板（含中小板）、创业板（俗称二板）和全国性场外市场（俗称新三板）、区域性股权交易市场以及证券公司主导的柜台市场共同组成的多层次资本市场体系。但是目前我市的上市公司仍然偏少，银行仍然是企业融资的主要渠道，因此中韩产业园应该积极培育上市企业，尤其是新三板上市企业，充分利用资本市场实现多元化的融资渠道，有利于化解和防范金融风险，稳定金融市场，为探索新的产融结合模式提供发展空间。

（二）创新间接融资方式，推动园区内企业发展政策与信贷政策的有效衔接

一是中韩产业园区应联手金融机构进行金融创新，寻求新的担保、抵押方式，帮助园区内企业获得融资。同时可以创新抵押品，可以将园区内大型项目未来的收益作为贷款的抵押品，从而金融机构可以根据项目的紧张情况，分批次将贷款打入企业，这样既能保证大型项目能尽快获得资金支持，也降低了银行的贷款风险。二是鼓励商业银行探索知识产权质押贷

款业务，扩大对小企业集合信托债权基金项目试点，建立符合园区企业贷款特点的审批方式。

（三）探索新的产融结合模式，实现园区经济可持续发展

当前经济转入新常态，既是挑战，也是机遇。市场波动在今后较长一段时间内将成为常态，盐城资本市场融资障碍有着深层次的体制或机制问题，无法通过一蹴而就的改革或调整来解决。银行体系和服务模式必须以市场为导向进行改变，探索能够支持产业优化升级的新的产融结合模式势在必行。银行体系要努力拓宽融资渠道，将广大中小企业以及个人客户的融资需求作为关注的重点，充分激发金融资本活力，助推实体产业调整结构、促进资源依赖型产业的优化升级。要借鉴互联网金融产品，如支付宝、余额宝、天使基金、PE 创投等发展的成功经验，努力实现更加市场化、更加网络化的发展模式。整合主体金融产业与新型金融产业的合力，提升金融体系服务质量，提高风险防范和控制的能力。尤其是随着金融化程度的加深，越来越多的资本会流向金融体系，这要求金融资本运作不仅融通经济发展，还要维护社会稳定。今后经济发展模式会从政府主导转向市场主导，从出口、投资驱动转向内需驱动为主。我国作为世界上第二大经济体，经济发展目标将从追求 GDP 转向追求 GNP，从大力发展制造业转向以创新为主要特征的知识经济。在这种前景下，中韩产业园的发展要从国家金融战略的高度来理解产融结合；企业层面更需要抓住资本市场活力勃发的时机，练好资本运营的内功，使得自身的发展与整个市场和产业相匹配，从而实现可持续发展。

（四）加大对园区内重点项目的扶持力度，打造园区内大型骨干企业

金融机构要完善扶持政策，放宽市场准入，以市场为内驱力，以资本为纽带，采取得力措施培育园区骨干企业，扶持一批特色鲜明、竞争力强的企业和重点项目，发挥好它的支撑和引领带动作用。例如，支持园区内的几大重点产业，包括汽车、新能源汽车、光电光伏、智能装备制造、软

件及服务外包和电商物流等六大产业；鼓励园区内企业运用市场机制促进生产要素集聚，以资本为纽带跨地区、跨行业、跨领域联合重组，主动进入资本市场募集发展资金，促进企业的发展。

六、对策与建议

根据国内外的成功经验，对于中外的产业园的发展来说，金融的支持起到了至关重要的作用。盐城的中韩产业园建立的时间不长，发展等各个方面还处于初级阶段，所以金融支持园区发展方面还存在着很多需要完善的地方。

（一）积极参与设立先进制造产业发展基金，实现互利共赢

经国务院批准，国家发展改革委、财政部、工业和信息化部牵头发起，联合国家开发投资公司、工银瑞信投资管理有限公司等其他投资主体共同出资，设立先进制造产业投资基金，首期规模 200 亿元。据了解，先进制造产业投资基金主要投向以下方面：在《中国制造 2025》十大重点领域的基础上，进一步聚焦轨道交通装备、高端船舶和海洋工程装备、工业机器人、新能源汽车、现代农业机械、高端医疗器械和药品、新材料等市场潜力大、产业基础好且符合产业发展趋势的重点领域。盐城的中韩产业园重点发展汽车、新能源汽车、光电光伏、智能装备制造、软件及服务外包和电商物流等六大产业。六大产业中基本上都是符合国家先进制造产业发展基金支持的，所以产业园可以积极地参与制造产业发展基金，利用国家政策的支持来扶持园区内先进制造业的发展，利用金融创新实现互利共赢。

（二）创新金融产品，为小微企业提供服务

一是促进私募股权基金发展。园区内创业企业在经过初创期后，产品已经取得了一定的成功，成为市场中的佼佼者，但发展的基础还不牢固，还需要继续加强市场渠道建设，改进现有产品，开发新产品，使企业能够保持长期较快的发展，这就需要大量资金的支持，这时的企业无法达到在

资本市场公开上市融资的条件，获得银行信贷融资的难度也比较大，成本比较高。因此需要私募股权基金这样的愿意承担一定风险、获得较高回报的资本介入，帮助企业发展，使企业实现成功上市。二是支持 P2P 网贷发展。P2P 网贷从美国引入我国之后，经过了几年的适应与发展，与我国社会经济的实际环境相结合，不断地更新和变化，从最简单的无担保平台模式，发展到有担保的模式，到现在开始与中小企业充分结合起来，已经有了很大的发展。P2P 网贷依托互联网，吸引大量投资者向中小企业提供信贷融资，对融资中小企业的要求远低于银行信贷的要求，与中小企业融资规模小、资金需求急的特点相适应，大量中小企业能够在几天内就获得所需的贷款，利率通常低于民间融资利率，简化了中小企业融资的手续，降低了这些中小企业的融资成本，对中小企业融资，特别是小微企业融资有很大的帮助。三是支持众筹发展。通过众筹平台，众多创业者和创新产品或服务的提供者将自己的产品或创意展示给平台的投资者，希望能够获得投资者的资金支持。投资者作为天使投资人，在评估的基础上，对项目进行投资。众筹的融资规模目前一般不大，适合于一般的创业，也适合于高成长企业在创业初始阶段融资。众筹的另一个特点是可以在项目的开发过程中发挥群体的智慧，可对项目的技术、市场等领域提出好的建议，促进园区内企业的发展，提高项目成功的可能性。

（三）扩大人民币跨境使用范围，提高园区内人民币使用的效率与收益

2015 年 6 月 1 日，中韩自贸协定在韩国首尔正式签订，中韩盐城产业园被确定为中国方面重点对韩合作园区，并写入中韩自贸协定及相关配套文件，标志着盐城已站到中国新一轮高水平对外开放的最前沿。盐城与韩国南原市、大邱市、首尔城北区结为友好交流城市，与首尔每周有 7 个航班，盐城大丰港实现与韩国主要港口通航全覆盖。两地经贸往来十分便利，2015 年盐城市对韩国进出口贸易达 24 亿美元，2016 年达到 35.3 亿美元，增长 20.3%，对韩出口增长 173.5%。由于中韩产业园经常要用到人民币和韩元，因此园区内的企业经常要面临汇率变动的风险，从而也会增加企业经营的风险，所以我们要加快在中韩产业园区内的人民币跨境的试点，方便人民币与韩元的兑换以及使用，给中韩产业园内的企业创造一个良好的外贸环境。

（四）深化外汇管理改革，实现资本项目下自由兑换

无论是资本项目改革创新，还是扩大人民币跨境使用，都需要对外汇管理制度进行相应改革，使中韩产业园的外汇管理能给园区内的企业提供更多的便利。

具体做法如下：一是进一步简化外币资金池管理，深化园区内国际贸易结算中心的管理试点；二是简化直接投资外汇登记手续，直接投资项下外汇登记及变更登记下放银行办理，并允许中韩产业园内外商直接投资项下外汇资金按意愿结汇；三是取消金融类租赁公司境外租赁等境外债权业务的逐笔审批，节约企业的时间；四是取消区内机构向境外支付担保费的核准，园区内的企业直接到银行办理担保费、购付汇手续，支持银行开展面向境内客户的大宗商品衍生品的柜台交易。

（五）深化中韩金融创新合作试点，解决企业的资金需求困难

积极争取中韩盐城产业园可结合首批民营银行试点的原则，筛选符合条件的优质民间资本作为发起人，适时提出设立中小银行的申请。积极推动韩资银行在中韩盐城产业园设立分支机构，对入驻中韩盐城产业园的韩资银行机构给予专门支持；支持园区内银行办理中韩货币项下韩元融资业务和各类海外直贷业务，更好地服务园区外商投资企业；积极落实直接投资外汇管理改革政策，简化园区直接投资外汇登记和权益确认手续，支持园区内外商投资企业资本金实行意愿结汇，支持和鼓励园区内银行配备韩语人员、引进韩国金融人才。鼓励中韩盐城产业园的融资租赁公司兼营与主营业务有关的商业保理业务。支持园区内企业在贸易、投融资领域开展人民币结算；市、市开发区财政共同设立贷款风险补偿资金 5 000 万元，采取与合作银行风险共担的形式，对核心区企业加大贷款投放力度，解决

韩资企业融资需求。

参考文献

[1]宋金淦. 抓住机遇加快中韩盐城产业园建设[N]. 盐阜大众报, 2016-11-04(A01).

[2]宋金淦. 中韩盐城产业园集中开工一批重点项目[N]. 盐阜大众报, 2016-01-09(A01).

[3]焦武. 上海自贸区金融创新与资本账户开放——兼论人民币国际化[J]. 上海金融学院学报,2013(06):9-17.

[4]浦亦稚. 苏州工业园区投融资模式研究[J]. 科学发展,2014(09):54-64.

[5]李俊. 金融支持中外合作产业区策略研究——以中国—新加坡吉林食品区为例[J]. 吉林金融研究,2012(09):46-49+76.

供给侧改革视角下
盐城金融支持新型农业经营主体发展路径探究①

季　健　孙成秀　赵太银

【摘要】在党的十九大报告提出的“乡村振兴战略”背景下，盐城市新型农业经营主体取得了一系列发展成果，其中，依托金融的强力支持是盐城市新型农业经营主体发展的重要经验。本文探讨了在供给侧改革视角下，对盐城市金融支持新型农业经营主体发展路径的探索，通过实地调研与基础理论的指导，界定了新型农业经营主体的概念，总结出盐城市新型农业经营主体融资的新特征及其发展现状，在此基础上，分析研究金融支持盐城新型农业经营主体发展存在的问题，主要自身发展不健全、缺乏有效抵质押物、金融环境建设不完善和农业保险覆盖率低等问题。最后针对这些问题，结合盐城市的实际情况，提出相应的对策建议。

一、绪论

（一）研究背景与意义

2017 年中央一号文件提出：“积极发展适度规模经营。大力培育新型农业经营主体和服务主体。”盐城作为农业大市，农业经济总量居全国同类地级市前列，粮食、蔬菜、生猪等主要农产品产量一直是全省第一。但是与此同时，盐城市的新型农业经营主体发展却并不理想，原因在于其新

---

① 课题来源：盐城市金融研究院，2017. 06—2018. 05，项目编号：2017YCJR005

作者简介：季健，汉族，女，江苏盐城人，盐城师范学院教授，博士；孙成秀，汉族，女，山东临沂人，盐城师范学院讲师，硕士；赵太银，汉族，女，江苏盐城人，盐城银监分局，经济师。

型农业经营主体运行不够规范、有效担保抵押物不足、抗风险能力较弱，大多数新型农业经营主体在发展过程中面临着融资难、融资贵问题。因此，本文从供给侧改革视角下探究金融支持新型农业经营主体发展路径，深入分析其融资难成因，通过金融供给侧结构性改革来拓宽新型农业主体融资渠道、改善其融资状况，一方面为寻找农业供给侧结构性改革与金融改革的结合点研究提供基础，另一方面也为当地政府部门在制定相关政策时提供一定参考。

（二）文献综述

目前大多数国外学者对新型农业经营主体的研究主要集中在家庭农场、专业合作社农业经营主体上。一是关于家庭农场的研究。Thompson（1921）[1]提出，劳动力要素、资本要素、土地要素和管理要素是对农场经营好坏产生作用的四要素。Hoppe（2010）[2]、Thompson（2009）[3]指出，美国家庭农场所处金融环境较好，如贷款利率政策明显向家庭农场倾斜，又如农村政策性金融法令还为农业纠纷调解划拨专门财政资金。Chang、Mishra（2011）[4]认为，美国农业政策性保险的覆盖范围很大，且家庭农场是农业政策性保险的重点对象，农作物保险的充分利用对家庭农场的发展作用巨大。二是关于合作社的研究。Emelianoff（1942）[5]提出，合作社的性质是企业，当农民生产要素实现最大化后，合作社社员的利益也会向最大化趋势发展。Fama（1983）[6]指出，合作社在发展过程中会面临很多难题，如社员习惯“搭便车”、长期项目缺少投资鼓励、合作社的组织成本较高。Cook（1995）[7]将现代农业与传统农业进行对比，深入研究现代合作社的制度变迁、制度绩效和体制特点。Demsetz（1999）[8]认为，作为不营利组织，合作社的管理者不能获取剩余价值，管理者缺乏动力，存在部分人员利用职务便利为自己牟取利益现象。家庭农场和合作社也是我国新型农业经营主体的重要组成部分，国外学者的相关研究对我们具有借鉴意义。但是总体来说，国外对新型农业经营主体的研究较少，所涉深度不足。

近年来，我国理论界和实践部门对新型农业经营主体发展问题进行了一定研究，提出了一些建设性观点和见解：一是对新型农业经营主体范畴的界定。黄祖辉、俞宁（2010）[9]在研究浙江省新型农业经营主体的基础上，把它分为农业专业大户、农民专业合作社和农业企业三类。张照新、赵海（2013）[10]认为，新型农业经营主体主要包括专业大户、家庭农场、农民专业合作社、龙头企业与经营性农业服务组织五类。王慧敏（2014）[11]认为按照组织属性，新型农业经营主体分为家庭经营型、合作经营型以及企业经营型三类，并强调三类新型经营主体在农业生产实践中地位均很重要。二是研究新型农业经营主体的发展面临困难及成因。范晓霞（2013）[12]、楼栋（2013）[13]、刘志成（2013）[14,15]、杨亦民（2013）[16]提出，新型农业经营主体面临着土地流转难、政策支持不足、融资贷款难、农业保险不发达、公共服务不足等困境。林乐芬、法宁（2015）[17]对江苏省盐城市460家新型农业经营主体进行问卷调查，利用多元Logistic模型实证分析得出新型农业经营主体融资障碍因素主要来自自身经营规模、银行信贷融资服务、政策环境等三方面。康家卿、曹伊（2016）[18]认为安徽省新型农业经营主体面临融资门槛高、内部运行不规范、缺乏合适融资产品等问题。三是研究如何支持新型农业经营主体健康发展。丁斌（2014）[19]、夏琦（2013）[20]、冯高强（2013）[21]认为，要督促政府加快农村土地流转制度建设，构建完善的土地流转交易平台，出台允许农村土地承包经营权、农村宅基地、农房流转和抵押的地方性法规。商文瑜（2013）[22]、汪艳涛（2014）[23]、倪佳伟（2015）[24]认为，应该建立差异化的涉农信贷管理体系，完善基层网点建设，加快信用体系建设，更有效支持守信新型农业经营主体融资。孙得才、杨明（2016）[25]认为要引导金融机构创新金融产品，健全生产要素流转、评估及确权工作机制，加强财政金融联动。

基于上述分析，虽然理论界对新型农业经营主体的发展情况进行了一定研究，但仍有以下不足：第一，对于新型农业经营主体融资难的根本原因缺乏深入分析；第二，对于新型农业经营主体发展所面临的风险以及风险管理中存在哪些问题，目前针对性研究较少；第三，关于利用金融创新来支持新型农业经营主体发展的研究较为缺乏。因此，本文对金融支持新型农业经营主体的情况进行剖析，找出金融支持新型农业经营主体的存在问题，归纳新型农业经营主体发展中面临的风险及其管理中存在的问题，探讨如何利用金融产品创新、金融服务创新以及金融同业机构合作来支持新型农业经营主体发展。

（三）新型农业经营主体的概念界定

党的十八大报告明确提出："坚持和完善农村基本经营制度，依法维护农民土地承包经营权、宅基地使用权、集体收益分配权，壮大集体经济实力，发展农民专业合作和股份合作，培育新型经营主体，发展多种形式规模经营，构建集约化、专业化、组织化、社会化相结合的新型农业经营体系。"首次为新型农业经营主体指明发展方向。2017 年中央一号文件提出："积极发展适度规模经营。大力培育新型农业经营主体和服务主体……完善家庭农场认定办法，扶持规模适度的家庭农场。加强农民合作社规范化建设，积极发展生产、供销、信用'三位一体'综合合作"。为进一步发展各类新型农业经营主体明确了方向。

目前对于新型农业经营主体的概念学术界还没有统一，综合已有的研究文献，本文认为新型农业经营主体是指以家庭承包经营制度为主要依托，拥有大规模的土地，高水平的集约程度，融生产、服务为一体的现代农业生产经营体系。为在市场上具有强的竞争力、科学化的组织和管理制度，发展致力于实现农业现代化。新型农业生产经营主体包括专业大户、家庭农场、农民专业合作社、农业产业化龙头企业和经营性农业服务组织，具体如下：

专业大户统指种植或养殖规模明显大于当地传统农户的专业化农户，通过土地流转，生产经营土地达到一定规模（规模应根据各地具体情况制定标准），但没有达到家庭农场规模。由于大部分专业大户仅仅是经营规模的扩大，其一般采取集约化、粗放化的经营方式，在其工作效率和科技化程度上并不符合新型农业经营主体的标准，但是通过积极引导及政策支持，可以将专业大户发展为家庭农场。

家庭农场是指以家庭成员为主要劳动力，生产经营土地达到一定规模（规模应根据各地具体情况制定标准），有一定的农业生产经营技能、健全的财务管理制度、紧密的农户利益联结机制、农业生产经营的风险保障机制的新型农业经营主体。

农民专业合作社是指农民在家庭承包经营基础上按照自愿联合、民主管理原则组织起来的、“三会”制度健全的一种互助性生产经营组织。农民参加农民专业合作社解决了传统家庭经营模式存在的规模不经济缺陷，统一学习技术、资金合理化流动，推动了农户生产的集约化水平。经营农产品的生产、销售、加工、运输、贮藏以及与农业生产经营有关的技术、信息等服务。

农业产业化龙头企业是以生产—加工—销售、贸易—工业—农业一体化为运营机制，经营以加工或流通农产品为主，并用利益联结机制带动农户进入农业市场的企业亦是指通过订单合同、合作等方式带动农户进入市场，实行产加销、贸工农一体化的农产品加工或流通企业。和其他新型农业经营主体相比，龙头企业具有雄厚的经济实力、先进的生产技术和现代化的经营管理人才，能够与现代化大市场直接对接。

经营性农业服务组织是指为顺应农业专业化、市场化、产业化的服务需求而形成的新型农业服务主体。其由农民经纪人、农民专业协会、专业服务公司等组成，从服务农业产前、产中、产后，向服务农业产业链、供应链、价值链建设升级，带动农民入市的积极性。

（四）新型农业经营主体融资的新特征

1. 集约化经营催生规模化信贷需求

与传统农户相比，新型农业经营主体经营范畴、设备、土地流转、农机具购买等方面投资较大，信贷需求由散而小向规模化转变。尤其随着新型农业经营主体生产机械标准化、集约规模化程度不断提升，加大对基础设施的投入势在必行，由此产生大量的固定资产信贷需求，信贷期限由周期性生产贷款向中长期延长。

2. 多元化新型主体融资急需特色金融服务

与传统农户相比，新型农业经营主体的类型更加丰富，包括种养专业大户、家庭农场、农民专业合作社、农业产业化龙头企业、经营性农业服务组织等，融资需求多样化，要求金融机构在信贷产品设计、贷款额度及期限、保证方式等方面进行特色化的设计和安排。

3. 组织化发展趋势亟待产业链金融

与传统农户相比，新型农业经营主体组织化发展的过程，往往是在推进纵向一体化中实现产业链、价值链升级。新型农业经营主体为了增加农业资源利用率、要素生产率，提升其产业组织竞争力、抗风险能力和可持续发展能力，进行组织之间的有效联合和合作是大势所趋。

二、盐城新型农业经营主体发展现状

根据调研数据统计，截至 2017 年末，盐城市共有家庭农场 4 295 家，农民专业合作社 11 064 家，农业产业化龙头企业 1 707 家。显而易见，在新型农业经营主体中合作社的数量最多，家庭农场其次，农业公司最少。造成这种现象除了政府的鼓励还受投资成本和经营难度的影响。农业龙头对经营者的资金实力和管理能力要求最高，故其数量最少。虽然盐城市农办对专业大户进行了概念界定和标准认定，但在统计时并没有明确与家庭农场的严格区分，故在数据统计上并入了家庭农场范畴。

（一）家庭农场

加快培育家庭农场，发挥示范引领作用。盐城加快培育家庭农场，重点引导有条件的专业大户登记为家庭农场，引导农村能人、回乡务工人员和大学生领办创办家庭农场，为农业农村发展注入新动能。截至 2017 年 12 月 31 日，全市累计发展家庭农场 4 295 家，占全省家庭农场总数的 11%，其中省级示范家庭农场 113 个，市级示范家庭农场 246 个。通过示范家庭农场创建引导，农业新品种、新技术和新模式得到快速的推广应用，家庭农场常年雇工 8 511 人，季节性用工超过 10 万人，有力地促进了农民增收。

存在问题：一是经营规模受限。由于土地流转期较短、不稳定且不连片，因此绝大部分家庭农场规模仍然偏小、发展水平偏低、内部运作不规范。二是抗风险能力较弱。由于投资和生产集中，缺乏风险的分散机制，导致家庭农场的风险高于小农户和兼业户[26]。三是融资难。缺乏足额、有效的抵质押物和合格有效的担保人以及信用评定机制，导致家庭农场融资比较困难。四是经营者素质有待提高。由于农户的受教育水平有限，获得技能培训的机会也不多，且不容易接受新技术，经营者素质有待提高。

（二）农民专业合作社

1. 推进农民合作社规范化建设

2017 年，全市各地、各有关方面认真贯彻落实《农民专业合作社法》和《江苏省农民专业合作社条例》以及有关政策法规，出台和下发了一系列鼓励、支持和促进农民专业合作社发展的文件。2017 年全市农民专业合作社已发展到 11 064 家，比上年末增加 662 家，入社成员 183 万人，占全市总农户的 98% 以上，基本实现了以高效种养业为主的产业全覆盖，以行政村为单位的区域全覆盖，以农民成员为主的农户全覆盖。全市拥有国家级示范社 50 家、省级示范社 167 家、农民合作社联合社 54 家，其中“苏合”农产品销售专业合作联社 10 家。

2. 全面开展代理服务

2017 年开展农民合作社规范化建设整体推进的县（市、区）和镇，依托农经综合服务中心或有条件的农民专业合作社（联合社、中心），全面开展代理服务。东台在三仓镇进行镇合作社综合服务体建设试点，东台三仓农合之家服务公司已正式运行，并为全市 70 多家合作社开展会计代理、形象完善、档案保管等服务。响水苏合农产品销售合作联社成立“合作之家”服务中心；盐都区楼王镇在农经服务中心成立农民合作社指导服务部，积极为农民专业合作社提供代理服务。

3. 存在问题

一是合作社治理机制不健全。部分农民专业合作社管理松散，没有形成“利益共享、风险共担”的利益联结机制，导致合作社权责不明、决策效率低、管理难度大，运行多不规范[27]。二是合作社缺乏专门人才。特别是管理人才和技术人才。三是融资比较困难。专业合作社相较于种粮大户，其融资障碍程度相对较大，因为专业合作社的生产经营规模远远超过了种粮大户，对资金的需求也会相应增大，为其获得贷款带来一定难度。

（三）农业产业化龙头企业

农业产业化龙头企业发展迅猛。截至2017年末，全市拥有农业产业化龙头企业1 707家，其中国家级农业产业化重点龙头企业5家、省级73家、市级312家。2017年，全市农产品加工业产值全年突破2 600亿元，比2016年增长11%，与农业总产值之比达2.3∶1，比2016年提高0.15个点。全市全年新办规模农业龙头企业（项目）64个，占年初目标的107%，当年完成投资29.15亿元。东台市中粮肉食（江苏）有限公司新上万吨低温西式肉制品深加工和进口精品牛羊肉加工以及饲料加工项目，2017年完成投资3亿元。大丰区江苏权健生命科技发展有限公司投资的水果酵素及食品加工项目，2017年完成投资3亿元。射阳县2017年新上4个超亿元的农产品加工项目，其中江苏仁康蛋业有限公司新上的年产1.5万吨蛋制品加工生产线，总投资1.2亿元，当年完成投资8 000万元，项目建成后可实现销售1.5亿元，利税1 800万元。亭湖区江苏乾宝投资集团有限公司投资的全产业链项目，当年已完成投资8 000万元，已建成羊舍77幢，年产3万吨精饲料厂、年产20万吨有机肥加工厂已建成投入使用，羊文化展示馆主体竣工，正在建设生态观光农业、有机果蔬基地。

采用一体化产业经营模式。目前农业龙头多采用一体化产业经营模式：富安茧丝绸公司“公司+合作社+农户”、宝龙集团“公司+种养小区+农户”、海大公司“公司+专业村+农户”、温氏集团“公司+订单+

农户”、乾宝牧业“全产业链 + 带动建档立卡贫困农户增收致富”等联农带农模式，还有北京庄园生态有限公司“生产基地 + 中央厨房 + 餐饮门店”、江苏宁富食品有限公司“生产基地 + 加工企业 + 商超销售”等产销模式。这种农业产前、产中、产后服务，不断提升联农带农水平。

存在问题：一是利益联结机制不够健全。由于企业与农户的谈判地位不对等，因此利益联结机制不够健全，合同缺乏强制性，契约执行率不高，企业、农户双方均有违约现象出现。二是产品附加值未能得到充分挖掘。新型农业经营主体处于发展初期，受经济下行影响，区域农产品品牌不多且名声不响，同时受土地、资金、技术和投入的制约还很明显，没有形成像洛川苹果、五常大米、盱眙龙虾、阳澄湖大闸蟹、安吉白茶的品牌效应，产品附加值未能得到充分挖掘，市场占有率、农民增收贡献率不够。三是产业链条延伸不够。大多数农业龙头企业整体实力不强，经营化总体水平不高，融资渠道有限，与农户利益联结不紧密，因此产业链条延伸还不够。

（四）经营性农业服务组织

多元化农业服务主体蓬勃发展，生产性服务效能不断提升。截至 2017 年末，全市已建成市、县、乡、村四级公益性农技推广体系，现有市、县二级农业推广机构分别为 13 个和 95 个，乡镇农技推广综合机构 179 个，单独设立畜牧兽医站 56 个，建有各类农产品质量安全检测站点 117 个，村级农业科技服务站 136 个。全市登记注册的农业专业化防治服务组织达到 547 个，比上年增加 27 个；拥有机械装备数量 34 044 台，其中大中型装备数量 3 250 台，比上年增加 65 台，农用植保无人机 203 台；从业人员 39 400 人，其中持证上岗人员 5 335 人，比上年增加 265 人。围绕工厂化育苗，全市建立市场化育苗中心 1 650 多个，东台地区建成了以瓜果蔬菜育苗为主的粒粒丰种苗中心和苏北地区最大的水稻育秧中心。全市按照“整合资源、注重实用、填平补齐、整县推进、先建后补”的原则，着力构建“有先进服务手段、有优良专业人员、有规模示范基地、有严格责任制度、有稳定财政保障”的“五有”乡镇农业综合服务中心建设。

存在问题：虽然盐城社会化服务主体日益多元，但目前主导农业服务的仍是公益性农业服务组织，经营性农业生产服务体系建设滞后。由于经营性农业生产服务主体自发形成，有一定的内生性，所以存在着定位不清晰、管理不规范、服务能力弱、自身发展难等问题，具体如下：一是主体规模较小。个体户或相关合作组织是全省经营性农业生产服务的主要力量，全市经营性农业服务主体的规模总体偏小，经济实力不强，能够提供全过程、一站式、保姆化服务的主体还比较少，服务能力亟待加强，水平有待提升。二是服务领域不广。目前全市经营性农业服务主要包括农机服务和农业生产资料供给服务等内容，提供金融信贷等服务的主体还比较鲜见，特别是规模化经营主体在预付土地租金、进行土地整治、集中大量购买生产资料等环节需要大量资金，对金融信贷服务需求强烈，但由于缺少抵押物，导致涉农贷款获取的门槛高、手续繁、审批时间长、费用高，获取难度很大。三是承接政府购买服务能力不强。全市经营性农业生产服务体系承接政府购买服务如秸秆综合利用、统防统治、金融贷款担保等的体系建设还不完善，能力还有待提高。

三、制约新型农业经营主体金融支持的瓶颈因素

由于贷款额少导致银行贷款成本高而不愿意办理相关农业贷款业务。实际上，农业方面的呆账很少，老百姓不愿意欠钱还贷款利息。2014 年，人行出台了《关于做好家庭农场等新型农业经营主体金融服务的指导意见》，随后盐城市农委、农办和市人行联合出台了《关于建立新型农业经营主体名录制度的意见》，但是政策落地效果欠佳。尽管金融机构股份制改革促进了金融机构参与市场化运作的积极性，但对于投资大、回报率高的产业，银行机构会优先选择，而对于风险高、批次多、资金回收慢的农业项目，银行的积极性不高。

（一）新型农业主体自身发展不健全，总体发展水平不高

受多种因素影响，新型农业经营主体自身发展不甚完善。

一是经营运行不够规范，管理相对粗放。目前，种养大户和家庭农场等主体大多是家庭式管理，内部机制不健全，缺少长远发展规划。

二是财务管理和市场运作不规范。大多数新型农业经营主体会计制度不健全，缺少正规的财务报表，财务信息的透明度和真实性较差，不利于外界尤其是金融机构掌握其真实的发展状况。

三是经营证照不规范。新型农业经营主体设立门槛相对较低，虽然农民专业合作社需要在工商行政部门进行注册登记，但很大一部分只是办理了工商登记，没有办理法人登记、税务登记等，未申领贷款卡，缺乏完善的经营手续等情况大量存在。因为各种证照不全，后期通过银行等渠道融资时极易遇到阻碍。

（二）有效抵质押物缺乏，信贷支持受限

一是土地抵押难。当期新型农业经营主体承包着大量的土地，并拥有地上附属物，但《物权法》和《担保法》都有明确规定："耕地、宅基地、自留地、自留山等集体所有的土地使用权不得设定抵押。"党的十八届三中全会虽然明确规定土地承包经营权可抵押或担保，但是目前而且各地产权交易体系不完善，尤其是农村缺乏专业土地评估机构、流转中介机构和抵押登记机构，造成土地经营权评估难、流转难、变现难，相应造成了融资过程中的抵押难。

二是可抵押物价值低。新型农业经营主体一般经营初期资金需求量较大，而且呈现投入集中，而产出周期长等特点[28]。同时，农业产成品一般都是农产品、活体畜禽等，未经销售难以变现，且相对价值较低，难以用于抵押。虽然农用机具、大棚等客观上存在价值，但几乎都没有经过权属界定，也因单位价值低或不易保管等因素，金融机构一般不作为有效抵质押物。

（三）金融环境建设不完善，难以满足新型农业经营主体发展需求

尽管当前涉农金融机构逐渐增多，服务体系、机制建设不断完善，但是仍明显落后于农村经济和新型农业经营主体的发展步伐，农村金融服务

体系缺乏层次性，供需和结构矛盾突出。

一是金融机构针对新型农业经营主体的信贷产品较少。传统农户贷款一般低于5万元，最多不超过30万元，期限一般为1年，但是新型农业经营主体已经形成规模，资金需求额度大、周期长，单独一年的生产利润率可能很低甚至为负，而3～5年将会逐渐均衡利润水平，若采用“短贷长用”，容易在某段资金周转不畅时出现拖欠问题，因此存在供需矛盾。

二是金融主体创新不足。新型农业经营主体发展日渐多元化，特色化金融需求增多，客观上要求金融机构在准入门槛、产品设计、信贷政策和风险管理等方面进行特色化创新，但是大部分涉农机构对新型农业经营主体认识不深，研究不足，同时由于金融监管政策与经营主体需求之间存在不协调性，造成金融机构对产品和服务的创新动力不强。

（四）农业保险覆盖率低，影响金融机构放贷积极性

农业是弱势产业，易受自然灾害、价格波动的影响，存在较大的自然风险和市场风险，尤其是新型农业经营主体投资周期长，投资规模大，遭遇风险的概率更高。但是现行的农业保险品种少，覆盖率较低。

一是，针对农业的商业性保险品种较少，相对农业生产的规模，保障力度明显不足。

二是，政策性保险覆盖面太低，根本无法满足农业生产的多样性需求。而且现行政策性保险的保险额度普遍偏低，难以覆盖农业生产的投资成本，更无法满足新型农业经营主体对风险的防御需求[29]。无保险支持的情况下，一旦遭遇重大疫情或自然灾害，新型农业经营主体基本无力独自承担损失。如果存在借贷关系，风险最终会转向信贷供体，所以在保险机制不健全的情况下，金融机构向新型农业经营主体提供信贷支持的积极性大打折扣。

四、供给侧视角下金融支持新型农业经营主体发展的对策建议

（一）政府要加大政策支持力度

一是加大政府对外部风险的补偿，减少农村金融机构风险损失。首

先，增加农业保险的补贴投入。农业保险具有预防性、减灾性特征，可间接降低自然灾害造成的减产损失，有助于稳定农业生产。农业保险具有准公共物品的特点，保险公司在农业保险产品上的利润率较低但承担风险却很大，为了农业保险的持续经营，国家必须伸出援手。其次，减少农村金融机构税收。尽管农发行和国家开发银行是我国政策性商业银行，但政府也应在税收上给予农村金融机构减免优惠，通过税收优惠政策充分调动商业性金融机构开展“三农”业务的积极性。最后，鼓励商业保险进入农业领域。农业保险有利于稳定农户收入，进而会影响农户生产决策。而在实践中，由于农业灾害的不可预见性，真正深入农村、农业的商业保险公司非常少。在政策性农业保险的覆盖面、补偿水平有限的情况下，应鼓励商业保险进入农业领域，使其成为政策性保险的重要补充，为新型农业经营主体的成长提供更多保障。

二是完善农村信用体系建设，优化农村金融生态环境。首先，加快建立信息交流和共享平台。大力推进“信用户”“信用村”“信用乡（镇)”建设工作，在此基础上，由政府相关部门牵头建立农户或农业企业信息数据库，逐步探索将新型农业经营主体数据纳入数据库规范管理。其次，建立新型农业经营主体信用评价平台。参照现行企业信用登记模式，将新型农业经营主体同步纳入中国人民银行征信系统，逐步建立健全规范化的信用评级技术和流程，实现各经营主体信用评估全覆盖。最后，加大信用的正向激励和逆向惩戒机制力度。综合运用法律法规和舆论监督等手段，加大对逃废金融债务的监管处罚力度，对“守信典范”与“失信典型”延长公示期，提高信用违约成本，营造重信用、讲诚信的社会风气，促进农村金融生态环境良好发展。

三是推进农村土地制度改革，鼓励农业领域长期投资。首先，界定农村土地的专用性。加大新型农业经营主体发展的投入，针对农民自有投入不足的现实，应逐步允许工商资本进入农业领域，并辅之以严格的土地使用政策。如果出现擅自改变土地用途的行为，则由国家无偿收回土地，以此实现鼓励农业领域长期投资、促进现代农业的发展的目的[30]。其次，强化农村土地的使用权，提高土地流转效率。增加农户的就业途径，使其获取多来源收入是促进土地流转有效进行的关键。要让农户从单一的农业生产中走出来：一是因地制宜地鼓励二、三产业的发展，增加农户的就业机会；二是与企业或院校合作，对普通农民进行职业技术培训，增强职业技能，使其有能力在其他部门就业，获取多来源收入。最后，健全土地流转市场体系，提升农业经营水平。建立现代化的土地流转市场，应鼓励农户公开土地流转意向，同时需要新型农业经营主体公开其信息及需求意向，使土地流转信息公开透明，最大限度地减少信息不对称现象，促进土地流转规范、有效地进行。此外，交易平台还应积极完善服务功能，构建多元化土地流转交易模式，形成具有交易、咨询等多功能的现代化交易市场。

四是灵活运用货币政策工具，发挥信贷政策导向作用。将再贷款新增限额向新型农业经营主体投放较多、金融创新基础较好的法人金融机构倾斜。同时，多次以现场调研、下发文件、组织座谈会形式，指导涉农金融机构做好新型农业经营主体金融服务，加大信贷投放力度，拓宽金融服务覆盖面。

（二）金融机构要加强金融服务创新

一是创新特色金融产品服务，为新型农业经营主体提供融资支持。首先要加大涉农金融产品创新力度，鼓励银行业金融机构在风险可控和商业可持续的前提下，坚持以市场为导向、以需求为基础，加快建立本地化、特色化、个性化的金融产品体系。根据各地区农业产业化特点，创新区域式贷款品种，改善新型农业经营主体抵押担保难的局面。同时要根据新型农业经营主体的快速发展节奏，主动改进传统信贷思维模式，尽快探索开辟土地经营权、农村财产权等不动产权及农机设备、活体畜禽等动产的抵押新模式。其次要拓展特色金融服务渠道，探索借助大数据、云计算等信息化技术，对金融产品实行标准化、批量化和专业化运作，创新开展“贷款＋担保”“贷款＋保险”“基地＋公司”“公司＋农户”等多种服务方式，量身定制适合多元化新型农业经营主体从事农业适度规模经营的农村金融产品、利率、期限、额度、流程、风险控制等方面的特色创新和服务。

二是开通"绿色通道"，提高新型农业经营主体金融服务效率。根据新型农业经营主体生产周期，适当改进贷款期限、提高贷款额度。在审贷过程中，要尽量简化贷款手续，提高审批效率，或设置专门服务的绿色通道，逐渐突破现行农贷不能满足新型农业主体发展的资金瓶颈。

三是满足新型农业经营主体的资金需求，积极发展农业产业链金融。从支持新型农业经营主体的单体，向为上下游客户提供综合金融服务转变，通过"银行+农业龙头企业+上下游经营主体"的模式拓展新型农业经营主体的融资担保方式，在一定程度上缓解新型农业经营主体在融资时缺乏有效担保的问题，同时提高农业金融服务的集约化水平。

参考文献

[1]Thompson J G. Mobility of the Factors of Production as Affecting Variation in Their Proportional Relation to Each Other in Farm Organization[J]. Journal of Political Economy, 1921, 29(2):108 - 137.

[2]Hoppe R A, Banker D E. Structure and finances of U. S. farms: family farm report, 2010 edition [J]. Social Science Electronic Publishing, 2014 (59404).

[3]Thompson W, Mishra A K, Dewbre J. Farm household income and transfer efficiency: an evaluation of United States farm program payments[J]. American Journal of Agricultural Economics, 2011, 91(5):1296 - 1301.

[4]Chang H H, Mishra A K, Livingston M. Agricultural policy and its impact on fuel usage: Empirical evidence from farm household analysis[J]. Applied Energy, 2011, 88(1):348 - 353.

[5]Emelianoff. Economic Theory of Cooperation[M]. Ann Arbor: Edward Brothers Publisher, 1942:323.

[6]Fama E F, Jensen M C. Separation of Ownership and Control[J]. Jour-

nal of Law & Economics, 2013, 26(2):301 - 325.

[7]Cook C J. Corporate governance, expropriation of minority shareholders' rights, and performance of Latin American enterprises[J]. Annals of Finance, 2011, 7(4):429 - 447.

[8]Demsetz H. Henry Manne: Scholar, academic entrepreneur, and friend [J]. Case Western Reserve Law Review, 1999, 50(2):253.

[9]黄祖辉,俞宁. 新型农业经营主体:现状、约束与发展思路——以浙江省为例的分析[J]. 中国农村经济,2010(10):16 - 26.

[10]张照新,赵海. 新型农业经营主体的困境摆脱及其体制机制创新[J]. 改革,2013(2):78 - 87.

[11]王慧敏,龙文军. 新型农业经营主体的多元发展形式和制度供给[J]. 中国农村金融,2014(1):25 - 27.

[12]范晓霞. 对家庭农场金融服务状况的调查分析——以山西省为例[J]. 华北金融,2013(9):19 - 20.

[13]楼栋,孔祥智. 新型农业经营主体的多维发展形式和现实观照[J]. 改革,2013(2):65 - 77.

[14]刘志成. 湖南新型农业经营主体培育的现状、问题与对策[J]. 湖南社会科学,2013(6):128 - 131.

[15]刘志成. 现代农业经营主体培育的现状、问题与对策——以湖南为例[J]. 中国乡村发现,2013(1).

[16]杨亦民, 叶明欢. 现代农业经营主体培育的金融支持研究[J]. 湖南社会科学,2013(6):132 - 134.

[17]林乐芬,法宁. 新型农业经营主体银行融资障碍因素实证分析——基于31个乡镇460家新型农业经营主体的调查[J]. 四川大学学报:哲学社会科学版,2015(6):119 - 128.

[18]康家卿,曹伊. 安徽省新型农业经营主体融资问题研究[J]. 时代金融,2016(32):58 - 59.

[19]丁斌. 金融支持新型农业经营主体典型案例及启示[J]. 西部金融，2014(5):74－76.

[20]夏琦，彭中，崔连翔. 农业银行金融支持家庭农场的模式探讨——以湖北分行为例[J]. 农村金融研究，2013(12):28－32.

[21]冯高强. 安徽省新型农业经营主体培育研究[D]. 合肥：安徽农业大学，2013.

[22]商文瑜. 金融支持新型农业经营主体发展的调查与建议[J]. 西部金融，2013(10):66－68.

[23]汪艳涛，高强，苟露峰. 农村金融支持是否促进新型农业经营主体培育——理论模型与实证检验[J]. 金融经济学研究，2014(5):89－99.

[24]孙得才，杨明. 金融支持县域新型农业经营主体发展的调查与思考[J]. 甘肃金融，2016(5):66－67.

[25]倪佳伟. 关于金融创新支持新型农业经营主体的思考[J]. 现代金融，2015(9):41－42.

[26]肖葆华. 农发行盐城市分行支持新型农业经营主体的制约因素与对策思考[N]. 江苏经济报，2014－11－3(B02).

[27]法宁. 新型农业经营主体融资障碍及其影响因素研究——基于江苏省盐城市460家新型农业经营主体的调查[D]. 南京：南京农业大学：1－47.

[28]汪发元. 新型农业经营主体成长面临的问题与化解对策[J]. 经济纵横，2015(2):31－35.

[29]夏雪. 金融创新支持新型农业经营主体发展研究[D]. 合肥：安徽大学，2015.

[30]孟玉静. 我国新型农业经营体系构建路径研究[D]. 成都：西南财经大学，2014.

盐城现代农业发展中的金融扶持机制研究①

胡 森　崔 东　徐 健

【摘要】质量兴农和提升农业生产效率是乡村振兴战略目顺利实现的重要路径。而物联网的使用对于质量兴农和提升农业生产效率又起着关键的作用。因此，本文着重分析政府应采取怎样的扶持政策来推动物联网的应用，从而进一步推动现代农业的发展。根据调研情况，盐城市在江苏省尽管是农业大市，在信息化建设方面在全省范围内取得了不俗的成就，但是总体而言，物联网等信息技术的使用水平落后于苏南地区。这制约了盐城农业生产效率的提升，并因此导致农业附加值不高，又进一步阻碍了物联网等新兴信息技术的应用。之后，我们从内在和外在两个维度分析了盐城市农业物联网金融支持的瓶颈因素，并基于此提出了完善农业物联网产业链建设、健全涉农金融服务体系、多种投资方式并举以及财政手段和金融手段并用提供投资保障措施等四个方面的建议。

一、绪论

（一）研究背景与意义

乡村振兴战略在2017年10月召开的党的十九大中被正式提出，并且在2018年的中央一号文件（即《中共中央、国务院关于实施乡村振兴战略的意见》）中也明确表示要大力实施乡村振兴战略。乡村振兴战略的两

---

① 课题来源：盐城市金融研究院，2017.06—2018.05，项目编号：2017YCJR002

作者简介：胡森，汉族，男，江苏盐城人，盐城师范学院讲师，华中科技大学博士生；崔东，汉族，男，江苏盐城人，中国人民银行盐城市中心支行调统科科长，经济师；徐健，汉族，女，江苏盐城人，浦发银行盐城分行营业部主任，经济师。

个重要实现路径是深化农业供给侧结构性改革，走质量兴农之路；坚持人与自然和谐共生，走乡村绿色发展之路。从这两点实现路径看，我们认为乡村振兴战略要想顺利实现，必须借助科技创新、技术创新和制度创新，来提升农业生产效率，提高农业的人均 GDP，并在此基础上实现农民人均收入、人均可支配收入的增加；提高农业资源使用效率，减少农业产业的能耗，在农业领域实现产业和生态环境的协调发展。而在农业领域大力推广以物联网为代表的新一代信息技术的使用，对于上述目标的实现具有巨大的促进作用。而在现实过程中，由于物联网项目的投入需要耗费巨大的资金资源，这给农业物联网的推广带来巨大的阻力，因此本项目着重研究在农业现代化进程中的农业物联网金融扶持机制，以推动农业物联网项目的投资建设，最终促进乡村的全面振兴。

（二）文献综述

1. 农业物联网相关管理理论研究

（1）农业物联网方面的管理理论研究

农业物联网方面的管理理论研究在国内尚处在起步阶段。赵晓飞等（2017）[1]将农业物联网视作一种商业生态系统，认为我国农业物联网的应用整体上仍处于初级发展阶段，产业集中度低、技术和人才稀缺、应用标准体系不健全、商业模式不成熟、产业缺乏顶层设计，需要创新技术模式、商业模式和管理模式，走"技术—产业—市场"联动发展路径，同时完善相关政策支持体系，逐步形成创新驱动、应用导向、协同发展的农业物联网生态系统格局。我国农业发展与日本存在一定的相似性，故而苏杭等（2017）[2]对日本进攻型农业政策进行了归纳分析，并提出建议：积极鼓励和引导城市与农村的互动发展，大力推动农业集约化经营以及主动推广农业物联网，打造智慧农业。徐元明等（2016）[3]认为物联网技术在农业全产业链的应用，是加快转变农业发展方式，确保农产品有效供给，实现绿色发展和资源永续利用的重要措施；是提升我国农业竞争力，走农业现代化道路的必然选择；他通过对江苏省 72 家农业物联网应用单位的访谈和问卷，分析了农业物联网发展现状，得出结论：农业物联网发展还处于起步阶段，需要中央和地方政府出台一系列支持政策，形成农业物联网政策支持体系。刘丽伟等（2016）[4]从产业物联网视角对美国的“智慧农业”进行了分析，认为美国利用物联网科技开展“智慧农业”生产的水平世界领先，尤其是带动了农业产业链条实现全新变革，这对于我国农业物联网开展工作具有很强的指导意义。张复宏等（2017）[5]对农业物联网的监管作用进行了分析，探讨了蔬菜质量安全的社会化“多维”监管机制、管控运行机制，设计了农业物联网运营环境下的蔬菜质量安全平台管控系统，提出了以批发市场、超市为核心的市场准入制度体系，为蔬菜质量安全问题的事前防范、实时跟踪、事后追根溯源提供一套行之有效的监管机制。欧阳桃花等（2013）[6]则以两家代表性农业物联网企业为案例研究对象，聚焦于进入农业物联网领域企业的商业模式，研究农业物联网企业商业模式的逻辑、类型和形成机制；以创造顾客所需的价值为主线，对比分析了农业物联网企业商业模式的内在逻辑，归纳了权变型和平衡型两种农业物联网商业模式类型，解释了由战略动机、企业资源和产业环境共同作用以形成商业模式的根本机制。

（2）物联网投资方面的研究

本项目的重要研究对象是农业物联网投资，而目前还鲜有这一领域的研究。但是有部分学者对于物联网投资问题进行了分析。周方召等（2013）[7]以中国沪深两市物联网行业上市公司为样本，以企业全要素生产率（TFP）作为被解释变量，分别采用面板数据固定效应模型和横截面计量方法，实证检验了政府财税补贴、风险投资参与对企业生产效率的影响。结果表明：政府直接补贴和税收优惠并没有带来上市公司生产效率的提高，风险投资的参与对于物联网上市公司生产效率也没有显著的积极影响。胡志伟等（2014）[8]提出物联网创新驱动发展有助于发达省域率先实现弯道超车。发达省域物联网创新“弱驱动”的重要根源是“泛政府行为”低效，这涉及泛政府初始需求、三重垄断、投资冲动、科研体制 4 个方面的低效。发达省域物联网创新驱动具有协同性、多元性、敏捷性和超越性四大特征。应防范发达国家对发达省域物联网创新的研发压制、产业压制、创新诱幻等抑制策略。最后，基于“软硬双驱”模型，提出了发达省域物联网创新驱动发展路径。王雷等（2014）[9]界定了金融支撑体系的内涵及其构成，阐述了国内外物联网产业发展现状，从理论层面分析了财政税收、商业银行、创业投资和资本市场对中国物联网产业发展的影响，并提出相关研究假设。以 2010—2012 年中国 46 家物联网上市企业的数据为基础，建立面板数据混合回归模型，实证分析不同金融支持方式对物联网上市企业绩效的影响。研究发现：留存收益、财税、股权和创业投资 4 种金融支持方式与物联网上市企业的绩效显著正相关；商业银行信贷支持与物联网上市企业绩效正相关但不显著，说明信贷资金利用的有效性有待加强。最后提出完善金融支撑体系以促进中国物联网产业发展的对策建议。

2. 农村金融与乡村振兴

（1）农村金融与中国经济发展

1999 年，何广文对中国的农村金融市场开展了研究，结果显示，现有农村的金融发展水平限制了农村经济发展。邓莉、冉光和（2005）[10]的研究结果显示为农村提供各项金融服务将有助于增加农民的收入，进而提高农村经济的发展水平。然而，目前我国的农村金融发展规模严重不足。冉光和、李敬、熊德平、温涛（2006）[11]指出，现行的政府主导的金融发展模式，难以发挥金融对经济增长的推动作用。在这些研究的基础上，众多学者开始研究如何构建新的形势下的农村金融体系，来实现农村经济新的更好的发展。2011 年，丁志国等[12]提出建立新的农村金融体系是维护农村金融可持续发展的重要任务。不过，罗富民（2008）[13]提出改革农村金融体系，不仅要从金融深度上，更要在金融宽度上提高效率。贾红刚、张兵、朱建华（2002）[14]建立金融相关率（FIR）指标来衡量中国农村金融的发展与农村经济增长的关系，结果显示它们之间有正相关关系。叶雯等（2015）[15]在研究中将中国农村金融分为正规金融和非正规金融两类，并对它们分别进行研究，结果表明正规金融对经济增长作用显著，而非正规金融作为补充，对经济增长同样可以发挥巨大的作用。

（2）农村金融与乡村经济增长

方金兵等（2009）[16]从农村金融市场的总量寻求金融发展与农民收入的关系，结果显示市场总量的增加有助于提高农村的收入水平。刘旦（2007）[17]的研究结果显示金融效率的提高会影响农村的收入。吴永兴、袁天昂（2011）[18]选取农村金融发展中固定资产投资指标和农村存贷款指标研究与农民收入的关系，结果显示前者呈正相关关系，后者负相关。杜婕和霍焰（2013）[19]通过研究发现对农业的信贷支持可以大大改善农民的收入水平。但是，同年司燕翔等[20]发现这种改善要区分不同的区域和地区。寇凤梅、刘云、李佳凝（2012）[21]使用因果关系测试法，杨世柳、温涛（2011）[22]更是使用多种方法来验证这一结论。然而，裴辉儒（2009）[23]通过中国31个省份的面板数据分析表明，农村信贷与农村经济发展之间并不存在长期均衡关系。从长期来看，农村金融发展与农村收入增长存在正相关关系，但从短期来看，农村经济增长与农村金融效率有关，与农村金融无关（李林，丁艺，刘志华，2011；陈银娥，2015；陆宇嘉等，2011）[24-26]。

二、盐城市农业物联网发展现状及效益分析

（一）盐城市农业物联网发展现状

农业一直被认为是自然再生产的过程，是“靠天吃饭”的劳动密集型行业，农业劳动是“脏累苦”的代名词。但农业信息化和物联网技术的应用，从根本上改变了农业生产方式，在各个农业领域全面试点。

第一，实现了设施农业的智能化生产与管理。江苏省温室大棚物联网技术应用最普遍的是，通过对环境因子的感知，智能控制温湿度、智能遮阳和智能灌溉，以及智能通风、智能防霜、二氧化碳智能控制、智能防虫等。江宁汤山翠谷现代农业科技园2014年投资3 000万元，建设高标准生

产车间 4 000 平方米，利用计算机与农业物联网技术对植物实行实时监控和专家诊断管理，对农作物的温度、湿度、光照、二氧化碳浓度、营养液浓度等环境条件进行自动控制和远程控制。

第二，使畜禽实现个性化、智能化、精准化养殖。江苏省规模养殖场广泛推行养殖环境因子远程调控和预警预报，研发应用了母猪定量饲喂、发情侦测、防疫标识等环节的智能化控制系统。江苏康乐农牧公司引进的智能化母猪电子饲喂系统（ESF），通过对每头母猪耳朵上的接收器耳标的标记识别，进行控制操作，对所有母猪进行单独饲喂。EPR 企业管理系统应用于生猪生产的各个流程，从饲料加工到母猪配种、分娩、保育、育肥及销售的各个环节，实现全程标准化、智能化运行，并通过网络实现远程调控。

第三，水产养殖的智能增氧和定量投饵。水产养殖的物联网技术主要应用于鱼、虾、蟹养殖。宜兴市政府在鹏鹞生态园内开展 1 000 亩水产物联网技术试点，在蟹塘内安装传感器实时探测塘池溶氧量，通过无线传输设备将控制信号及时发送至控制器，实现蟹塘抢救性增氧向保健性增氧的转变，在全程自动化运作机制下保障河蟹养殖安全。

第四，对大田作物种植的实时监控。江苏各地还积极开展水稻、茶场等露地大田农作物的物联网技术应用。锡山区 2 000 亩太湖水稻示范园应用远程操控系统结合精准灌溉和作物传感器技术，利用田间小型气象站监控田间水位；利用土壤湿度、土壤墒情等可移动式传感器检测土壤情况；利用远程灌溉控制系统实现蒸腾蒸发量检测及自动化灌溉。宜兴兰山茶场在茶叶防霜和茶园喷灌领域应用物联网技术实现实时监控和精准防霜喷灌控制。

（二）盐城市农业物联网使用效益分析

农业物联网的推广便于农户应用信息技术来解决农业生产中的播种、控制、质量安全以及成本削减等问题，不仅解决了农业生产劳动力短缺的问题，而且大大提升了日本农业的生产能力和效率，可以获得很好的经济效益和生态效益。

1. 节省劳动用工和提高经济效益的效果显著

应用农业物联网技术的效果，一是节省劳动用工，认为可以节省

5%~10%的占37.7%，节省11%~15%的占36.07%；二是增加产量，认为可以增加5%~10%的占56.14%，增加11%~15%的占29.82%；三是提高经济效益，认为可以提高5%~10%的占46.03%，提高11%~15%的占36.51%。常州家绿林果园艺有限公司，2012年投资2亿元建设了植物工厂，利用计算机物联网技术、环境自动控制技术等进行植物周年连续生产的系统，对植物生育的环境条件进行智能控制，从播种、催芽、育苗、栽培到采收，都由机器人完成。现有生产园区3个，建有智能温室15万平方米，年销售额1.37亿元，共有80多名员工，真正从事一线生产的工人只有20多个，物联网技术的应用使1个工人可以顶100个。

2. 省时省力和提高农产品质量的优势获得普遍认可

应用物联网的综合效果，选“简化农业生产过程管理，省时、省力”的占89.71%，选“农产品质量、品种显著提高”的占54.41%，选“农业机械运行效率提高”的占35.29%。物联网技术在“简化农业生产过程管理、节约劳动时间、降低劳动强度”和“提高农产品质量”上的优势获得较普遍认可。农业物联网的应用，实现了农业的精准化生产，大大减少了肥、水、料的施用，降低了生产成本。江苏新坤兴生态农业有限公司投入71万元购置自动增温系统、电子耳标可追溯系统等物联网设备与技术，提高生猪饲养的精确性，生猪饲养的料肉比由3.3∶1降低至3.0∶1，仅此一项每年即可节省30万元左右的成本。

3. 有效促进农产品溯源与质量安全控制的实现

应用物联网技术，集成应用条形码、二维码、RFID电子标签、传感器、通信和计算机网络，通过农产品标识化可以加大对农产品从生产、流通到销售整个流程的监管，完善农产品安全追溯系统，保障农产品安全。无锡市锡山区台创园利用基于公网的分布式农业物联网信息服务体系架构和开放、可扩展的农业物联网应用服务支撑平台，集成农产品追溯查询系统，消费者只要扫描农产品包装上的二维码，就可以登录农产品追溯查询系统，查明农产品从作物定植、生长、采收、运输、仓储到销售的全供应链过程。此外，通过信息化管理，可大大减少资源的浪费，改善自然环境，带来良好的生态效益。

三、制约盐城市农业物联网金融支持的瓶颈因素

（一）内在制约：农业产业自身制约性因素

1. 较低的农业生产率

众所周知，相比于制造业和服务业，农业的劳动生产率偏低。如表1～表3所示，表1为2012—2016年我国总GDP和分产业GDP，表2为2012—2016年我国总就业人口数和分产业就业人口数，表3为2012—2016年我国每单位就业人口平均GDP。从表1中可以发现，从2012年开始，第三产业GDP开始超过第二产业，并且二、三产业间的差距逐渐增加，第三产业GDP增长幅度更高；农业与第二产业、第三产业的差距无论是绝对值还是相对值均逐年增加。从表2中可以发现，第一产业和第二产业就业人数逐年降低，第三产业就业人数逐年增加，其中第一产业就业人数的下降幅度明显高于第二产业。本文用每万人就业人口平均GDP在表征具体产业的生产效率，相关结果如表3所示。表3的结果表明，在我国，第二产业的生产效率最高，其次是第三产业，最后是农业，并且农业的生产效率显著低于第二产业和第三产业；第二产业和第三产业在效率上的差距逐年降低，农业和第二产业、第三产业在生产效率上的差距在2012年时达到最大，2013—2015年差距逐渐缩小，在2015年时最低，2016年与2015年相比略有提升。

表1 2012—2016年我国总GDP和分产业GDP 单位：亿元

年份	2016	2015	2014	2013	2012
国内生产总值	743 585.5	689 052.1	643 974	595 244.4	540 367.4
第一产业增加值	63 672.8	60 862.1	58 343.5	55 329.1	50 902.3
第二产业增加值	296 547.7	282 040.3	277 571.8	261 956.1	244 643.3
第三产业增加值	383 365	346 149.7	308 058.6	277 959.3	244 821.9

表 2　2012—2016 年我国总就业人口数和分产业就业人口数　单位：万人

年份	2016	2015	2014	2013	2012
总就业人数	77 603	77 451	77 253	76 977	76 704
第一产业就业人员	21 496	21 919	22 790	24 171	25 773
第二产业就业人员	22 350	22 693	23 099	23 170	23 241
第三产业就业人员	33 757	32 839	31 364	29 636	27 690

表 3　2012—2016 年我国每万人就业人口平均 GDP　单位：亿元

年份	2016	2015	2014	2013	2012
总体情况	9. 581917	8. 89662	8. 335909	7. 732757	7. 04484
一产效率	2. 962077	2. 776682	2. 560048	2. 28907	1. 975024
二产效率	13. 26835	12. 42852	12. 01662	11. 30583	10. 52637
二产效率/一产效率	4. 479409	4. 476031	4. 693902	4. 939051	5. 329741
第三产业	11. 35661	10. 54081	9. 822044	9. 37911	8. 841528
三产效率/一产效率	3. 834002	3. 796189	3. 836664	4. 097346	4. 476668

2. 农业产业链建设不充分

长期以来，我国农业生产率水平徘徊不前的主要原因在于农业的生产、销售、加工、运输等产业环节处于一种割据、分散的状态，不仅制约了农业产业链效率的提升，而且抑制了农业增收的潜力。为改变农业生产效率低下的局面，2015 年李克强总理在全国两会政府工作报告中提出了“互联网 +”的概念，开启了用互联网改造传统农业、加快智慧农业发展的新阶段。“互联网 +”与农业相结合将大大提升我国农业物联网的应用水平。农业物联网具有感知、传输和控制三大作用，农业物联网的推广将全面提高我国农业精细化管理水平和农产品的生态安全水平。尤其是在我国农业发展面临的资源和环境约束趋紧的背景下，变被动应对为主动出击，积极推广农业物联网的发展并将其应用于农业生产过程的再造，增强农村与城市的产销互动，将大幅提升我国农业生产的效率，推动智慧农业的发展。

（二）外部制约：金融服务现代农业发展体系不健全

1. 政策金融支农

盐城的农业政策性金融服务严重缺位，远远不能满足农业发展的现实需要，农业政策性金融运行中存在着诸多问题。例如，经营范围过窄，信贷服务规模偏小；资金来源渠道狭窄，农业政策性金融面临着资金不足问题；缺少市场化运营理念，农业政策性金融运行效率低；法律及制度化建设滞后，农业政策性金融运行中存在诸多制度及法律问题。

2. 合作金融支农

经过近几年的发展，盐城农村合作金融的格局发生了很大变化，目前形成正规合作金融组织、新型农村合作金融组织、民间合作金融组织共存的局面。农村信用社和农村合作银行是农村正规金融支农的主要力量，但规模小、实力弱，主要开展商业化的信贷服务。农村信用社面临诸多问题，如债务、资金不足、行政干预等问题。

3. 商业金融支农

经过新一轮的农村金融改革，目前盐城开展涉农商业金融服务的主要金融机构有中国农业银行、中国邮政储蓄银行、农村商业银行以及小额贷款公司等。但是目前农村商业金融服务缺位较为严重，商业金融支农作用较弱。由于种种原因，国有商业银行参与农村金融服务的积极性不高，发动的涉农贷款数量少。此外，新型农村金融机构面临持续发展困境，村镇银行、小额贷款公司等新型农村金融机构缺少必要的优惠政策支持，面临发展困境，也减弱了涉农金融支持。

4. 商业金融、合作金融以及政策金融未能形成合力

目前盐城金融支农体系中，政策金融、商业金融、合作金融之间没有合理明确的分工，未能形成有效合力。中国农业发展银行提供的政策性信贷服务规模过小、范围太窄，政策性金融服务存在较多空白。此外，农村金融具有高成本、高风险的特点，同时又因为缺乏相应的激励机制，商业金融参与农村金融服务的积极性不高，中国工商银行、中国银行、中国建

设银行几乎不开展农村金融业务，中国农业银行也将业务重点放在城市和非农业领域，农村商业金融服务不足。各金融组织间的分工不明确间接导致了相互之间缺乏有机配合的局面，难以形成政策金融、商业金融、合作金融的有效合力，更加弱化了金融支农的力量。盐城正规金融服务供给不足，只有少数农民能得到正规金融部门的贷款，金融服务空白较多。

四、乡村振兴战略背景下农业物联网金融支持对策措施

（一）完善农业物联网产业链建设

从上述问题分析中不难发现，农业由于其自身原因，农业生产效率仅为第二产业和第三产业的1/3到1/4。较低的农业生产效率使得农业的投资回报期过长，以致涉农金融机构难以从农业授信中获得足够多的回报。因此，现代农业首先应借助农业物联网的开展，建立健全整个农业产业链的建设。盐城现已经开展了“接二连三”工程，正在将农业工作与工业、服务业相结合，提升农业附加值，从而更有利于金融机构对农业的支持。具体而言，应当发挥物联网的作用，借助物联网实时收集农业生产过程中各个环节的数据，形成健全的监督监控体系；鼓励与第二产业对接，使盐城不只是销售初级农产品原材料，还能够对初级原材料实现再加工，减少销售上的风险，在这一过程中，应当建立相关制度机制，鼓励农业生产和农产品加工过程中的数据共享，从而提高农产品的质量和产量，通过物联网的溯源功能，保障农产品的生产安全；鼓励农业生产性服务业的发展，农业物联网的建设和维护不是简单一家企业就可以完成的，应当鼓励服务化模式以节约物联网建设维护成本；鼓励与第三产业对接，在这一过程中，通过物联网采集数据的功能，实现生产端与消费端的互通，一方面借助质量安全系统提升消费者感知价值，从而提升消费者支付意愿，有利于形成品牌形象，增加农业附加值，另一方面也可采用虚拟现实/增强现实技术，开展线上虚拟旅游，通过这种方式增强消费者熟悉度，有利于旅客尤其是本地旅客的重复观光，从而促进观光农业的发展。

（二）健全涉农金融服务体系

改变考核机制，引导商业银行将资源向农业倾斜。农业发展除了经济效益外，还有保障民生、维持社会稳定等社会效益，但是由于目前我国农业生产效率较低，必然导致涉农金融服务的收益比其他项目低，从而降低了商业银行尤其是大型国有商业的贷款意愿。因此，建议对国有商业银行的涉农贷款考评，不仅仅涉及经济层面，还应当考虑其社会效益，从而引导其信贷资源向农业倾斜。

精准定位，促进政策性金融、商业金融、合作性金融形成合力。对于政策性金融机构（如中国农业发展银行），主要是修正金融市场失灵的状况，重点扶持竞争性市场中无法获得金融需求的经济主体；重点支持政府所确定的重点领域或企业，发挥政策导向、政府调控和金融中介服务等重要作用。商业银行则是市场化导向，明确市场定位和主攻方向，进行金融市场细分，坚持城乡统筹，努力扩大惠农服务和小额贷款的辐射范围。合作性金融则应发挥网点多、信息全的优势，固农为本，积极支农。

改变观念，鼓励农村非正规金融组织依法发展。促进农村非正规金融组织规范化发展，明确农村非正规金融组织的产权制度，确立农村非正规金融组织合法地位，将农村非正规金融组织纳入金融监管体系。提高农村非正规金融的组织化水平，加强其内部结构治理，提升经营管理水平，对非正规金融组织从业人员强化专业知识和法律知识培训。

（三）多种投资方式并举

目前物联网投资的投资方式很多，除了直接购买方式外，还有租赁、投资入股等方式。目前盐城农业物联网的主要方式是直接购买。对于设备制造商而言，最理想的方式是直接购买。因为这种方式对设备制造商造成的资金压力最小，并且不承担任何风险，但是其弊端在于对于设备购买方的资质要求比较高，尤其要有一定的资金实力，并且达到一定的规模。总之，直接购买方式在购买方普遍资金压力较小并且没有道德风险时，可以达到最高效果。租赁方式普遍针对所购买设备比较昂贵的情况，此时购买方如果全额支付款项将造成庞大的资金压力，而若采用租赁方式效果则较好（这种方式也包括将银行纳入，由银行提供全额购入设备，每年定向收取利息的方式）。而投资入股则针对存在道德风险等信息不对称情况。由于购买方对产品信息评估存在不准确性，而设备生产商对于项目实施具有较为丰富的经验，因此，如果使用投资入股这一方式，则有利于物联网设备更好地与企业实际情况相结合，发挥最大作用。综上所述，每种投资方式都有其针对的类型。

就盐城情况而言，既有资金实力相对雄厚的农业企业，也有部分农业大户有意愿使用物联网设备；既有应用比较成熟的领域，也有尝试创新使用的领域。故而多种投资方式并用可以充分发挥出物联网的作用。

（四）财政手段和金融手段并用提供投资保障措施

由于农业天然的高风险性，政府需要使用财政手段和金融手段来提供足够的保障机制。财政手段侧重政策引导作用和重大项目的风险管控问题，而金融手段（主要是保险）则针对常规性风险。

财政手段方面，尽管物联网能够显著提升农业生产效率，但是新事物的使用总是有着众多的不确定性。农业物联网在使用过程中由于与企业组织结构、业务流程、员工显性知识、企业隐性知识等因素可能存在不匹配，从而影响了物联网效果带来了不确定性，而且这部分不确定性难以完全消除。因此需要使用财政手段来对这部分不确定性进行补偿，以鼓励设备生产商在这种不确定情况下，愿意接受投资入股或者租赁的方式来获取收益。

金融手段方面，完善政府诱导型保险机制，借助政府宏观调控、政策倾斜以及财政的转移支付和定向支持，改善保险公司的经营环境，降低保险公司的市场风险；健全农村保险激励机制，投保人不一定有风险意识，通过一定的组织结构将农户组织起来，自主经营、民主管理、利益共享、风险共担，进一步提高农户的投保热情；提升保险公司技术水平，农业保险公司与其他公司或再保险公司合作，通过业务交往或同业交流来提升专业性技术水平，提高专业性技术。

参考文献

[1]赵晓飞,肖文韬. 商业生态系统视角下我国农业物联网发展战略与政策研究[J]. 中南民族大学学报(人文社会科学版), 2017, 37(6): 137 - 141.

[2]苏杭,李智星. 日本“进攻型农业”政策的实施及启示[J]. 现代日本经济, 2017(2):12 - 20.

[3]徐元明,孟静,赵锦春. 农业物联网:实施“互联网 + 现代农业”的技术支撑——基于江苏省农业物联网示范应用的调查[J]. 现代经济探讨, 2016(5):49 - 53.

[4]刘丽伟,高中理. 美国发展“智慧农业”促进农业产业链变革的做法及启示[J]. 经济纵横, 2016(12):120 - 124.

[5]张复宏,罗建强,柳平增,等. 基于物联网情景的蔬菜质量安全社会化监管机制研究[J]. 中国软科学, 2017(5):47 - 55.

[6]欧阳桃花, 武光. 基于朗坤与联创案例的中国农业物联网企业商业模式研究[J]. 管理学报, 2013, 10(3):336.

[7]周方召, 仲深, 王雷. 财税补贴、风险投资与高新技术企业的生产效率——来自中国物联网板块上市公司的经验证据[J]. 软科学, 2013, 27(3):100 - 105.

[8]胡志伟, 彭迪云. 发达省域物联网创新驱动发展研究[J]. 科技进步与对策, 2014(16):43 - 50.

[9]王雷, 詹梦皎, 陈晓彬. 金融支撑体系对我国物联网产业发展的作用——基于我国物联网上市企业的实证分析[J]. 技术经济, 2014, 33(2): 35 - 44.

[10]邓莉, 冉光和. 重庆农村金融发展与农村经济增长的灰色关联分析[J]. 中国农村经济, 2005(8):52 - 57.

[11]冉光和, 李敬, 熊德平,等. 中国金融发展与经济增长关系的区域

差异——基于东部和西部面板数据的检验和分析[J]. 中国软科学，2006(2):102－110.

[12]丁志国，谭伶俐，赵晶. 农村金融对减少贫困的作用研究[J]. 农业经济问题，2011(11):72－77.

[13]罗富民. 非对称信息下农村金融市场结构对信贷配给的影响研究[J]. 改革与战略，2008，24(5):57－59.

[14]张兵，朱建华，贾红刚. 我国农村金融深化的实证检验与比较研究[J]. 南京农业大学学报，2002，25(2):105－109.

[15]叶雯，刘慧宏，熊德平. 金融机构支农的政策激励机理:动态博弈的分析框架[J]. 科技与管理，2015，17(2):75－80.

[16]方金兵，张兵，曹阳. 中国农村金融发展与农民收入增长关系研究[J]. 江西农业学报，2009，21(1):143－147.

[17]刘旦. 我国农村金融发展效率与农民收入增长[J]. 山西财经大学学报，2007，29(1):44－49.

[18]吴永兴，袁天昂. 农村金融、财政支农资金与农民收入实证研究——以云南省为例[J]. 西南金融，2011(9):29－31.

[19]杜婕，霍焰. 农村金融发展对农民增收的影响与冲击[J]. 经济问题，2013(3):97－102.

[20]司燕翔，王媛，张宏亮. 农村金融发展与农民收入增长关系研究[J]. 西部金融，2013(5):80－84.

[21]寇凤梅，刘云，李佳凝. 农村金融对农村经济的影响分析[J]. 生产力研究，2012(12):45－47.

[22]杨世柳，温涛. 我国财政支农对农村居民消费影响的实证研究[J]. 中共南京市委党校学报，2011(1):31－36.

[23]裴辉儒. 农村金融服务条件下资金流与经济增长的相关性分析[J]. 陕西师范大学学报(哲学社会科学版)，2009(2):106－112.

[24]李林，丁艺，刘志华. 金融集聚对区域经济增长溢出作用的空间

计量分析[J]. 金融研究, 2011(5):113－123.

[25]陈银娥, 师文明. 中国农村金融发展与贫困减少的经验研究[J]. 中国地质大学学报(社会科学版), 2010, 10(6):100－105.

[26]陆宇嘉, 杨俊, 王燕. 中国农村减贫机制的区域差异——基于2000－2007省际面板数据的实证研究[J]. 江西财经大学学报, 2011(1):63－71.

第三篇

金融创新

农村普惠金融发展研究[①]

——以江苏省大丰市为例[②]

蔡柏良　孙成秀

【摘要】普惠金融概念一提出，受到各界学者的关注。近年来我国重视农业的发展，关注农村发展的金融需求。目前，我国农村金融发展滞后，农村金融供需矛盾突出，解决农村金融问题已成为当前热点课题。本文首先分析了江苏省大丰市普惠金融发展的现状，其次指出了江苏省大丰市在发展普惠金融方面存在的问题，最后在借鉴国外普惠金融发展模式的基础上，提出了大丰区适当扩大普惠金融服务覆盖范围、加大农村地区金融知识传播、加强金融机构员工队伍建设等基本措施建议。

一、引言

党的十八届三中全会提出发展普惠金融的要求。普惠金融（Financial Inclusion）也就是包容性金融，这一说法是2005年联合国在“小额信贷年”活动中正式提出的，普惠金融的发展与经济、社会发展等密切相关，受到国家、社会的极大关注。目前对于普惠金融并没有明确的定义，其基本含义就是建立高效、全面的为社会所有阶层和群体提供金融服务的金融体系，主要内涵就是满足所有对金融服务有需求的人群，既包括富人也包括穷人。所有对金融有需求的人都可以平等地享受金融服务，主要是指公平地享有信贷获

---

① 课题来源：盐城市金融研究院，2014.10—2015.06，项目编号：2014YCJR006

作者简介：蔡柏良，汉族，男，江苏昆山人，盐城师范学院教务处处长，教授；孙成秀，汉族，女，山东临沂人，盐城师范学院讲师，硕士。

② 此文作于2015年6月以前，2015年8月“大丰市”更名“大丰区”。

得权、金融融资权、投资权。普惠金融的发展经历了三个阶段：20 世纪 70 年代到 90 年代的小额信贷阶段→20 世纪 90 年代到 21 世纪初的为穷人提供一系列金融服务的微型金融阶段→21 世纪后的为所有阶层人群提供金融服务的普惠金融阶段。中国人民银行行长周小川曾指出，中国发展普惠金融将要坚持民生金融优先，满足人民群众日益增长的金融需求，让金融改革与发展成果更多更好地惠及所有地区特别是贫困地区，惠及所有人。

普惠金融的发展主要以金融机构网点的地理渗透性和从业人员的人口服务性的扩张为主导力量。在我国目前阶段，由于农业经济的脆弱性、农业贷款报酬率低等诸多因素，导致“三农”经济主体缺乏对金融资源的吸引力，农村金融仍然是我国金融体系的薄弱环节。尤其在沿海地区的广大农村，经济活跃，金融需求日趋多元化，但是配套金融服务却明显滞后，农村金融供需矛盾突出。本文基于江苏省大丰市农村普惠金融发展存在的问题进行相应的分析，同时借鉴国外普惠金融发展实践经验，提出适当扩大普惠金融服务覆盖范围、加大农村地区金融知识传播、加强金融机构员工队伍建设等利于提高江苏省大丰市普惠金融发展水平的对策建议，为我国农村普惠金融发展提供一定现实的指导意义。

二、江苏省大丰市农村普惠金融发展现状及存在的问题

大丰市是江苏省盐城市下辖县级市（2015 年 8 月改为盐城市大丰区），位于江苏省，地处江苏省东部沿海地区，东临黄海。北与盐城市亭湖区交界，有 112 千米海岸线，总面积 2 367 平方千米，下辖 12 镇，1 个经济技术开发区、1 个海洋经济综合开发区，境内有上海农场、川东农场、海丰农场等上海市属农场 3 家和东坝头农场、大中农场、方强农场等江苏省属农场 3 家，总人口约 72. 54 万。2014 年实现地区生产总值 486. 7 亿元，按可比价计算，比上年增长 12. 1%。其中，第一产业增加值 68. 68 亿元，增长 3. 6%；第二产业增加值 204. 42 亿元，增长 13. 5%；第三产业增加值 213. 6 亿元，增长 12. 1%。全市人均地区生产总值 69 350 元。三次产业增

加值比例调整为14.1∶42.0∶43.9，其中第三产业占比较上年提高3.1个百分点。全国县域经济基本竞争力百强县（市）排名首次跃进50强，列第48位，较上年前移6位，约是2006年全县GDP总值的4倍。

（一）江苏省大丰市农村普惠金融需求现状

1. 信贷需求量比较大

建立完善的农村普惠金融体系，发展农村普惠金融，首先需要研究农村普惠金融的需求状况。农村居民对金融需求主要体现在借贷与储蓄服务方面，而农村居民对于普惠金融的借贷需求很大程度地受到了自身收入与支出的显著性影响。随着农村城镇化进程的快速发展，现有的农贷已不能满足农村居民资金需求。过去农民贷款主要用于承包耕地、购买种子、化肥、农药以及用在应付各种自然灾害，而现在农民贷款大约40%用于维持基本生产外，其余约60%已经用在大规模养殖畜牧、种植农产品、应付天灾人祸、事故、疾病、扩大生产、固定资产更新换代、建房、婚丧嫁娶、穷人购置耐用消费品、子女教育等方面。有些农民贷款用于农产品的加工，农村个体商贩用于个体经营商店，个别农村商贩在收购旺季时与国有粮食企业形成竞争，走村串户收购粮食作物，其都需要大量的信贷资金。因此，农村居民具有比较大的信贷需求，要求农村金融机构对于凡是涉农项目方面都要给予大力的贷款支持。虽然农村居民对贷款有比较大的需求，但是大多数农民因为贷款手续复杂、没有抵押产品、贷款利率高等原因，导致在有信贷需求时仍然倾向于向亲人朋友借款等民间借贷行为。

2. 储蓄服务需求多元化

除了信贷需求外，江苏省大丰市农村居民的储蓄服务的需求也日渐增长。据中国人民银行大丰支行的最新统计数据显示，截至2015年2月末，江苏省大丰市存款余额首次突破400亿元大关，达400.94亿元，与年初相比增加了18.14亿元。其中农村居民个人储蓄存款258.21亿元，与年初相比增加了22.9亿元。随着农村居民储蓄总额的不断增长，对具有一定存款的农村居民而言，对于金融理财产品和保险方面的需求日渐增长；加之外出务工农民数量的增加进一步加大了对转账汇款等业务的需求。因此，在此需求现状下，需要金融机构不断地创新金融产品，而非单纯地为农村居民办理活期、定期存款，以便适应当地农村居民金融服务需求，让农村居民的储蓄存款达到资源利用最大化。

综上，农村居民的信贷和储蓄服务需求尚未得到完全的满足。农村存在大量的信贷需求与对金融服务产品创新的需求。加之农村金融机构发放贷款的程序烦琐，需要大量佐证材料，而大部分的农村居民受教育程度、文化水平的影响难以掌握贷款程序，最终放弃贷款需求，同时对大量的金融理财产品不能充分了解，甚至不能掌握 ATM 等电子设备的使用方法，最终导致农村居民的信贷与金融服务需求没有得到全面满足。

（二）江苏省大丰市推进普惠金融存在的问题

1. 农村金融组织体系单一

目前江苏省大丰市金融机构主要有工农中建四大国有商业银行分支机构、中国邮政储蓄银行、农村信用社、村镇银行等新型农村金融机构，而国有商业银行中只有中国农业银行保留了少数的农村网点，但是支农主力地位已经消失，农村地区的金融服务仍然存在中国农业银行、中国邮政储蓄银行、农村商业银行及农民资金互助合作社。截至 2014 年末，全市共有 15 家农民资金互助合作社。目前这 15 家互助社发展社员 5 万多人，吸纳农民股金和社员互助金 4.4 亿元，投放资金余额达 3.9 亿元。互助社在服务“三农”方面发挥了积极作用。很多农民解决融资问题主要靠互助社。

2. 金融服务有效供给严重不足

农民、农村小企业融资难、成本高、主要向富余农户集中，金融服务线上线下网络不健全，服务品种单一，服务效率和水平低等问题仍然比较突出。借鉴之西方的新颖金融工具、新式金融机构在市场化的过程中已取得了显著的成就，但并没有显著地改变农村金融服务不足的问题。多数农村小企业初期基本建设资金主要依靠自筹，虽继续外部资金支持，但由于难以满足银行的贷款担保条件，所以获得贷款的难度较大，贷款满足率仅为26.4%。目前农村信用社贷款利率多数是基准利率的1.2倍，农民对利率过高反应比较强烈。

3. 农村信用体系不完善

农村信用体系的初步发展，不完善的信用体系和缺失的农村居民信息严重制约农村金融发展，没有全面确切的农民信息，金融机构无法判断是否可以发放贷款给农村居民，加大了农村居民获得贷款的难度。随着各商业银行信用卡的大量发放，越发有必要大力发展信用统计工作。在2014年5月江苏省大丰市人民政府关于成立江苏省大丰市农村信用体系省级试验区建设工作中也已经明确各金融相关单位在试验区开展信用户、信用村、信用镇创建工作，配合农户及农村经济组织信用信息征集工作，指定专门机构和人员负责，确保工作落实到位，全面推进江苏省大丰市农村信用体系省级试验区建设。

4. 不少地区非正规金融较为泛滥

随着我国正规金融从农村纷纷撤走，非正规金融在农村地区迅速壮大，并为农村社会与经济发展提供了有力的金融支持。中国人民银行大丰市中心支行发布的“最合算投资方式”问卷调查显示，2014年二季度，选择“民间借贷”的储户占到24.5%，首次超过“房地产投资”跃居首位，约69%的家庭、个人和59%的企业都参与了民间借贷。然而，由于非正规金融掌握信息的有限性和得不到法律承认与政府保护，所以存在许多缺陷，并对经济的平稳运行产生一些破坏作用。

20世纪80年代以来，民间借贷这种古老的融资形式从东南沿海地区恢复发育并散布开来，从沿海到边疆，在满足传统人情社会应急性、小额融资需求的同时，很快出现“癌变”向欺诈性高利贷转变。民间融资只有在满足劳动密集型小企业或实体经济临时性周转需要时才是可持续的。对于劳动密集型的经济活动，民间借贷可以提供占比不大但必需的资本品，如农具、工业或服务业小额设备等，从而保障经济活动的正常开展。因为这些资本在总生产付出中占比不大，因此即使利率在15%至20%之间，仍可以劳动所得加以弥补，因为劳动者追求的劳动价值的实现，而不是资本所需要的利润最大化。对于资本支出较大的经济活动，民间融资只有在提供正规金融体系支持空隙中临时性周转需要时才是可持续的，因为很难找到可以稳定获得超过10%正常利润回报的实体经济活动。但很多民间放贷人和企业主受不住高利诱惑或为追求高成长，一旦沾染即往往走上不归路，以“庞氏骗局”来维持高额吸储、高额放贷或高额投资，直至最终资金链破裂。尤为严重的是，2008年以来，在保增长的大环境下，很多地区县（区）、乡（镇）两级政府在片面追求短期经济增长和高额投资动机的驱动下，有的地方包括地市级政府均直接或通过下属部门、平台公司大规模卷入民间借贷，借贷利率甚至高达10%～12%，进一步拉高了民间借贷利率，在政策环境上起到了巨大的推波助澜的作用，政府融资的高利率对市场造成了严重逆向选择效应。小到一乡一镇，大到一地一市，从泗洪石集，到邹平、神木，到邯郸、榆林、鄂尔多斯，民间借贷危机接连爆发。那些曾被假装没看见的“地下钱庄”纷纷现出原形，给当地的信用体系和金融环境造成了难以挽回的破坏，严重波及实体经济，并重创了经济可持续发展的金融基石。

5. 立足本土的有效金融创新仍有待探索

互助金融合作的探索和发展在中国自近代革命以来就是不绝如缕。近年来，在政府惠农政策和措施不断出台的大背景下，大量农村资金互助社在全国各地纷纷涌现，但从实践中来看，由于盲目相信市场力量，不少地区一方面盲目指令性快上资金互助社，另一方面又从传统的、西式的先验概念出发，试验之先就制定了过多的条条框框，没有注重切合中国社会自身交往和传统文化的特点，没有将政府监管和市场发展有效结合和互动起来，结果阶段性的指令性推动却伴之日常领导和监管的缺乏，大量互助社脱离实体经济背景，明显突破社员界限，成为非法吸储放贷的“地下钱庄”的合法外衣，有的成为实际控制人投资自身产业的便捷融资渠道，有的管理失去控制大量资金投向房地产、域外或招商引资企业，成为冒险家和政府盲目投资的工具，不但没有支撑实体经济的可持续健康发展，反而给群众造成了损失。

三、国外普惠金融发展实践经验

（一）孟加拉国—格莱珉银行

20 世纪 70 年代，现代的小额信贷在孟加拉国、巴西等国家开始出现。1983 年，由穆罕默德·尤努斯在孟加拉国南部创建的格莱珉银行是最早从事小额信贷业务的金融机构之一。格莱珉银行的创建理念是建造一个向穷人、弱势群体提供信贷的组织机构体系，鼓励低收入群体借贷，用于进行投资收益性项目，进而改善当前经济状况。即使不存在相应的抵押品，穷人依然按时归还贷款。孟加拉格莱珉银行的成功运行实践证明，贫困农民对于高利率是愿意承受而且是能够承受的，穷人有能力承担小额贷款的高利率，而且偿还信誉比富人更高。高息政策虽使银行支付较高的存款利率，但是通过吸收储蓄存款扩大了贷款能力，从而减少了银行对外部资金的依赖性，增加了其发展的可持续性，成为其成功的关键之一。格莱珉银行不仅向低收入群体提供贷款，也不断提供贷款外的储蓄、保险以及转账在内的一系列全面的金融服务。

（二）巴西—无网点银行

2000 年，巴西通过代理制开展无网点银行业务来提供金融服务，如通过邮政网点、移动通信运营商网点、零售商店、加油站等为得不到传统营业网点服务的人群提供金融服务。其主要的运行模式：一家金融机构通过零售代理点提供金融服务，金融机构是金融服务的最终提供者、保存客户的账户。为了防范风险，央行有权检查金融机构择取的零售代理点，并且金融机构对其代理点行为负全部责任。无网点银行服务主要在于支付，而非储蓄与信贷。虽然大多代理点提供相当多的服务，但客户主要使用无网点银行进行支付和转账业务。

（三）美国—社区银行

20 世纪 80 年代，美国社区银行的发展大大推进了美国金融普惠性的发展。其主要是为中低收入的社区居民提供服务，社区银行为美国中小企业和农场提供40%的小额贷款，进而弥补大型商行对中小企业及农村贷款的不足。对于社区银行并没有明确统一标准，在美国，社区银行是对于资产总额小于10亿美元的小型商业银行的统称。其服务的目标客户群集中于中小型企业，尤其是小企业和社区居民这些中小客户，为其提供个性化的金融服务。社区银行的股本主要来自于当地社区中小企业存款和居民、农户存款，吸纳的存款运用到该社区的小企业发展与居民生活中。社区银行从当地社区居民、中小企业吸收存款，又把资金运用于当地，不但大大简化了手续，也减少了社区银行运行成本。美国的社区银行模式已经被证明是为城镇居民、中小企业提供服务的一种比较好的模式。

（四）日本—农业协同组合银行

日本农业协同组合银行简称农协，由村镇农协银行、都道府县信用农协联合会和农林中央金库构成。农协成员包括正式组合成员和准组合成员。正式组合成员是农民，日本的大部分农民都参加了农协。准组合成员是指其他利用者，这类成员不具备表决权。农协在信贷事业的运行中主要是通过存款账户对其他部门，如指导、销售、采购、共济等部门的资金进行结算和利用，包括向存款账户转入农产品销售货款，从存款账户支付购买农业生产资料的货款等。农协贷款要求的担保方式主要为抵押和保证。农协可接受的抵押物包括存款、有价证券、农地、住宅用地、房屋、农业用建筑物等。农协在农业技术和经营指导上负责对农户的新品种种植和产地培育提供资金支持，并对农户进行农业经营的计划编制指导、放贷审查、贷后管理，以及财务和纳税方面的指导。在生活上，对成员进行生活改善、家庭收支情况记账、生活设计等方面的指导，通过增强成员生活的计划性，增加其储蓄，减轻负债。农协通过与行政部门配合，发挥对农户负债状况管理的指导力，可以有效地实施政府的相关政策举措。

四、进一步推进江苏省大丰市农村普惠金融发展的对策建议

本文结合江苏省大丰市普惠金融发展的现状与水平，借鉴国外普惠金

融发展实践经验，提出促进农村普惠金融发展的对策建议。

（一）适当扩大农村普惠金融服务的覆盖范围

首先，扩大新型农村金融机构的建设。新型农村金融机构一般具有规模小、灵活性强的特点，加快其发展将会有效地扩大农村金融服务的覆盖范围，适当放宽新型农村金融机构的监管政策，对于资本充足率、信息披露方面给予一定的放宽政策，积极帮助并鼓励国有控股大型商业银行在农村设立营业网点。其次，开展自助银行服务。通过开展自助银行服务可以在低成本的条件下扩展农村金融服务的覆盖范围，借鉴巴西无网点银行模式，在县域管辖下的乡、镇、村、屯建立自助银行，偏远乡村地带建立无网点银行服务，建设规划具有合理性，将自助银行服务建立在当地村部、医院、商店等群众集聚区域，将原来许多不能方便享受到金融服务的人群纳入金融服务的覆盖范围。

（二）创新金融服务方式

根据农村居民的金融需求，提供灵活多样的金融产品和服务。随着经济的不断发展，农村居民的需求不仅仅是存贷款，保险、代理、理财业务的需求也在不断增加，所以要加快农村金融机构服务方式的多元化，在经营理念、支持对象、营销手段、个性需求等方面进行差异化服务创新，主动适应新型农村的金融服务需求。

（三）加快信用体系建设

信用体系建设是一项系统工程，要加快征信体系建设。加快征信法规的建设，建设全国统一的企业与个人信用信息数据库，不断加强征信市场的监督管理。逐步将村镇银行、贷款公司、农村资金互助社、小额贷款公司等机构的贷款信息纳入全国个人征信系统中。尽快建立统一的小企业信用评估体系，推进信用村镇建设，规范和完善农户、农村小企业信用管理档案。

（四）加大农村地区金融教育，传播金融知识

各级政府、人民银行、金融机构应加大联合力度，将金融知识推广普

及到农村地区，填补农村居民金融知识空白点。对农业企业开展金融知识和融资技能培训，能够促进农村经济组织的发展，提高农业生产组织化水平。对农村居民金融知识的宣讲从中小学生入手，定期向学生开展“金融知识大课堂”活动。中国人民银行与金融机构联合定期送金融知识下乡，认真向农村居民讲解金融知识，实践教会农村居民对于ATM等现代金融电子化服务设备的使用，提高农村居民的金融常识和金融实践能力。

（五）加强金融机构员工队伍建设

人口服务性对于普惠金融水平有比较大的贡献，所以金融机构要在人员招聘、人员培训方面提供支持与投入。加强农村普惠金融机构比较专业的工作人员招聘与培训工作，制定科学合理的激励和奖惩制度，注重对员工的培训、晋升以及对贷款客户的激励，调动职员和贷款客户的积极性。为业绩突出者提供晋升的机会，同时为所有员工提供定期培训以便提高员工的业务素质，有利于提高工作效率、提升业务质量。

（六）加快成立农村资金互助社

借鉴美国社区银行和日本农协的经营模式与经营理念，加快推进农村资金互助社的建立。根据当前我国农村地区的经济发展情况，成立适宜规模的资金互助社，以传统的农村地区为共同体基础，紧密联系当地社会的生产、生活以及文化。资金互助社的社员之间彼此熟悉，以此建立起以社员信用为基础的当地金融机构。其股本资金主要来自于当地中小企业存款和农户的存款，雇佣当地人员为互助社工作人员，吸纳的存款主要用于满足该地区的经济发展和具有存款账户的中小企业与居民的贷款需求。农村资金互助社发挥当地金融的指导功能，对社员生产、生活事务进行指导，并增强合作金融对社员生产、生活的服务功能，提高当地生产与生活水平。

（七）逐步推进农村土地、林地等承包经营权进入金融领域

发展农村土地承包经营权抵押贷款具有较大的可行性，不断地探索土地抵押贷款模式，逐步引导农村土地使用权进入金融领域。农村土地承包经营权流转抵押贷款运作模式主要有三种：一是小额循环贷款信贷模式，

是指农民之间提供农村土地经营权证进行担保，在一定期限内进行小额度多次贷款的一种信贷模式。二是农村土地经营权直接抵押贷款模式，是指农民将拥有的农村土地经营权证直接抵押给金融机构担保贷款的模式。三是担保公司担保贷款模式，是指由第三方为农民向金融机构提供担保，而农民将自己拥有的农村土地经营权证向第三方进行反担保的一种贷款模式。逐步加强农村土地承包经营权管理与服务，建立土地流转双方的价格协调、纠纷调解机制，搭建方便土地流转的交易平台。积极推广林权抵押贷款。对于林业资源丰富的地区，积极推广林权抵押贷款，对所有符合条件的农户、个体经商户、小微企业都可作为林权抵押贷款对象，林权抵押贷款可用于各种合法领域。鼓励林业生产经营者尽可能利用森林资源，通过林权抵押贷款延长林业产业链，扩大发展外延，鼓励林权抵押贷款用于旅游开发、特色种养业，开办企业。

（八）发挥财政政策与金融政策的指导作用

利用财政税收政策和货币政策引导金融资源向农村地区聚集，充分发挥财政资金的杠杆作用。对于新兴农村金融机构设立初期给予其一定的补贴，采取适当优惠的税收政策助其发展。对于农村普惠金融实行差别化利率和信贷政策。完善财政资金扶持办法，实现金融政策、财政政策和产业政策等各类支农政策紧密结合，多方面支持农民和农业建设，为农民和农村中小企业提供全面的支持，最大限度地增强各类政策的实施效果。

参考文献

[1]Hollis A, Sweetman A. Microcredit in prefamine ireland[J]. Explorations in Economic History, 1998(4):347 -380.

[2]Hermes N, Lensink R, Meesters A. Outreach and efficiency of microfinance institutions[J]. World Development, 2011(6):938 -948.

[3]Cull R, Demirgü - Kunt A, Morduch J. The effect of regulation on MFI profitability and outreach[J]. World Development, 2011(6):949 -965.

[4]Nourse T. H. The missing parts of microfinance: Services for consumption and insurance[J]. SAIS Review, 2001(1):61 - 69.

[5]Eyiah A. K. An integrated approach to financing small contractors in developing countries: a conceptual model [J]. Construction Management and Economics, 2001(5):511 - 518.

[6]王冰. 当前形势下民间投资“跟进”及金融支持研究[J]. 浙江金融, 2010(10):25 - 28.

[7]应宜逊. 落实“新 36 条”,向民间资本开放微型金融机构市场准入[J]. 上海金融,2010(10):210 - 214.

[8]苑素静. 小额信贷融资与农业银行发展模式研究[J]. 农村金融研究,2008(07):108 - 111.

[9]孙晶. 关于利率市场化条件下金融机构定价机制的调查与思考[J]. 华北金融,2010(10):46 - 49.

[10]梁骞,朱博文. 普惠金融的国外研究现状与启示——基于小额信贷的视角[J]. 中央财经大学学报,2014(6):38 - 43.

[11]马翠莲. 普惠金融冉冉升起,道路会越走越宽[N]. 上海金融报, 2014 - 04 - 22.

[12]谢升峰,朱小梅,许宏波,王鸾凤. 普惠金融统筹城乡发展的国际经验与启示——以日韩模式与印巴模式为例[J]. 国家行政学院学报,2014(4):112 - 115.

[13]郑中华,特日文. 中国三元金融结构与普惠金融体系建设[J]. 宏观经济研究,2014(7):51 - 57.

[14]张英,雷牧君. 破解小微企业融资恶性循环的思路与对策[J]. 湖南社会科学,2013(4):147 - 149.

[15]许婕. 农村金融机构在普惠性金融体系中的定位分析[J]. 商业经济研究, 2014(10):57 - 58.

科技金融对盐城产业结构升级的影响研究①

张晓燕　黄国标　哈中友

【摘要】 本文在借鉴科技金融与产业结构升级相关理论的基础上，对盐城市科技发展、金融发展及科技金融发展现状进行深入剖析，接着运用盐城市2007—2015年相关数据通过构建多元线性回归模型，对科技金融与产业结构升级之间的内在关系进行实证研究，并对实证结果进行分析，最后在分析的基础上提出了有针对性的政策建议，以期对盐城市产业结构调整升级提供理论依据。

一、引言

改革开放以来，江苏省经济发展便持续稳定地走高。盐城市作为苏北老区改革发展的先锋，其经济上涨势头迅猛抬高。然而，随着经济进入新常态，江苏省经济增速逐渐开始回落，作为地级市的盐城市也不例外。对于这种现象，一些学者便开始寻找新的策略来缓解经济下行的压力。同时，伴随着新形势下政府对于经济体制的改革，过去经济发展中存在的问题也逐渐凸显，所以亟须探寻出经济发展新的方式。

科技金融对于产业结构调整升级的重要性不言而喻，自科技金融诞生之日起，就对产业结构调整产生了巨大的推动力，科技金融将科技与金融紧密地结合在一起，使得各种金融工具更好地为产业结构服务。相比于一

---

① 课题来源：盐城市金融研究院，2016. 05—2017. 02，项目编号：2016YCJR003

作者简介：张晓燕，汉族，女，河北邯郸人，盐城师范学院讲师，硕士；黄国标，汉族，男，江苏盐城人，中国农业银行盐城分行督导员，高级经济师；哈中友，汉族，男，江苏盐城人，中国建设银行盐城分行亭湖支行行长，经济师。

些已经具备较为完善的产业结构体系的发达地区，盐城市的产业结构调整尚处于起步阶段，所以亟待进行产业结构优化升级。本课题正是在这一背景下提出的。

二、科技金融概述

（一）文献回顾

在金融发展和产业结构之间的关系方面，Wurgler（2000）很早就对这两者之间的关系进行了研究，他认为金融的飞速发展是对产业结构优化升级的一个决定性因素，金融结构的调整与升级能够极大程度地增加企业外源融资并相应地减少企业的融资成本，从而对企业的产业优化升级起到促进作用。当然，也有很多学者们认为金融发展对技术进步的作用是积极的。在金融发展对产业技术起到促进作用方面，Thorsten、Beck、Ross Levine（2000）等的研究表明，金融中介发展对 TFP（全因素生产率）增长率拥有明显的提升作用。Aghion P，Howitt P. Mayer – Foulkes 研究发现金融中介和全要素生产率之间有着稳定的正相关关系。Caldern 和 Liu（2002），Nourzad（2002）站在金融深化的角度分析，最终得出了与 Beck（1999）等相似的论断。可是，关于技术的进步带动了产业的发展这一说法，学者的观点是不一致的。其中代表性的学者 Beck 和 Levine（2002）以及 Fisman 和 Love（2003）经过他们各自的研究，一致觉得金融发展水平对产业结构优化升级有着推进作用，金融体系越完善，产业发展就越快。Mckinnon（2009）认为，如果一个国家不能及时有效地对国内产业结构进行调整与优化，则其经济发展水平必将受到很大的影响。

第一，在科技金融发展方面，叶耀明和杨胜（2007）通过研究发现长江三角洲、珠江三角洲、东北老工业基地以及内陆科技圈四个科技金融区域的金融体系在长期内均发挥着支持科技金融发展的作用，但在短期之内的作用和效果却又有着较大的差别。周昌发（2011）从制度安排角度来研究科技金融发展的保障机制。曹颢等（2011）对我国的科技金融发展指数进行了测算，并深入分析了影响因素。季菲菲等（2013）以无锡新区为例，对高新区科技金融发展过程及其空间效应进行了深入研究。黄鑫和蒲成毅（2013）分析了低碳经济浪潮下科技金融的发展动态。束军意（2016）在科技金融服务平台这一全新的模式下对服务平台的架构进行了分析，得出了科技金融服务对经济发展起到了积极的推进作用。

第二，在产业结构调整方面，肖嫚（2014）在我国 1994—2009 年相关数据的基础上对资本市场对于产业结构调整的总量以及结构影响进行了分析，研究显示资本市场总体上对产业结构调整有着较为明显的推进作用，而且就产业结构升级的关联水平来看，股票市场是处于第一位的，处于第二位的是债券市场，最后一位是银行中长期贷款。在金融市场发展对于产业结构调整的影响方面，李心丹、束兰根（2014）也发现技术的进步发展和产业结构的调整是离不开金融创新发展的推动作用的。左志刚（2011）分析表明金融发展与产业结构调整这两者之间存在持久不变的协同效应。

第三，在科技金融发展与产业结构调整的关系方面，王卫彬等（2012）以浙江嘉兴为例构建科技金融与高新技术产业发展的关系模型，对其关系进行了研究。林海平（2015）从产业发展的不同方面，分不同的金融市场来研究金融支持产业的规律，即深入分析了金融支持产业优质化与高级化的机理。张玉喜和赵丽丽（2015）对广东省 1982—2011 年的数据进行了深入分析，结果也证明了广东省的科技金融发展促进了当地产业能源结构的优化，但是由于当前其影响力未能达到预期水平，所以广东省仍然需要大力发展本省金融水平。芦锋等（2016）深入研究了山西省金融发展的影响机制，结果证明了金融发展对产业结构有一定的促进作用。

（二）相关概念界定

1. 科技金融的内涵

科技金融是以促进科技创新活动为目的，以组织运用金融成本和社会资本投入科技型企业为焦点，以定向性、融资性、市场性和贸易可连续性为特点的金融活动的总称。科技金融包含了一系列金融工具、制度等，具有一定的系统性。科技金融融合了金融创新与科技创新，是一种有机构成体系。科技金融为科技创新企业提供了理论依据并且为企业提供了金融创新活动。

2. 产业结构的内涵

产业结构是国民经济结构中的一个基本概念，是指各大产业及产业内部各个部门在国民经济中的比例关系和结合状况。产业结构调整的系统过程，包罗着各个层次和各类领域的产业结构升级过程。各个层次和差异范围包含着产业结构升级过程中的各种经济联系。

三、盐城市科技金融与产业结构调整现状分析

（一）盐城市科技金融发展现状

1. 盐城市科技发展概况

（1）科技创新成果丰硕，专利申请量增速下滑

“十二五”以来，盐城市科技创新成果丰硕。2015 年，八项指标完成量明显增长，预计每万劳动力中研发人员数 56.4 人，与上年同期相比增长 20%，每万劳动力中高技能人才数 499 人，比上年同期增长 15%，研发经费占 GDP 比重达 1.83%，比上年同期增长 7.65%，万人发明专利拥有量 2.43 件，同比增长 39.66%。从专利申请量我们便可以看出盐城市金融创新能力以及金融自主研发能力的高低，而科技创新带来的重要产物便是专利的增加。从图 1 中我们可以看出，2008—2015 年盐城市专利申请量节节攀升，2008 年的时候，全市申请量还只有 3 948 件，但是到了 2015 年的时候，该数值便达到了 22 353 件，增长幅度更是高达 466.1%；在 2008—2012 年这四年时间里，专利申请量一直保持在两位数的增长速度，其中最高的一年增速更是达到了 75.9%，最近两年虽然专利申请量仍然保持着增长态势，但从图 1 中可以明显看出增速出现了显著下滑的趋势。

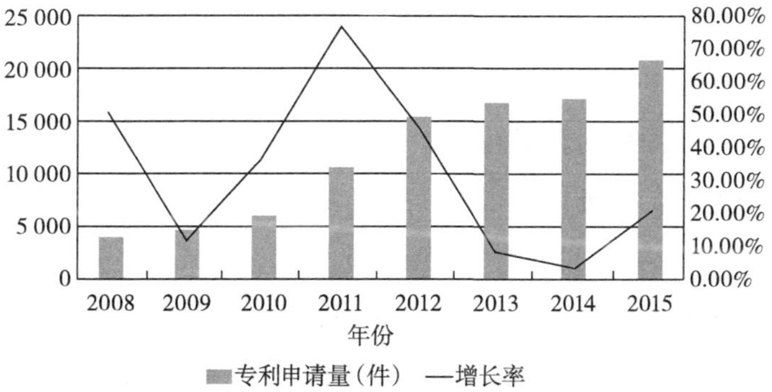

图 1　2008—2015 年盐城市专利申请量

（2）高新技术产业规模迅速扩大，推动科技创新

2015 年盐城高新技术产业开发区获国务院批复，升级为国家高新技术产业开发区。新申报阜宁、亭湖两个创新型县（区）、创新型乡镇 6 个，均列全省第二位。江苏盐城高新区成功创建国家高新区，城南新区、建湖高新区获批筹建省级高新区；大丰高新区已通过省五部门的审核；环保科技城重启省高新区申报工作。组织两批 163 家企业申报国家高新技术企业，149 家企业获得认定，其中首次申报认定企业 126 家，全市国家高新技术企业预计总数将达到 385 家。29 家企业被认定为省级高新技术（后备）企业。组织认定两批盐城市高新技术企业 157 家，第三批拟认定的 83 家盐城市高新技术企业正在公示中，全年认定市高新技术企业 240 家。组织申报 4 批省高新技术产品 905 只，申报数较 2014 年提升近一倍。在经济下行压力下，知识产权申报授权逆势上扬。盐城工学院 2015 年发明专利实审数列江苏省高校第 14 位，列全国高校第 82 位，首次进入前百位；全市高新技术产业继续保持稳定增长态势。盐城市高新技术产业实现产值预计达 2 500 亿元，较上年同期增长 18.2%，占全省比重 4.01%。全年共组织企业申报各类省级以上科技计划项目 1 000 多项，已有 300 多项获省级以上立项，争取无偿资助资金 1.1623 亿元，其中，2015 年省重大成果转化 3 个项目获省厅立项，共争取经费 3 000 万元。这表明，盐城市高新技术产业规模在迅速扩大，且对盐城市经济发展的贡献日益突出。

2. 盐城市金融发展概况

（1）银行业机构数目迅速增长

盐城市银行发展的规模正在进一步扩大，其相应的配套体系也在逐步完善，而银行业的服务体系也正在朝着多元化的方向大步迈进。一方面，从盐城市银行机构数目来看，截至2015年末，盐城市共有银行业机构40家、银行业机构网点900个。其中，浦发银行、中国民生银行、华夏银行、招商银行及南京银行等纷纷来盐设立异地分支行并相继挂牌成立；常熟农商行亭湖、阜宁、东台县级支行正式开业；昆山农商行盐都、建湖、滨海及响水等县级支行亦已相继开业；太仓农商行、江南银行、民生银行、常熟农商行等在各县（市）有序开办村镇银行。

（2）金融机构资金使用效率不断提高

从金融业务总量来看，截至2015年末，全市金融机构存款余额达4 414.84亿元，比2011年末增加2 094.68亿元；贷款余额达3 077.48亿元，比2011年末增加1 518.84亿元。2008—2015年间盐城市金融机构存款余额稳步增长，且每年的增速均超过了同期GDP增速，储蓄存款也逐年提升。2008—2015年间金融机构贷款余额亦呈现逐年上升趋势，存贷比表现出稳中有升的态势，这表明盐城市金融机构存贷款结构相对稳定，且金融机构资金的使用效率不断提高，对盐城经济发展支持力度不断加大。（见表1）

表1　2008—2015年盐城市金融机构存贷款情况　　单位：亿元

指标＼年份	2008	2009	2010	2011	2012	2013	2014	2015
金融机构存款余额	1 302.10	1 645.25	1 995.98	2 320.16	2 699.33	3 196.06	3 721.03	4 414.84
存款余额增速	21.51%	26.35%	21.32%	16.24%	16.34%	18.41%	16.43%	18.64%
储蓄存款	863.64	994.01	1 128.53	1 264.37	1 519.33	1 788.34	2 067.74	2 230.83
金融机构贷款余额	717.05	1 033.55	1 310.40	1 558.64	1 831.44	2 179.75	2 603.82	3 077.48
金融机构存贷比	55.07%	62.81%	65.65%	67.17%	67.84%	68.20%	69.97%	69.70%

数据来源：《江苏统计年鉴》，比例数据由计算得出。

(3) 科技贷款增速放缓

对于在金融体系中银行占主导地位的盐城市来说，由于科技创新需要巨大的资金量供应链，所以创新信贷资金就具有了相当大的潜力。如图 2 所示，2007—2013 年期间，盐城的科技以及高科技贷款呈现出持续增长的趋势，但是自从 2011 年以后，科技贷款在整个盐城市贷款总额中所拥有的份额正在逐步下降，从 2011 年的 8.9% 逐步缩减到了 2015 年的 5.2%。由此我们可以看出，盐城市贷款总量的增长速度和科技贷款量的增长速度之间的差距正在逐步拉大。

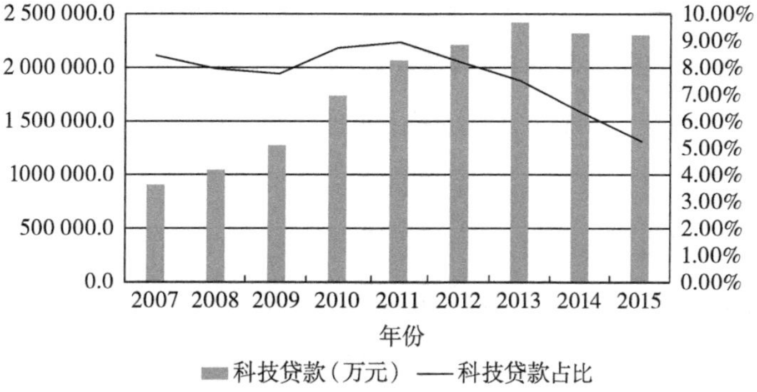

图 2　2007—2015 年盐城市科技贷款数量

3. 盐城市科技金融发展概况

(1) 专营机构初步建立

2011 年 6 月，农行盐城开发区科技支行正式运营，成为苏北地区第一家也是目前唯一一家科技银行，拉开了盐城科技创新与金融创新紧密结合的序幕，截至 2014 年末，已为 99 家科技企业发放贷款达 2 亿元。为满足科技型企业对于小额贷款的需求，悦达集团成立了首家科技小贷公司，注册资金 2 亿元，累计向 86 户科技型企业投放贷款 5.5 亿元。截至目前，全市已成立科技小贷公司共 5 家，2015 年 5 月末贷款余额达 6.39 亿元。此外，2013 年，盐城市首家县域科技金融服务机构——建湖县科技型小企业信贷服务中心成立，设立科技风险补偿专项基金 1 250 万元，可为建湖县科技中小型企业授信 1.2 亿元。

（2）金融服务不断创新

近年来，全市金融部门针对初创期、成长期创业型企业的轻资产、高风险特点的金融产品不断推出，如“金科通”“苏科贷”“财科通”等。2014 年，盐城市 1 047 户科技企业中共有 280 家中小微科技企业“苏科贷”项目被立项，贷款额达 7.2 亿元，立项数和贷款额分别比上年增长 72% 和 107%，占全省“苏科贷”的 24.3%，居全省地级市首位。农行科技支行服务市开发区等地企业的“金科通”项目新增企业 7 家、新增贷款 2 000 万元。江苏银行盐城分行大力推广“小快灵・经营贷”“人才贷”“政府集中采购融资”等金融产品，在信贷投放上优先支持科技型企业。同时，各金融机构还不断创新担保方式，通过开展知识产权质押、股权质押、应收账款质押、中小企业互保或信用贷款等方式为科技型中小企业提供信贷支持。

（3）融资渠道日渐拓宽

政府部门高度重视企业上市工作，先后出台了《关于财政支持市区实施“千百十工程”推进工业转型升级的意见》《关于培育科技型中小企业推动经济转型升级的意见》《关于加快推进企业上市的意见》等，设立 1 亿元的新特产业创新创业投资引导基金，对符合条件的企业，给予全面的政策扶持和服务；同时，完善百家上市后备企业资源库，引导各类资源向上市后备企业倾斜，政府相关专项引导基金优先支持上市后备企业。截至 2014 年末，全市上市企业共 9 家，累计发行企业债券 126 亿元。此外，市人民银行还与市财政局等部门一起，积极推动政府出台《直接债务融资引导奖励资金管理办法》，债券市场规模不断扩大，债务融资工具应用实现突破。2015 年 1—5 月，全市非金融企业债务融资工具发行额 74 亿元，超过上年全年发行额，5 月末余额达 197 亿元，比上年末增长 45.93%。

（4）创业风摊贩良性发展

近年来，盐城市着力于建立、完善直接融资体系，一方面，大力招引风投（创投）基金落户盐城。2013 年成立悦达沿海发展母基金，募集资金 10

亿元。同时，引进上海祖禾资本在盐落户，设立了注册资金 1 亿元的盐城祖禾股权投资基金，首次对盐城东久重工锅炉制造有限公司 300 万元股权进行投资。另一方面，积极探索科技型企业的股权融资。为推动全市中小企业健康持续发展，政府相关部门采取多元化手段为企业搭建有效融资平台。目前，在上海股权交易中心 E 板和 Q 板成功挂牌的企业分别有两家、121 家，在天津股权交易所挂牌的企业有两家，新三板上市企业有 5 家。

（二）盐城市产业结构调整现状分析

产业结构的意义在于它可以衡量出一个城市的各个产业的组成结构以及相互之间的联系。在我国，三大产业占比的份额大小是判断产业结构合理与否的重要指标。盐城作为江苏的面积最大城市，其产业结构的合理、优化程度自然也是备受关注。自经济新常态以来，盐城市对自身的产业结构发展相当重视，已经进行了多次整合。

1. 三大产业稳步增长，第三产业发展迅猛

整体上来讲，盐城市三大产业近年来还是保持着稳步增长的趋势，但其中第三产业正在飞速增长，其在盐城市 GDP 中的占比已经接近一半。因此，选择第一、第二、第三、二三产业占总体 GDP 的份额衡量盐城产业结构优化程度是比较合理的。图 3 分析了 2007—2015 年盐城市产业结构水平的变动情况。

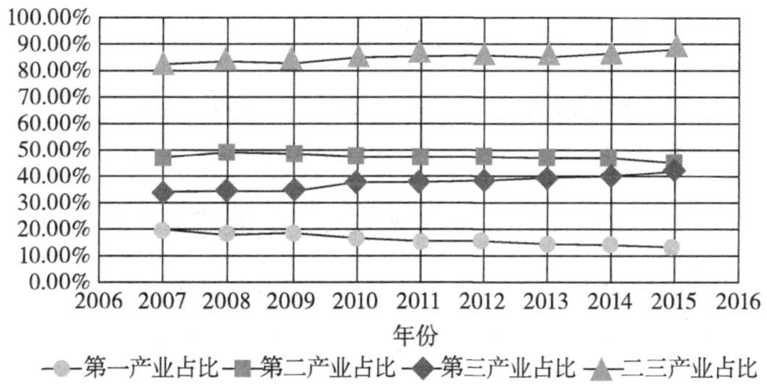

图 3　2007—2015 年盐城市产业结构优化水平

数据来源：相关年份《中国统计年鉴》和《江苏统计年鉴》。

自21世纪以来，面对严峻的国内外复杂环境以及经济膨胀的压力，盐城市坚持把深化产业结构战略性调整，产业结构层次不断提升，构建现代产业发展新体系作为经济结构调整的中心任务，紧扣薄弱环节狠下功夫，抓稳关键领域力求突破。由图3可以看出：2007—2015年这八年里第一产业的比重慢慢地下降，但是第三产业却飞速发展，所占比重也越来越大，与此同时，第二产业在2008年之后发展的势头有所减弱。大体上来看，第一产业在盐城市的产业结构占比中一直处于低位，从2008年的16%下降到2015年的12%；第二产业在2007—2008年显示出了缓慢增长的趋势，但是从2010年起又开始出现了下降现象，由2011年的46%下降到了2014年的43%。而第三产业的发展和第一、第二产业截然不同，几年来一直处于相当稳定的发展状态，甚至已经与盐城市工业占比相当，由此看出第三产业在盐城市产业结构中有着相当重要的地位。

2. 三大产业发展不平衡，第二产业占比偏高

从整体来看，虽然盐城市的经济发展水平在江苏省还是处于下游水平，但是第三产业却逆流而上，快速发展，这也说明了盐城市对于产业结构的调整正在稳步实施，但第二产业占比依然偏高。新常态时期城市发展不能忽视了服务业的重要作用，过于重视第二产业的发展将会导致盐城市经济结构的不平衡，所以，应该注重三大产业的协调发展，相互平衡。

3. 高新技术产业产值增速放缓

近几年，随着科技水平不断提高，盐城市高新技术产业产值呈现不断增长态势。如图4所示，从2008年的396亿元增长到2015年的2 455.42亿元，增幅高达520%，但增速出现了显著下滑的趋势，增速显然放缓。2008年同比增幅最大达72.17%，2010年同比增速为41.67%，随后几年增长率呈逐步下降态势，2014年增速最慢，同比增长仅为11.7%。

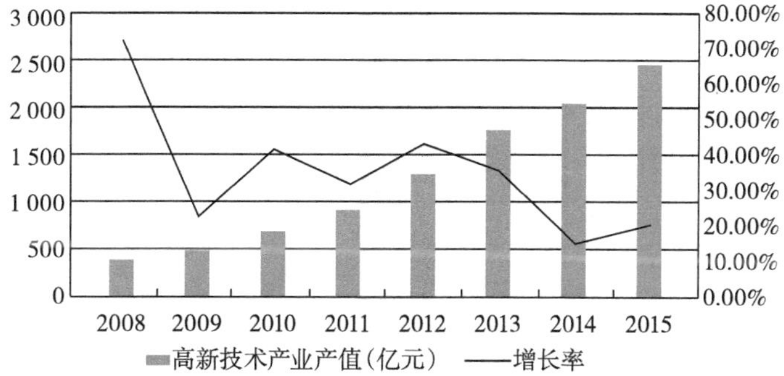

图 4　2008—2015 年盐城市高新技术产业产值

四、盐城市科技金融对产业结构升级影响的实证分析

（一）变量选取与数据来源

被解释变量：本文采用郭江和杨芹芹（2015）的研究方式来衡量产业结构调整对产业结构优化的影响度，分别用产业结构优化度（IND）、第一产业结构优化度（IND_1）、第二产业结构优化度（IND_2）和第三产业结构优化度（IND_3）四个指标来表示，第二、第三产业产值之和在盐城市 GDP 中的占比大小便是产业结构优化度数值，第一、第二、第三产业产值占盐城市 GDP 的比重则代表第一、第二、第三产业优化度的数值。

解释变量：主要为科技金融（TFF）指标，考虑到数据的可得性，本文用盐城市科技贷款余额占总贷款余额的比重来衡量盐城市的科技金融发展水平。其中控制变量用财政预算支出在盐城市 GDP 中所占比重来衡量，也称为财政支出（FII）。数据主要来源于历年《江苏统计年鉴》和《盐城统计年鉴》。

本文对上述变量选取了自然对数，并且对这些数据进行了整合与梳理，见表 2。

表 2　各变量统计结果

具体指标	最小值	平均值	最大值	标准差
产业结构优化度（IND）	0.8105	0.8457	0.8774	0.0210
第一产业结构优化度（IND_1）	0.1226	0.1543	0.1895	0.0211

续表

具体指标	最小值	平均值	最大值	标准差
第二产业结构优化度（IND_2）	0.4571	0.4715	0.4855	0.0084
第三产业结构优化度（IND_3）	0.3407	0.3742	0.4203	0.0274
科技金融（TFF）	0.0741	0.1185	0.1434	0.0235
财政支出（FII）	0.1172	0.3949	0.7456	0.2179

（二）计量模型的构建

1. 多元线性回归模型介绍

多元线性回归模型的通用公式为 $Y_i = \beta_0 + \beta_i X_{1i} + \beta_2 X_{2i} + \cdots + \beta_i X_{ni}$（$i$ = 1，2，3，…，n），其中解释变量的数目用 n 表示，β_i =（i = 1，2，3，…,K）称为回归系数（regression coefficient）。上面这个公式也被很多学者称为总体回归函数的随机表达式。上述公式的非随机表达式为 T（Y | X_{1i}，X_{2i}，…，X_{ki}）$= \beta_0 + \beta_1 X_{1i} + \beta_2 X_{2i} + \cdots + \beta_k X_{ki}$，$\beta_j$ 也被称为偏回归系数（partial regression coefficient）。

2. 计量模型建立

本文采用 2007—2015 年盐城产业结构调整和科技金融发展的数据，并建立多元线性回归模型对搜集的数据进行分析研究，将被解释变量设为产业结构优化度及第一、第二、第三产业结构优化度，将解释变量设为金融发展水平和控制变量，对盐城市科技金融与产业结构调整之间存在的内在联系进行深入研究。本文所建模型公式如下所示：

$$IND = \alpha + \theta FGM + \chi FII + \eta \tag{1}$$

$$IND_1 = \alpha_1 + \theta_1 FGM + \chi_1 FII + \eta_1 \tag{2}$$

$$IND_2 = \alpha_2 + \theta_2 FGM + \chi_2 FII + \eta_2 \tag{3}$$

$$IND_3 = \alpha_3 + \theta_3 FGM + \chi_3 FII + \eta_3 \tag{4}$$

其中，α、α_1、α_2 和 α_3 表示截距项，θ、θ_1、θ_2、θ_3 和 χ、χ_1、χ_2、χ_3 分别表示模型中各变量对于产业结构优化度的影响大小，也被称为各解释变量的常规系数，η、η_1、η_2、η_3 表示随机误差项。

（三）实证检验结果与分析

本文采用多元线性回归模型，利用盐城市 2007—2015 年科技金融与产业结构相关数据进行实证分析。得出实证方程如下：

$IDN = 0.789 + 0.135TFF + 0.108FII$　拟合优度 R^2 为 96.57%

（0.040）（0.001）（0.000）

$IDN_1 = 0.212 - 0.134TFF - 0.108FII$　拟合优度 R^2 为 95.43%

（0.000）（0.008）（0.451）

$IDN_2 = 0.469 - 0.088TFF - 0.020FII$　拟合优度 R^2 为 79.36%

（0.007）（0.002）（0.001）

$IDN_3 = 0.318 + 0.044TFF + 0.128FII$　拟合优度 R^2 为 96.85%

（0.000）（0.001）（0.000）

（备注：三个方程括号里的数值是 P 值，其中若 P 值 >0.1 表明统计结果不显著，P 值 <0.1 则表明统计结果显著）

根据回归方程可以看出：方程中四组数据拟合优度值均在 75% 以上，说明得出数据是可靠可研究的。从上述实证方程中可以算出当科技金融水平（TFF）上升 1 个单位时，盐城市总体产业结构优化度（IDN）便会随之上升 0.135 个单位，而相对应的第一产业结构优化度（IDN_1）下降了 0.134 个单位，第二产业优化度（IDN_2）降低了 0.088 个单位，第三产业结构优化度（IDN_3）提高了 0.044 个单位。即科技金融指标（TFF）对整体产业结构优化度（IDN）具有正影响作用；科技金融（TFF）对第一产业结构优化度（IDN_1）具有负影响作用，这其中的原因可能是盐城市科技金融的发展带动了第二、第三产业优化度的提升，但是对第一产业尤其是农业的作用却是负面的；科技金融（TFF）对第二产业结构优化度（IDN_2）起着负影响作用，这可能是目前盐城市第二产业仍然处于较不发达阶段，而且盐城市加大了对第三产业投入的力度，所以间接缩小了其发展的空间。科技金融（TFF）对第三产业结构优化度（IDN_3）具有正影响作用的原因可能是盐城目前越来越注重科技产业以及高新技术产业的发展，金融的发展会加大市场对金融业、互联网信息行业等各类技术服务业的发展。所以，科技金融（TFF）对第三产业结构优化度（IND_3）的促进效应最为显著，且促进作用最强。综上所述，科技金融的发展总体上对于第三产业结构的优化升级还是有着十分积极的作用，但是对第一产业结构优化度以及第二产业结构优化度均有一定的负影响作用。

五、研究结论与政策启示

（一）研究结论

本文基于对盐城市科技金融发展与产业结构调整相关数据及实证结果的分析，主要得出以下研究结论：一是虽然盐城市科技金融发展整体水平仍然稳中有升，金融存贷款结构相对稳定，但是科技贷款量的增长速度却在放缓。二是虽然三大产业发展速度较快，产业结构不断优化，但第二产业占比依然偏高。三是科技金融发展对第三产业优化度的正面影响还是明显的，但是对于第一以及第二产业优化度却有着一定的负影响作用。

（二）政策启示

基于以上研究结论，提出如下政策建议：

1. 优化科技金融发展的宏观环境

政府部门应从政策优化、平台建设、担保补偿层面，为科技金融体系建设提供政策支持。一方面，政府部门应积极出台相关政策，为商业银行和风险投资机构的全面合作提供政策支持，如政府可通过制定法规支持商业银行与风险投资机构进一步合作，真正探索出一条为科技型企业成长提供全程服务的融资渠道，优化科技金融发展的外部支撑环境；另一方面，政府部门应该为科技银行搭建投融资平台，集合银行、风险投资机构、保险机构、担保机构及产权交易市场等多层次全方位的投融资机构，为科技型企业的融资提供有力支持；建立科技型企业信息共享平台，定期公布企业相关需求信息以方便投资机构查询并进行投资，提高企业融资成功率；由相关政府部门组织银行、产业政策专家及创投机构专业人员等组成科技项目专家评审团，对科技贷款进行专业化评审；通过政府引导功能吸引风险投资机构、创业投资机构及其他中介服务机构加强与科技银行的业务合作及资源共享等。最后，政府部门应该引导建立和健全科技型企业融资信用担保体系，缩减融资风险；建立信用担保风险代偿基金，对担保公司的代偿行为给予相应补助。

2. 鼓励科技型企业积极研发科研产品

第一，政府部门应加大科技创新方面的财政支出，对于一些代表性的科技创新型企业要给予大力的扶持，时刻关注这些企业研发出的最新科研产品，并及时上报申请专利权。同时，随着国家对科技创新领域的关注程度不断提高，科技创新型企业对于财政创新方式也要不断地革新，注重科技创新资金的效益问题，要将资金投入到研发最新的科研产品当中去，提升科技创新资金的使用效益。第二，政府部门要大力建设本地产学研结合产业化基地，不断探索出区域性的产学研新模式；要对前景较好的高校、科研机构等重大研究项目，加大其配套设施的建设，并鼓励企业一同进行产业转化。第三，盐城市政府要鼓励天使投资、创业投资等股权投资基金在本地区社会资本中设立起来，并且支持中小型科技创新型企业的创新活动，并要建立健全风险投资补偿机制，在企业投资失误发生损失后，按投资损失比例对创业投资企业进行赔偿，这样有助于推动中小型科技企业创新的积极性。

3. 充分发挥科技金融对产业结构升级的作用

一方面，政府部门要注重产业结构内部发展，协调优化三大产业结构。目前，从整体来看，盐城的经济发展水平虽不断提高，但其第二产业的发展几乎达到产业占比的90%，相对于发达国家而言，这一比例是不协调的。虽然第一产业占比在不断下降，但值得注意的是，在注重第二产业工业发展的同时却没有考虑到服务业的平衡发展，第三产业的占比过少，导致产业结构的比例不协调，发展不平衡。因此，相关部门应该做好三大产业协调优化工作，做到三大产业相辅相成，共同发展。另一方面，科技金融发展是影响产业结构调整升级的重要因素，故需进一步打开科技金融市场，发挥市场作用，完善市场机制，推动科技企业尤其是高新技术企业上市融资，促进高新技术产业发展，从而推进产业结构优化升级。而产业结构优化升级之后又会给科技金融的发展带来更多的机会，同样也会加快盐城地区金融业的不断繁荣，这样便可以促进科技金融与经济结构优化的共同进步。

4. 银行与企业相互合作，达到共赢局面

第一，盐城市产业结构调整想要顺利进行，离不开银行与新兴的科技创新型企业的大力支持，政府应重视银行与企业之间的互动与发展，一方面鼓励银行产品创新、流程优化、机制完善层面多出台一些对科技创新型企业倾斜的优惠政策，缓解一些新兴科技创新型企业资金紧缺问题，银行要能够主动适应市场需求，不断创新银行业科技创新产品，尽量满足众多中小微企业的需求。第二，盐城市政府要充分发挥好财政专项资金的“杠杆”作用，为企业引导更多的社会资金以促进科技创新型企业的融资服务。第三，市政府要发挥好牵线搭桥的中间人作用，让银企有更多的沟通机会，让银行和企业有更多的面对面交流的机会。市政府要鼓励银行深入企业，寻找一些高质量客户，为企业提供信息咨询服务。

参考文献

[1]Wurgler,J. Financial Markets and the Allocation of Capital[J]. Journal of Financial Economics, 2000(5):35 -40.

[2]Ross Lerine, Sara. Zervos. Stock Markets, Banks, and economic growth [J]. American Economic Review, June 1998, 88(3):46 -49.

[3]Aghion P, Howitt P. Mayer - Foulkes. The Effect of Financial Development on Convergence: Theory and Evidence[J]. The Quarterly Journal of Economics, 2005, 120(1):173 -222.

[4]Ang J B. Research, Technological Change and Financial Liberalization in

South Korea [J]. Journal of Macroeconomics, 2010, 32(1):457 -468.

[5]Hall Bronwyn. The Financing of Research and Development [J]. Oxford Review of Economic Policy,2002,18(1):35 -51.

[6]Beck and R. Levine,Industry growth and capital allocation[J]. Journal of Financ - ial Economics,2002,64(2):147 -180.

[7]Fisman, Love. Financial dependence and growth revisited[R]. NBER Working Paper No. W9582,2003:110 -132.

[8]Mckinnon. Money and Capital in Economic Development[M]Shanghai: Shanghai Sanlian Bookstore, 1997:100 -120.

[9]叶耀明,王胜. 金融中介对技术创新促进作用的实证分析——基于长三角城市群的面板数据研究[J]. 商业研究,2007(8):69 -72.

[10]周昌发. 科技金融发展的保障机制[J]. 中国软科学,2011(03):56 -59.

[11]曹颢,尤建新,卢锐,陈海洋. 我国科技金融发展指数实证研究[J]. 中国管理科学,2011,19(03):63 -66.

[12]季菲菲,陈雯,袁丰,孙伟. 高新区科技金融发展过程及其空间效应——以无锡新区为例[J]. 地理研究,2013(10):56 -59.

[13]黄鑫,蒲成毅. 低碳经济浪潮下科技金融的发展动态及前瞻[J]. 西南金融,2013(12):30 -32.

[14]束军意. 基于众筹模下科技金融服务平台功能架构研究[J]. 科技进步与对策,2016,33(10):18 -22.

[15]肖嫚. 战略性新兴产业发展的科技金融创新模式研究[D]. 武汉:武汉理工大学,2014:38 -46.

[16]李心丹,束兰根. 科技金融——理论与实践[M]. 南京:南京大学出版社,2014:36 -48.

[17]左志刚. 政府干预风险投资的有效性:经验证据及启示[J]. 财经研究,2011,37(5):123 -133.

[18]王卫彬,俞杰龙,朴基成.科技金融与高新技术产业发展的实证研究:来自浙江嘉兴的例证[J].科技管理研究,2012(24):52-58.

[19]林海平.金融支持产业优质化与高级化的机理研究[J].科技管理研究,2015(18):31-36.

[20]张玉喜,赵丽丽.中国科技金融投入对科技创新的作用效果——基于静态和动态面板数据模型的实证研究[J].科学学研究,2015(5):136-150.

[21]芦锋,韩尚荣.我国科技金融对科技创新的影响研究——基于面板模型的分析[J].中国科技论坛,2015(11):116-132.

经济新常态下盐城科技金融发展问题研究①

张晓燕　　崔　东　　徐　华　　徐　健

【摘要】 经济新常态下，科技创新逐渐成为一国或地区经济增长的新动力，而金融的支持才能为科技创新提供源源不断的驱动力。本文通过构建向量自回归模型，运用盐城市2000—2014年的数据对金融发展与科技创新之间的内在关系进行了考察。研究表明：金融发展与科技创新之间存在长期均衡关系，即金融发展规模和金融发展效率与科技创新之间存在长期的正相关性；科技创新与金融发展规模之间存在单向格兰杰因果关系，而与金融发展效率之间存在双向格兰杰因果关系；短期内金融发展规模与金融发展效率对科技创新的促进作用较强，但从长期来看，其对科技创新水平的提高十分有限。

一、引言

科学技术是第一生产力，金融是现代经济的核心，尤其是在经济步入新常态时期，需要不断优化产业结构，挖掘经济发展的新动力，而科技和金融紧密结合、联动发展，是变革生产生活方式的强大动力，是催化创新经济、培育战略性新兴产业的重要举措。江苏省“十二五”规划明确提出要营造科技创新良好环境，建立科技金融体系，促进科技与金融紧密结合，同时要加

---

① 课题来源：盐城市金融研究院，2014. 10—2015. 06，项目编号：2014YCJR003

作者简介：张晓燕，汉族，女，河北邯郸人，盐城师范学院讲师，硕士；崔东，汉族，男，江苏盐城人，中国人民银行盐城市中心支行调统科科长，经济师；徐华，汉族，男，江苏东台人，南京银行盐城分行副行长，经济师；徐健，汉族，女，江苏盐城人，浦发银行盐城分行营业部主任，经济师。

快科技强省建设步伐，大力提高自主创新能力，到2015年率先建成创新型省份。可见，科技创新已上升为江苏省经济发展的战略重点。

科技型企业是科技创新的主要力量，完善的金融支持是科技型企业创新发展的基础。而当下经济步入新常态时期，一方面迫切需要科技型企业快速发展，形成新的经济增长点，另一方面金融资源配置不合理，融资难融资贵成为科技型企业创新发展的“瓶颈”，严重制约了科技成果的转化及产业结构升级。因此，为科技型企业创新提供满足其需求及特征的金融支持，为其提供具有针对性、层次性、灵活性的融资选择，切实解决其融资难融资贵的问题，紧密结合科技金融，建立健全科技金融发展体系，具有重大研究意义，本课题正是在这一背景下提出的。

二、科技金融概述

（一）文献回顾

国内外学者从不同视角对科技金融进行了研究，形成了大量的研究成果。国外学者相关研究主要集中于资本市场和金融机构对科技创新的作用。在金融机构对科技创新的作用方面，King&Levine（1993）提出金融体系为科技创新提供了企业家评估、资金筹集、风险分散及技术创新预期收益评估在内的四项服务，进而提高科技创新效率。Ross Levine 等（1998）从金融功能的角度研究金融对技术创新的作用机理，认为金融机构通过提高全要素生产率来促进长期经济增长。Aghion et al.（2005）分析了金融约束对引进国外先进创新技术的影响。Luigi et al.（2008）利用意大利企业技术创新的数据进行实证研究发现，银行信贷对中小企业和高科技类型企业创新具有积极的促进作用。Ang（2010）基于韩国时间序列数据进行实证研究，得出金融自由化与国家科技创新具有强关联性的结论。在资本市场对科技创新的作用方面，Kortum&Lerner（2001）通过研究发现，在高技术产业中风险资本的增加与专利发明数量呈正相关，风险资本投入到 R&D 生产的基本上不足 3%，但其对高技术产业科技的贡献率则高达 15%。

Hall（2002）指出风险投资可以有效解决创新资金在筹集过程中产生的高额融资成本、信息不对称及道德风险等问题，从而促进科技创新。Kaplan（2003）、Vasilescu&Popa（2011）认为风险投资既可以为处于种子期的科技型企业提供资金支持，解决其融资难问题，还可以促进其快速成长和壮大。Casamatta（2003）、Keuschning（2004）的研究表明，企业能否获得风险资本的有力支持已经成为其能否成功实施技术创新活动的重要影响因素。

国内学者的相关研究主要集中在金融体系和结构、政策金融等对科技创新的作用。凌江怀等（2009）提出通过将直接金融、信贷融资以及政策性金融相结合，建立金融对科研活动的支持路径。叶耀明和王胜（2007）基于长三角地区城市群的面板数据对金融中介的作用进行了分析，发现以商业银行为代表的金融中介体系相比于风险投资等科技金融手段，对科技创新也起着更为重要的作用。龙勇等（2011）基于多个地区的高新技术企业调研数据，研究风险投资对高新技术企业联盟策略的影响。王华（2007）、左志刚（2011）认为政策性金融支持体系可以弥补中小企业融资缺口。肖玉香（2011）指出应将科技型中小企业融资的金融支持建设当作一项系统性的工程，其核心是进行机制构建。肖嫚（2012）运用规范理论分析、回归分析和案例分析相结合的研究方法，提出支持我国战略性新兴产业发展的科技金融创新模式。李心丹和束兰根（2013）提出我国现阶段应将中小科技型企业的融资难题作为重要的着力点，将政府的参与跟市场化的运作有机结合起来，健全担保和抵押的机制，拓宽企业融资渠道。邓天佐（2010）认为应该从构建能够促进科技成果产业化并适应科技型企业发展的政策环境及功能性平台、建设多层次多元化的科技创新投融资体系、大力发展信用评级及保险担保等中介机构出发来深化科技金融创新，推进科技金融结合。

（二）相关概念界定

1. 经济新常态的含义

新常态这个名词实际上是美国华尔街经济学家提出的一个概念，当时这些华尔街的经济学家认为可能会出现经济增长率降低、失业率增高、金融风险攀升等风险。经济新常态是经济发展特征从一种状态转向另一种状态，而经济发展特征可以从多种视角、层面和领域来描述，因此，可以从不同的角度、不同的语境来考察和理解经济新常态。国内对于新常态的高度关注是从2014年5月习近平总书记在河南考察时的讲话开始的。当时习近平指出，中国发展仍处于重要战略机遇期，我们要增强信心，从当前中国经济发展的阶段性特征出发，适应新常态，保持战略上的平常心态。2014年11月，习近平主席在APEC工商领导人峰会开幕式上首次全面而系统性地阐释了中国经济新常态，就新常态的主要特点、发展机遇、战略举措等重要问题进行了深入的分析和论述，阐明了“能不能适应新常态，关键在于全面深化改革的力度。我们全面深化改革，就要为创新拓宽道路”等一系列新的观点思路。《人民日报》提出了新常态的四个主要特征——中高速、优结构、新动力、多挑战，认为经济进入新常态、增长速度换挡期、结构调整阵痛期、前期刺激政策消化期“三期”叠加。

2. 科技金融的含义

赵昌文（2009）等在《科技金融》一书中首次提出了科技金融的概念。房汉廷（2010）对科技金融的本质进行了较全面的归纳概括：一是科技金融是一种创新行为，即企业家将科学知识与技术发明的成果进行产业化的过程中所发生的投融资行为总和；二是科技金融是一种技术—经济范式，即新技术的产生造成现有经济的极大动荡与不确定性，进而吸引风险资本的注入，达到技术创新与金融资本的高度耦合，最终促使新经济模式的产生；三是科技金融是一种科技活动财富化的过程，即科学技术通过金融资本的注入经历研发、成型及产业化的过程；四是科技金融是一种金融资本进行价值创造的过程，即金融资本投资科技创新通过科技成果产业化所带来的放大效应，获取高附加回报的过程。本课题将科技金融定义为以促进科技企业发展和科技创新产业化为主要目的，政府、金融机构、风险投资者等各个金融资源的主体对相关创新主体提供资本、金融产品、支持政策等系统性的金融服务的总称。

三、盐城市科技金融发展现状

（一）盐城市科技金融发展概况

1. 科技发展概况

“十二五”以来，盐城市科技创新成效显著。2014 年，省科技统计监测科技进步指标排全省第 9 位，苏北第 1 位，省“八项工程”监测指标排序全省第 8 位，较上年提升一个位次。盐城市也连续多次被评为全国科技进步先进市，先后被批准为“国家知识产权示范城市”“国家创新型试点城市”“国家可持续发展实验区”“国家新能源汽车推广应用示范城市”等，科技创新为全市经济转型发展提供了有力的科技支撑。2014 年 524 项科技计划项目获省级以上立项，争取到无偿资助资金 1.13 亿元、风险补偿资金贷款 7.15 亿元，4 个重大成果转化项目获省立项，争取资金 3 600 万元，实现了全市 11 个县（市、区）省重大科技成果转化项目的全覆盖。其中，专利是科技创新的重要成果，专利申请量是科技创新产出尤其是自主创新能力的重要衡量指标。如图 1 所示，2008—2014 年盐城专利申请量呈现出不断增长的趋势，从 2008 年的 3 948 件增长到 2014 年的 17 213 件，增幅高达 435.9%；但从增长率来看，2008—2012 年间，增速均保持两位数，尤其是 2011 年增长率高达 75.9%，2013 年与 2014 年专利申请量虽有所增长，但增速显著下滑。

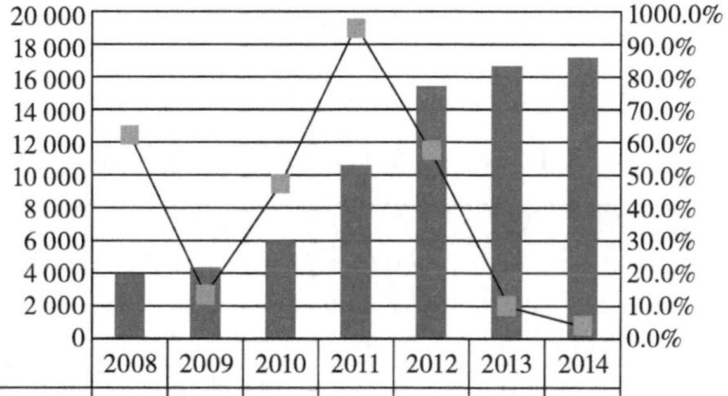

	2008	2009	2010	2011	2012	2013	2014
专利申请量（件）	3 948	4 366	6 016	10 586	15 456	16 689	17 213
增长率	49.7%	10.6%	37.8%	75.9%	46.0%	7.9%	3.1%

图 1　2008—2014 年盐城专利申请量统计情况

数据来源：相关年份《盐城统计年鉴》。

2. 金融发展概况

2013年盐城市政府出台了《盐城市金融高地建设（2013—2020）总体规划暨金融业发展三年（2013—2015）行动计划》，大力发展金融业。特别是近些年，随着金融体制改革的不断推进，盐城进入了金融业快速发展时期，金融发展水平不断提高，为盐城市的经济发展提供了源源动力。

银行金融机构发展规模正在稳步扩大，机构体系更加完善，服务主体多元化发展趋势更加显著。一方面，从盐城市银行机构数目来看，截至2014年末，盐城市共有银行业机构35家、银行业机构网点896个。其中，浦发银行、中国民生银行、华夏银行、招商银行及南京银行等纷纷来盐设立异地分支行并相继挂牌成立；常熟农商行亭湖、阜宁、东台县级支行正式开业；昆山农商行盐都、建湖、滨海及响水等县级支行亦已相继开业；太仓农商行、江南银行、中国民生银行、常熟农商行等在各县（市）有序开办村镇银行。另一方面，从金融业务总量来看，截至2014年末，全市金融机构本外币存款余额达3 721.03亿元，比2010年末增加1 711.86亿元。其中，储蓄存款余额2 067.74亿元，人均储蓄达25 063元；本外币贷款余额达2 603.82亿元，比2010年末增加1 269.89亿元。2008—2014年间盐城市金融机构存款余额稳步增长，且每年的增速均超过了同期GDP增速，储蓄存款也逐年提升。2008—2014年间金融机构贷款余额亦呈现逐年上升趋势，存贷比表现出稳中有升的态势，这表明盐城市金融机构存贷款结构相对稳定，且金融机构资金的使用效率不断提高，对盐城经济发展支持力度不断加大。（见表1）

表1　2008—2014年盐城市金融机构存贷款情况　　单位：亿元

指标 \ 年份	2008	2009	2010	2011	2012	2013	2014
金融机构存款余额	1 302.10	1 645.25	1 995.98	2 320.16	2 699.33	3 196.06	3 721.03
存款余额增速	21.51%	26.35%	21.32%	16.24%	16.34%	18.41%	16.43%
储蓄存款	863.64	994.01	1 128.53	1 264.37	1 519.33	1 788.34	2 067.74
金融机构贷款余额	717.05	1033.55	1 310.40	1 558.64	1 831.44	2 179.75	2 603.82
金融机构存贷比	55.07%	62.81%	65.65%	67.17%	67.84%	68.20%	69.97%

数据来源：《江苏统计年鉴》，比例数据由计算得出。

（二）盐城市科技金融工作主要成效

1. 专营机构初步建立

近年来，各金融机构以盐城沿海开发和建设国家可持续发展试验区为契机，依托盐城开发区、城南科教城及金融城，不断探索支持科技企业发展的信贷融资平台。2011 年 6 月，农行盐城开发区科技支行正式运营，成为苏北地区第一家也是目前唯一一家科技银行，拉开了盐城科技创新与金融创新紧密结合的序幕，截至 2014 年末，已为 99 家科技企业发放贷款规模达 2 亿元。为满足科技型企业对于小额贷款的需求，悦达集团成立了首家科技小贷公司，注册资金 2 亿元，累计向 86 户科技型企业投放贷款 5.5 亿元。同时，2013 年，盐城市首家县域科技金融服务机构——建湖县科技型小企业信贷服务中心成立，设立科技风险补偿专项基金 1 250 万元，可为建湖县科技中小型企业授信 1.2 亿元。

2. 金融服务不断创新

近年来，全市金融部门针对初创期、成长期创业型企业的轻资产、高风险特点的金融产品不断推出，如“金科通”“苏科贷”“财科通”等。2014 年，盐城市 1 047 户科技企业中共有 280 家中小微科技企业“苏科贷”项目被立项，贷款额达 7.2 亿元，立项数和贷款额分别比上年增长 72% 和 107%，占全省“苏科贷”的 24.3%，居全省地级市首位。农行科技支行服务市开发区等地企业的“金科通”项目新增企业 7 家、新增贷款 2 000 万元。江苏银行盐城分行大力推广“小快灵 · 经营贷”“人才贷”“政府集中采购融资”等金融产品，在信贷投放上优先支持科技型企业。同时，各金融机构还不断创新担保方式，通过开展知识产权质押、股权质押、应收账款质押、中小企业互保或信用贷款等方式为科技型中小企业提供信贷支持。

3. 融资渠道日渐拓宽

政府部门高度重视企业上市工作，先后出台了《关于财政支持市区实施“千百十工程”推进工业转型升级的意见》《关于培育科技型中小企业推动经济转型升级的意见》《关于加快推进企业上市的意见》等，设立1亿元的新特产业创新创业投资引导基金，对符合条件的企业给予全面的政策扶持和服务。此外，完善百家上市后备企业资源库，引导各类资源向上市后备企业倾斜，政府相关专项引导基金优先支持上市后备企业。截至2014年末，全市上市企业共9家，同时债务融资工具应用实现突破，城南新区、悦达集团等累计发行企业债券126亿元；2014年全市发行非金融企业债务融资工具73亿元，比上年净增20.5亿元，年末余额达135亿元，较上年增长38.46%。

4. 创业风投良性发展

近年来，盐城市着力于建立、完善直接融资体系，一方面，大力招引风投（创投）基金落户盐城。2013年成立悦达沿海发展母基金，募集资金10亿元。同时，引进上海祖禾资本在盐落户，设立了注册资金1亿元的盐城祖禾股权投资基金，首次对盐城东久重工锅炉制造有限公司300万元股权进行投资。另一方面，积极探索科技型企业的股权融资。为推动全市中小企业健康持续发展，政府相关部门采取多元化手段为企业搭建有效融资平台。目前，在上海股权交易中心E板和Q板成功挂牌的企业分别有两家、121家，在天津股权交易所挂牌的企业有两家，新三板上市企业有5家。

（三）当前盐城市科技金融发展面临的主要问题

1. 科技金融服务创新意识不强

首先，从财政投入角度看，对企业创新的支持多是以无偿资助模式为主，金融与科技统筹融合发展的意识不强，未能充分发挥财政资金对金融和社会资本服务科技的引导作用；其次，从金融服务角度看，专门针对盐城特色科技产业的金融服务产品较少，银行科技专营机构明显不足，金融创新多停留在形式层面，远不能适应轻资产型科技企业的融资需求，截至2014年，辖内仅成立了1家科技支行，且商业银行多是在大力推广上级行的科技金融产品，对盐城辖内科技企业的针对性、适用性不强；最后，从科技企业角度看，盐城市科技企业缺乏积极主动利用金融资金服务自身发展的意识，尤其缺乏通过主动改善自身相关软、硬件设施来消除金融机构顾虑的意识。据不完全统计，仅有不足20%的科技企业在具有政府担保或补贴情况下较易获得银行贷款，而大部分科技企业则因难以达到银行贷款准入门槛，加之自身对风险投资持怀疑态度，且对股权出让和自主权削弱顾虑重重而被银行拒之门外。

2. 科技金融信贷投入产出不高

相比而言，目前辖内科技企业客观上存在资金实力弱、固定资产少、担保难、销售规模小等共性特点，若按照传统的信贷介入模式测算，此类企业难以达到商业银行准入门槛。同时，科技创新企业的历史高失败率（资料显示，目前国内科技创新企业的失败率高达90%以上），更让商业银行对其信贷支持慎之又慎。此外，已投放的信贷资金使用效率较为低下，有数据显示，盐城市银行业机构科技贷款的相对规模在江苏省的排名居第6位，远高于南京、苏州等苏南地区的城市，但全市的科技产出在省内的排名居第11位，显然，这与该市银行科技信贷占比的排名不相匹配。实际上，整个苏北地区在科技产出水平方面都不尽如人意，科技贷款的使用效率明显低于苏南地区。尤其是盐城的银行科技贷款存在较多不合理的地方，如商业银行对处于生命周期后期的科技型中小企业提供贷款的意愿较强，忽略了处于种子期的创新能力比较强的科技型企业。同时，缺乏对科技贷款贷后的跟踪管理或跟踪管理不到位，导致科技贷款的使用效率低下，未能充分发挥其对科技产业的高效支撑作用。

3. 科技金融外部环境支持不畅

一是政策性金融支持体系不完善。主要表现为科技金融政策缺乏系统性，已出台的一系列支持科技产业发展的政策之间整体衔接性不够强，整体的制度指引不到位，导致在实践中达不到预期的效果。例如，2014 年，全市财政科技支出占财政一般预算支出的3.74%，同比增长5.06%，而授权专利数量和发明专利数量则分别比上年下降了3.6%和4.6%。二是科技与金融结合中缺少桥梁和纽带。表现为科技金融中介服务发展刚刚起步，为科技金融服务的专业中介机构才具雏形，据调查，该市首家专业性的科技金融服务机构——“盐城市科技型中小企业金融服务平台”尚在筹建之中，还未投入正式运行；科技保险市场发展滞后，客观上也制约了科技金融发展的速度，如该市科技部门与紫金保险的业务合作目前正在积极地商洽之中，争取年内实现首投；企业信用体系建设发展不够完善，尤其是高新技术产业由于缺乏有效的抵押和担保，加之缺乏相应的信用评级，使得金融机构对科技企业信贷服务的功能受到削弱。

4. 科技金融直接融资规模不大

当前，盐城市的科技型企业呈现出数量多、规模小的特点。统计显示，该市1 047户科技企业皆为中小微企业，显然，此类企业依靠上市融资尚存在诸多障碍，这也使得股票市场发展规模较小，已上市科技型企业总数及融资规模与苏南地区城市相比仍存在较大差距。债券市场上，国债（地方债）占据着主导地位，而企业债券尤其是中小企业债券市场规模相对较小，在发行条件上对科技型企业设立的门槛限制较多，全市科技企业通过发行公司债券融资的能力明显不足。据统计，2014年，市科技局联合财政局对企业实际发放科技创新券939.12万元，专用于中小微企业的科技咨询、科技信息服务、技术检测等技术活动的补助，仅占非金融企业债务融资规模的0.13%。创业风险资本发展规模较小，且风投资金外流严重，其对本土科技企业的介入显著不足，同时其投资行为趋于保守，介入阶段偏后，偏好处于成长期和成熟期的企业，而处于种子期的企业则难以赢得风投资本的青睐。

5. 科技金融专业人才力量不足

一方面，相比于苏南经济发达地区，位于苏北的盐城经济发展相对落后，科技金融发展水平相对较低，受制于这一客观现状，吸引创新型科技金融人才来盐发展的难度较大；另一方面，盐城现有的高校之中，仅有两所高校刚刚开办了金融工程专业，这也在一定程度上使得本土缺乏科技金融复合型人才的供应能力，难以满足科技金融快速发展过程中对人才的迫切需求。此外，目前辖内仅有个别商业银行成立了专门机构为科技企业提供金融服务，科技金融专业人才的配备更是严重不足。例如，调查结果显示，全市商业银行中目前仅有两家专门设立了科技专营机构，即市江苏银行科技金融服务中心和市农行开发区科技支行，全辖专门从事科技金融服务的人员不足 40 人，仅占全市金融从业人数的 0.29%。另盐城高校之中专门从事金融教学的师资队伍仅有 13 人，金融师资力量明显缺乏。

四、实证模型构建及数据与描述

（一）实证模型构建

向量自回归模型（Vector Autoregressive Model）即 VAR 模型，是由 Sims 引入到经济学研究分析中，并获得了广泛应用，尤其是在分析和预测多个相关经济指标时，用 VAR 模型分析时间序列系统和随机扰动项对各个变量的作用。

本课题基于广义的 C－D 生产函数建立计量模型分析金融发展对科技创新的影响。

$$Y_t = A_1 Y_{t-1} + A_2 Y_{t-2} + \cdots + A\rho Y_{t-p} + \varepsilon_t \tag{1}$$

其中，$Y_t =$（$\ln KJC_t$，$\ln FGM_t$，$\ln FXL_t$，$\ln CZZ_t$），Y 表示二维的内生变量向量，A 表示相应的系数矩阵，ρ 表示内生变量的滞后阶数，ε_t 为误差修正向量。KJC_t 为科技创新指标，FGM_t 为金融发展规模指标，FXL_t 为金融发展效率指标，CZZ_t 为财政支出指标。

（二）数据说明与描述

为了研究盐城金融发展与科技创新的关系，本课题选取了代表金融因素、科技创新因素的变量进行数据检验，同时选取了影响科技创新的非金融因素作为控制变量，研究盐城金融对科技创新的影响。考虑到数据的可得性及有效性，本课题选择了 2000—2014 年的相关数据进行分析，相关数据均来自相关年份的《盐城市统计年鉴》。

被解释变量：主要为科技创新（KJC）指标，由于专利申请量能够很直观地展现一个地区科技创新情况，因此本课题选择专利申请量来衡量科技创新水平。

解释变量：核心解释变量主要包括金融发展规模（FGM）和金融发展效率（FXL）两个指标，其中金融发展规模考虑到盐城金融资产主要集中在银行和其他信贷机构，因此采用盐城市金融机构的存贷款总额与 GDP 的比率来衡量；金融发展效率可以通过金融机构的存贷比指标来反映，即贷款余额与存款余额的比值，主要描述金融机构资金的利用效率。控制变量为财政支出（CZZ），用财政预算支出来衡量。

由于对变量取自然对数不会改变原有变量之间的关系且能消除时间序列的异方差，因此本课题对上述变量的数据进行处理取自然对数，各指标数据描述见表 2。

表 2　各变量基本描述性统计结果

具体指标	最小值	平均值	中位数	最大值	标准差
科技创新（lnKJC）	5.940	7.891	7.877	9.753	1.357
金融发展规模（lnFGM）	6.518	7.572	7.448	8.752	0.736
金融发展效率（lnFXL）	1.717	1.874	1.899	2.086	0.107
财政支出（lnCZZ）	3.353	4.872	4.762	6.390	1.054

五、实证结果检验与分析

（一）数据的平稳性检验

根据协整的定义，若两个变量的时间序列之间存在协整关系，它们必须是同阶单整的。因此，在进行协整检验前，必须对各个变量时间序列进行单整检验，确认各个变量是同阶单整变量时间序列，否则协整检验可能发生错误。单位根检验方法很多，一般有 Dickey – Fuller 检验（DF 检验）、扩展的 Augmented Dickey – Fuller（ADF 检验）和 Philips Perron 的非参数检验（PP 检验）。DF 检验适用于变量时间序列为一阶自回归的情形，对于高阶自回归的变量时间序列应该用 ADF 检验。本文使用 ADF 法检验，利用 Stata12. 0 软件分别对各变量的水平值和一阶差分进行检验，结果见表 3。

表 3 ADF 单位根检验结果

变量		水平值			一阶差分		
		统计值	P 值	平稳性	统计值	P 值	平稳性
科技创新	lnKJC	-0. 448	0. 902	不平稳	-4. 049	0. 008***	平稳
金融发展规模	lnFGM	1. 166	0. 996	不平稳	-3. 242	0. 000***	平稳
金融发展效率	lnFXL	-2. 115	0. 239	不平稳	-2. 590	0. 095*	平稳
财政支出	lnCZZ	-0. 168	0. 942	不平稳	-5. 019	0. 000***	平稳

注：表中*、**、***分别表示在 10%、5%、1% 水平下显著，下同。

由表 3 的检验结果可以看出，上述几个变量的水平值检验中，所有变量均为非平稳序列，对它们进行一阶差分后，各变量均在 10% 水平下通过了检验，各变量为一阶单整过程。即原变量均为非平稳时间序列，而其一阶差分序列为平稳时间序列，满足协整的前提条件。

（二）协整检验

通过单位根检验可知，各变量都是一阶单整变量，因此运用 Johansen 极大似然估计法进行协整检验显示四个变量之间存在协整关系，即变量之间具有长期均衡关系，由此建立协整方程如下：

$$\ln KJC = -1.589 + 1.669\ln FGM + 0.318\ln GXL - 0.147\ln CZZ \qquad (2)$$

该方程的可决系数 R^2 为 0. 849，说明自变量对因变量的解释力强，且方程系数均通过 1% 显著性水平下的 T 检验。从协整方程可以看出，金融发展规模和金融发展效率与科技创新之间存在长期的正相关性，而财政支出与科技创新之间存在负相关性。金融发展规模对科技创新的长期弹性系数为 1. 669，即金融发展规模每增加 1%，科技创新水平提高 1. 669%。金融发展效率对科技创新的长期弹性系数为 0. 318，即金融发展效率每提高 1%，科技创新水平提高 0. 318%。这说明 2000—2014 年间盐城金融发展规模和金融发展效率在长期内对科技创新水平的提高起到了重要的促进作用。

（三）格兰杰因果检验

协整检验结果已表明，金融发展规模、金融发展效率、财政支出与科技创新水平之间具有长期均衡关系，但是这种长期均衡关系可能存在某种先后的因果关系。为此，本课题采用格兰杰检验方法，对四个变量之间进行格兰杰因果检验。检验结果见表4。

表4 格兰杰因果检验结果

因变量—自变量	F - Statistic	概率 P	检验结果
KJC - FGM	8.812	0.003***	FXM 是 KJC 的 Granger 原因
FGM - KJC	0.548	0.459	KJC 不是 FXM 的 Granger 原因
KJC - FXL	33.361	0.000***	FXL 是 KJC 的 Granger 原因
FXL - KJC	2.764	0.096*	KJC 是 FXL 的 Granger 原因
KJC - CZZ	0.084	0.771	CZZ 不是 KJC 的 Granger 原因
CZZ - KJC	0.096	0.756	KJC 不是 CZZ 的 Granger 原因

由表4可以看出，在1%显著性水平下，金融发展规模是科技创新的格兰杰原因，即扩大金融发展规模可以提高科技创新的水平。科技创新不是金融发展规模的格兰杰原因，说明与传统企业相比较，科技型企业的发展规模相对较小，能够创造的资金规模也相对较小，故回流到金融系统的资金也较少，对促进金融系统信贷规模扩张的作用十分有限。在10%显著性水平下，科技创新与金融发展效率之间存在双向的格兰杰因果关系，即科技创新与金融发展效率相互促进，金融系统通过吸收存款并将其转化为贷款投资到科技型企业，科技型企业获得资金支持后不断发展，获得丰厚的利润，即提高了贷款资金的价值，从而会促使金融系统扩大对其的贷款规模，提高了金融系统资金的使用效率。科技创新与财政支出之间不存在格兰杰因果关系。

（四）脉冲响应函数分析

脉冲响应函数描述一个残差项的标准差冲击对系统中内生变量取值的影响，以刻画变量之间的动态交互作用。基于以上VAR模型，其相应的脉冲响应结果如图2、图3所示。其中，横轴代表冲击发生后的时间间隔，纵轴代表内生变量对冲击的响应程度。

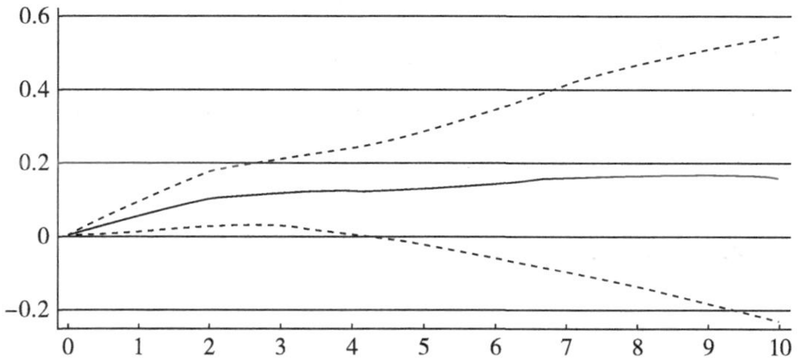

图 2　科技创新对金融发展规模的响应路径

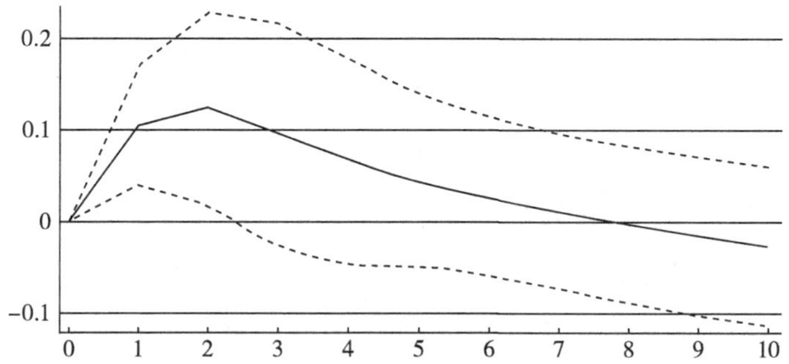

图 3　科技创新对金融发展效率的响应路径

从图 2 中可以看出，给 FGM（金融发展规模）一个标准差的冲击，对 KJC（科技创新）的影响在整个冲击期间内表现为正作用，在当期很微弱，随后开始增强，到第 2 期达到稳定值，在 2～10 期金融发展规模对科技创新的冲击效应基本保持稳定，虽有所增强，但增强的幅度非常有限。这一现象说明，在短期内金融发展规模对科技创新的冲击力较大，能提升科技创新水平，但从长期来看，金融发展规模对科技创新的冲击力有限，即对科技创新水平的提高十分有限。

从图 3 中可以看出，FXL（金融发展效率）受到一个标准差冲击后，对 KJC（科技创新）主要产生正向的响应效果，快速达到第 1 期的响应水平后，响应程度的增长幅度开始减弱，并在第 2 期末达到峰值，此后响应程度呈现出逐渐减弱的态势，从第 8 期开始进入负值区间，此后出现微弱的负向响应。这说明，在短期内，金融发展效率对科技创新的冲击力度较大，能够有效地提升科技创新的水平，但从长期来看，金融发展效率对科技创新的冲击力呈减弱趋势，并且响应程度保持在较低的水平，甚至是负响应。

六、研究结论与政策启示

（一）研究结论

本课题基于 2000—2014 年间科技金融相关指标数据，通过构建向量自回归（VAR）模型，在对相关指标进行单位根检验的基础上，进行协整检验，并建立协整方程，接着运用格兰杰因果法来检验变量之间的因果关系，并运用脉冲响应函数来动态分析盐城金融对科技发展的影响。主要研究结论如下：一是科技金融相关变量之间具有长期均衡关系。金融发展规模和金融发展效率与科技创新之间存在长期的正相关性，即盐城金融发展规模和金融发展效率在长期内对科技创新水平的提高起到了重要的促进作用。二是科技创新与金融发展规模之间存在单向格兰杰因果关系，而与金融发展效率之间存在双向格兰杰因果关系。金融发展规模是科技创新的格兰杰原因，即扩大金融发展规模可以提高科技创新的水平，而科技创新不是金融发展规模的格兰杰原因。科技创新与金融发展效率相互发展、相互促进。三是短期内金融发展规模与金融发展效率对科技创新的促进作用较强，但从长期来看，其对科技创新水平的提高十分有限。这说明科技金融信贷资金在长期使用过程中效率相对低下，未能充分发挥资金对科技创新的高效支撑作用。另外，在实践中发现，虽然近些年盐城市科技金融发展取得了一定的成绩，但依然存在许多问题需要解决，主要集中在科技金融服务创新意识不强、科技金融信贷投入产出不高、科技金融外部环境支持不畅、科技金融直接融资规模不大、科技金融专业人才不足等。

（二）政策启示

基于以上研究结论，提出如下政策建议：

1. 着力创新信贷产品和服务模式

一是要创新银行盈利模式扩大科技信贷规模。针对科技企业贷款笔数多、金额小、手续繁等特点，优化商业银行内部操作流程，如建立针对科技企业专门的风险评估模型，实现科技贷款批量操作；同时要根据科技企业生命周期，开发与其生命周期各阶段相匹配的专属风险评价系统来控制风险，最大限度地提高科技贷款的盈利水平。二是创新科技信贷产品和服务方式。积极创造推广“苏科贷”“科技之星”等已开发的新型科技金融产品，并鼓励商业银行尤其是本土银行如江苏银行、黄海农商行、射阳农商行等积极开发具有盐城特色、适合盐城科技企业发展的科技金融产品。加强银保合作、银投合作、银证合作、银小合作等，推动科技型中小企业履约保证保险贷款、选择权贷款等交叉性金融业务发展。同时，鼓励创新“债权融资 + 股权投资”的金融服务模式。要鼓励商业性金融组织和机构实施投贷联动，面向科技型、成长型中小企业提供小额信贷和股权投资服务，在满足企业长期融资需求的同时，进一步提高支持企业的积极性。三是完善科技信贷管理机制。鼓励商业银行制定专门的科技企业信贷管理办法，针对不同阶段的科技企业，在客户准入、授信政策等方面加大倾斜力度。要充分利用省科技专家库和科技专家网上咨询工作平台，建立外部专家信贷评审制度，引入专家对科技企业创新能力、行业发展前景、产品未来市场预期进行评判，减少低效率信贷资金投入。同时，完善科技贷款贷后跟踪管理机制，加大对科技企业信贷资金的使用进行监督，提高贷款的使用效率。

2. 着力完善外部支撑服务体系

一是要加大财政支出力度，创新财政科技资金投入方式。优化科技计划项目经费资助结构。提高偿还性资助、风险补偿、贷款贴息及股权融资等方式的比重。发挥财政政策的乘数效应与示范作用，运用创业投资、信贷和担保风险补偿、专项补贴等多种方式，带动金融机构、民间资本和社会资本参与实施市各类科技计划，引导创业投资更多地投向科技型、创新型企业，提升财政资金的使用效益。同时，出台税收优惠政策。制定并落实高新技术企业所得税减免等科技创新政策，引导科技企业增加研发投入。针对新成立的科技支行、科技担保公司、科技小贷公司等新型科技金融机构给予适当的税收优惠政策，在房租减免、风险补助等方面予以政策扶持。二是加快发展科技金融中介服务体系。一方面，支持信息咨询、产权评估、知识产权中介及律师、会计师事务所等中介机构，为科技型中小创新企业融资、上市、发展等提供专业服务，营造专业化、系统化的服务环境。另一方面，不断推进科技担保和保险服务。政府应当扶持和鼓励建立公益性引导、市场化运作的科技担保公司，建立健全科技担保服务体系，放大银行贷款倍数。建议市政府设立专门的中小企业贷款担保局，提供担保贷款、直接贷款、协调贷款，解决科技企业从银行获得低息贷款难的困难。在国家规定的险种范围内，积极开展科技保险试点工作，通过政府的引导和推动，不断提高科技创新企业的保险意识，引导企业通过保险工具为科技创新活动分散风险、提供保障，逐步建立科技创新产品研发、科技成果转让的保险保障机制。

3. 着力拓宽多元化融资渠道

一是支持和鼓励科技企业上市融资。通过各种政策扶持，加快盐城科技型企业在创业板或者中小企业板的上市步伐。切实落实《关于加快推进企业上市的意见》（盐政发〔2013〕114 号）的政策，大力推进“新三板”挂牌企业培育和推荐工作，引导更多盐城的科技企业在“新三板”挂牌交易。同时，加强与证监会等部门的沟通联系，积极争取国家优惠政策支持，为本地科技企业上市创造良好条件，支持大中型科技企业在主板市场上市融资。二是鼓励科技企业利用债券市场融资。针对目前盐城企业债券市场规模小、发展迟缓的情况，政府应加大力度发展债券市场。首先，应增加债券的种类，鼓励科技企业发行企业债券及其他衍生债券，活跃债券市场。其次，在保证债券市场安全运行、风险可控的基础上，适当放宽科技企业债券的发行条件，同时，政府应提供良好的外部环境，如信息披露、信用评级等，不断完善市场规则和机制，推进企业债券市场化发展。最后，鼓励发展科技型中小企业集合债券，鼓励更多的金融机构参与到科技中小企业集合债券中，并创新发债机制。三是鼓励多种形式的创业投资基金。大力发展科技风险投资，由政府引导基金牵头，吸引各种民间资本、社会资本共同设立孵化基金、种子基金，并扶持其成长壮大。同时创造优惠条件，综合运作阶段参股、跟进投资、天使投资、风险补偿、绩效奖励等方式，吸引国内外创投机构落户盐城，并大力支持其在盐城开展投资业务，使其在盐城不断发展壮大。引导各类创业投资基金加大对种子期和初创期高科技企业的投入。借鉴发达地区直接融资发展经验，与国内外资本市场相关机构结成战略联盟，逐步发展壮大创业投资基金，为科技企业的快速发展形成有效的基金支持体系。

4. 着力打造科技金融人才队伍

一是健全科技金融人才培养体系。充分发挥盐城高校和职业技术学院在培养和培训各层次科技金融专业人才中的作用。采取优先支持各层次科技金融类专业人才培养的倾斜政策，加大对科技金融相关专业建设的经费投入。加强与省内相关重点大学的合作，培养专业化的创新型科技金融人才。同时，依托复旦—盐城金融发展研究院、盐城市金融研究院和盐城工学院、盐城师范学院等驻盐高校强化在职培训，建立健全终身教育的机制，为科技金融发展提高源源不断的人才。二是建立多层次的人才引进机制。政府应出台吸引科技金融人才的政策，并建立顺畅高效的保障机制。设立人才专项资金，在资金和政策方面对高层次的科技金融人才的引进与培养给予大力支持，积极引进各类金融机构尤其是股权投资领域的管理人才，吸引高层次科技金融人才向盐城集聚，使盐城成为科技金融人才的栖息地。同时，采取项目合作、人才租赁、科技咨询等方式引进国内外科技金融方面的专家和科研团队，加强科技金融人才的对外交流。

参考文献

[1] King R. , Levine R. Finance, Entrepreneurship and Growth: Theory and Evidence[J]. Journal of Monetary Economies, 1993(3):523 - 542.

[2] Ross Levine, Sara. Zervos. Stock Markets, Banks, and economic growth [J]. American Economic Review, June 1998, 88(3) :537 - 558.

[3] Aghion P, Howitt P. Mayer - Foulkes. The Effect of Financial Development on Convergence: Theory and Evidence[J]. The Quarterly Journal of Economics, 2005, 120(1):173 - 222.

[4] Luigi Fabio S. Alessandro S. Banks and Innovation: Micro - econometric Evidence on Italian Firms. Journal of Financial Economics, 2008, 90 (2):197 - 217.

[5] Ang J B. Research, Technological Change and Financial Liberalization in South Korea [J]. Journal of Macrocconomics, 2010, 32(1):457 - 468.

[6] Kortum S, Lerner J. Does venture capital spur innovation? [M]. Emerald Group Publishing Limited, 2001.

[7] Hall Bronwyn. The Financing of Research and Development [J]. Oxford Review of Economic Policy, 2002, 18(1):35 - 51.

[8] Keuschnigg Christian. Venture Capital Backed Growth [J]. Journal of Economic Growth, 2004, 9(2):239 - 261.

[9] 凌江怀, 李颖, 王春超. 金融对科技创新的影响及其支持路径[J]. 江西社会科学, 2009(7):12 - 18.

[10] 叶耀明, 王胜. 金融中介对技术创新促进作用的实证分析——基于长三角城市群的面板数据研究[J]. 商业研究, 2007(8):25 - 29.

[11] 龙勇, 梅德强, 常青华. 风险投资对高新技术企业技术联盟策略影响——以吸收能力为中介的实证研究[J]. 科研管理, 2011, 32(7):76 - 84.

[12] 王华. 发展政策性金融有待解决的三大难题[J]. 中央财经大学学

报,2007(12):35 -38.

[13]左志刚.政府干预风险投资的有效性:经验证据及启示[J].财经研究,2011,37(5):123 -133.

[14]肖嫚.战略性新兴产业发展的科技金融创新模式研究[D].武汉:武汉理工大学,2012:22 -29.

[15]李心丹,束兰根.科技金融——理论与实践[M].南京:南京大学出版社,2013.

[17]邓天佐.加强科技创新产业化能力建设的思考与对策[J].中国科技论坛,2010(8):15 -19.

[18]肖玉香.科技型中小企业金融支持制度研究[J].求索,2011(5):45 -46.

[19]赵昌文,陈春发,唐英凯.科技金融[M].北京:科学出版社,2009.

[20]房汉廷.关于科技金融理论、实践与政策的思考[J].中国科技论坛,2010(11):5 -12.

盐城市农村普惠金融发展及影响因素研究①

张晓燕　黄国标　哈中友

【摘要】 盐城市作为江苏省的第一农业大市，如何发展农业、改善农民生活、振兴农村是全面贯彻乡村振兴战略的根本，而发展农村普惠金融是前提。本文从乡村振兴战略视角出发，在分析农村普惠金融发展的相关理论的基础上，着重研究了盐城市农村普惠金融发展现状及存在的问题，从地理服务渗透性、人口服务渗透性和金融服务的可获得性这三个维度出发以7个具体指标构建农村普惠金融发展指标体系，全面测度盐城市9个县（区、市）2009—2016年农村普惠金融发展水平，并利用相关金融面板数据构建随机效应的面板模型，通过实证深入探究影响盐城市农村普惠金融发展的因素。针对盐城市农村普惠金融的发展现状，并结合实证分析的结论，从乡村振兴战略视角提出提高盐城市农村普惠金融发展水平的政策建议。

一、研究背景

习近平同志在党的十九大报告中提出了振兴乡村的战略任务，并要求加强农村的基础工作，目标是培养出懂农业爱农村和农民的“三农”工作队伍。2018年3月5日，国务院总理李克强作政府工作报告时说，要大力实施乡村振兴战略。现在存在一个十分窘迫的状况：农村经济的转型需要

---

① 课题来源：盐城市金融研究院，2017. 06—2018. 05，项目编号：2017YCJR004

作者简介：张晓燕，汉族，女，河北邯郸人，盐城师范学院讲师，硕士；黄国标，汉族，男，江苏盐城人，江苏农业银行盐城分行督导员，高级经济师；哈中友，汉族，男，江苏盐城人，中国建设银行盐城分行亭湖支行行长，经济师。

大量资金来支撑，但农村是被传统金融所排斥的区域，无法得到足够的资金支持它的需求，如果仅仅依靠政府拨款和农民的积蓄很难适应农业现代化发展。农村普惠金融的发展在提高农民收入和新农村建设中扮演着十分重要的角色，正确地把握影响农村普惠金融发展的因素可以促进农村地区经济的发展，让更多的金融资源惠及乡村地区，缩小城乡收入的差距进而让国民经济稳定发展。

盐城市作为江苏省的第一农业大市，截至2017年末，盐城市GDP突破5 000亿元，达到5 082.7亿元，比上年增长6.8%，而农林牧渔业总产值1 139.2亿元，比上年仅增长2.2%，农业发展明显滞后其他产业。因此，当前最大的问题是发展不充分，而最大的发展不充分是农村发展不充分，实施乡村振兴战略是盐城建设农业强市的必然选择。普惠金融体系是在地区金融发展水平不均衡的状态下能够有效全面地为社会所有阶层和群体提供服务的金融体系。盐城城乡二元的特殊经济结构表明，城市与乡村的经济差距必然会存在，而农村信息的不对称和经济规模不均衡等问题则会导致农村居民和涉农企业融资的艰难，制约农村经济的发展速度。由于乡镇金融机构对涉农贷款业务的排斥，导致大量的农户存款从农村流失，并不能满足当地农民及企业的资金需求，发展普惠金融是解决农村资金需求短缺的有效途径。

二、研究的理论基础

（一）农村金融发展理论

农村普惠金融有“信贷补贴理论”“市场金融理论”和“不完全竞争市场理论”这三种发展形态。农业信贷补贴理论与农村市场金融理论的观点在有关高利贷的方面存在着区别，前者认为政府应当采取措施给予农户低息，从而减少高利贷在农村的发行，政策实施一段时间后，由于财政的负担导致信贷补贴无法再在农村推行。后者则承认高利贷是金融市场自由发展的产物，应当被鼓励在农村金融市场中发行，政府的责任是监管市场，保证信息的公开和透明。不完全竞争市场理论综合了上述两种理论的观点，提出了在发展中国家的农村金融市场普遍存在着信息不对称的情况，由于资金供给者无法掌握需求者的信息，防止市场秩序紊乱政府必须采取措施适当干预，建立起有政府介入的农村市场化金融体系。

本文以农村金融发展理论为基础，承认政府与市场在农村普惠金融发展过程中的作用，从地理维度服务渗透性、人口维度服务渗透性和金融服务的可获得性三个维度测量普惠金融的发展水平，并针对盐城市农村普惠金融发展现状提出建议。

（二）金融排斥理论

Leshon and Thrift 最早提出了金融排斥的概念，他们认为金融服务被排斥是由地理、评估等六大因素导致的。六种原因所造成的排斥情况可以归类为两种不同的情况，地理排斥、条件排斥和评估排斥是由于客观情况造成的，如农村距离城镇太远交通不方便，评估设置的条件过于严苛大部分乡村居民无法满足而使他们被排斥在金融服务范围之外。营销排斥、价格排斥和自我排斥则是在一种主观的情况产生的，如由于营销人员对服务对象的判定和金融产品的认识不足，或是农民自身产品知识匮乏，嫌弃服务过程烦琐主动放弃，导致被传统金融排斥在外。

本文在乡村振兴战略背景下对盐城市农村普惠金融发展及影响因素进行研究时，考虑到盐城市农村地区存在金融排斥现象，确实是由地理排斥、价格排斥和自我排斥等所导致的，金融排斥理论为下文影响因素分析提供了理论支持。

（三）普惠金融发展理论

普惠金融理论的发展包含了下面三个理论阶段：小额信贷阶段、微型金融阶段和普惠金融阶段。普惠金融的发展，从最早的小额信贷到现在的普惠金融，概念内涵愈加丰富，普惠范围不断扩大，表现形式多样化。小额信贷理论阶段的福利主义和制度主义两个流派在观点上同农村金融理论的信贷补贴理论和市场金融理论有着异曲同工之妙，都是在市场还是政府起主导作用方面产生区别。联合国第一次明确提出“普惠金融”这一概念后，普惠金融理论就开始在微型金融的基础上延伸拓展，为了实现金融服务的可持续性。

本文在研究盐城农村普惠金融的发展现状时，充分考虑到了金融服务的可持续性，重视金融市场与政府手段在发展中的作用，普惠金融理论为发展现状的分析提供了理论支撑。

三、盐城市农村普惠金融发展现状分析

（一）盐城市农村地区金融服务普惠性状况

1. 农村金融服务覆盖面不断扩大

近年来，农村金融服务覆盖面不断扩大，笔者用盐城市各地区的银行业金融机构网点数和银行机构从业人员数来衡量农村普惠金融的覆盖面，发现农村金融服务的覆盖面积呈逐年递增的趋势。

从表 1 中可以看出，盐城市在 2009 年银行业金融机构网点数目仅为 599 家，银行机构从业人员数 10 078 人，2016 年网点数目已达到 922 家、从业人员数达到 14 231 人，机构数截至 2016 年比 2009 年增长了 53. 92%，机构从业人员数增长了 41. 2%，数量的整体态势都是增长的，可见盐城市农村金融服务的覆盖面是在不断扩大的。

表 1　盐城市银行机构网点和从业人员数目

年份	地区	银行机构网点数	银行机构从业人员数
2009	盐城市	599	10 078
2010	盐城市	840	11 344
2011	盐城市	852	11 896
2012	盐城市	865	12 398
2013	盐城市	879	12 885
2014	盐城市	896	13 441
2015	盐城市	908	13 949
2016	盐城市	922	14 231

数据来源：《江苏统计年鉴》。

2. 农村金融机构基础设施建设逐步改善

近年来，盐城市在农村金融服务基础设施建设方面取得了长足发展。为了增强农村金融服务基础设施建设的覆盖率、可得性和满意度，盐城市基本实现助农取款服务行政村级全覆盖，ATM 机、POS 机等自助终端设备行政村级全覆盖。大多数银行都设置 ATM 机的网上定点查询，只要在手机或是电脑端登录银行网站就能搜索到离自己最近的网点或自助银行，有效地提高各类金融工具使用效率，让农民充分享受基本的金融产品和服务。

各大金融机构也在逐步完善在农村的基础设施建设，如以中国邮储银行盐城市分行为例，该分行目前下辖 7 个一级支行、3 个区支行、32 个二级支行，这些机构与 204 个邮政代理网点构成了覆盖全市城乡的金融网络体系。在全部的营业网点中，有 194 个分布在县域，占比高达 82%，是盐城地区内网点总数和县域网点最多的银行，并与全国 4 万个邮储银行网点实现联网，尝试建立覆盖全市城乡的个人金融服务网络，让更多的农村居民享受到便捷的金融服务。

3. 农村居民信贷需求量持续上涨

农村经济日趋活跃，对银行信贷需求也日趋强烈。在盐城农村金融市场中，农户贷款是主要的金融需求。近年来，农户贷款的数额逐年增加，信贷需求量持续上涨。

从图 1 中可以看出，近些年来盐城市农户贷款的数量以及发展的整体形势是在增长的，说明农村居民的信贷需求量是上涨的，2009 年盐城市农户贷款总额为 144. 77 亿元，2016 年盐城市农户贷款总额为 376. 10 亿元，增长了 159. 79%。虽然农户贷款总额的整体趋势是增长的，但是在 2012 年和 2016 年贷款总额都出现了微降，这是因为在这两年盐城市普惠金融的发展由于政策的调整或者经济的波动产生了一定的变化。从图 2 中可以看出，近年来盐城市农村居民人均可支配收入和消费支出都是呈现增长态势，且可以清晰地从图中看出两条折线的差额有逐步扩大的态势，即消费支出大于可支配收入，且差距越来越大。这在一定程度上反映出农村居民金融借款的需求增加。

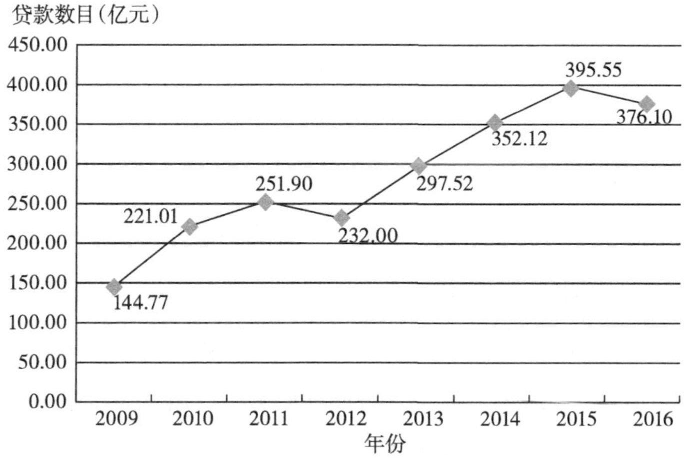

图1 2009－2016年盐城市农户贷款数目的变化

数据来源：《江苏统计年鉴》。

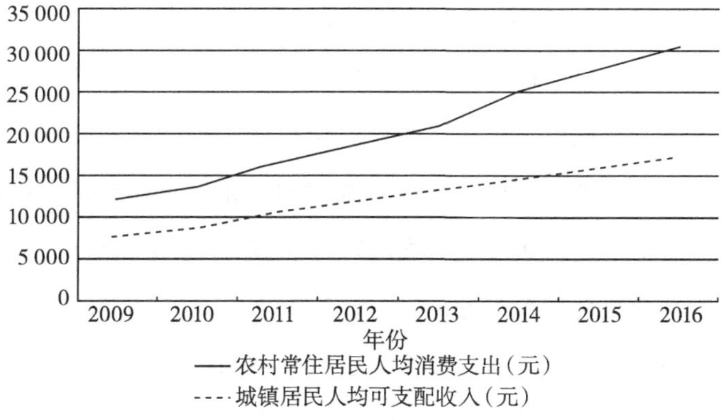

图2 2009－2016年盐城市农村居民人均可支配收入和消费支出

数据来源：《江苏统计年鉴》。

（二）盐城市农村普惠金融发展存在的问题

1. 农村金融服务可得性不足

基础的金融服务有开立账户、存取款、汇款转账，当这些服务能够普及农村居民时才算达到了普惠金融的基本要求。盐城市的农村金融普惠水平并未达到完全普惠，同苏南地区相比，盐城市的农村普惠金融的发展仍有很大空间。盐城市农村金融供给状况并不充分，对于农村居民而言，现如今的存取款、转账等金融服务即便比不上城镇便捷，但获取门槛并不高。可得性比较低的是贷款服务，这一块也是目前农村居民所需要的金融服务。

通过与苏南地区的苏州对比可以发现，苏州市银行业金融机构有66家，机构网点数2 109个，其中，银行业乡镇一级网点数736个。苏州设立了50个社区便民服务中心，推动524个农村金融综合服务站提质增效，为农民群众就近提供小额取现、免费余额查询、残损币兑换等基础金融服务。而盐城金融机构总数为922个，且大部分集中在县城地区，农村地区的金融机构分布不均衡且数量有限，对比之后存在明显的差距，由此可见盐城市金融服务的可得性存在一定的缺口。盐城市农村居民的收入来源比较单一而且不稳定，中小型机构营业项目过于传统，金融机构在衡量的时候往往由于承担风险较高不愿意放贷给这样的群体导致了盐城金融服务可得性不足。

2. 农村储蓄资金流失现象依然存在

农村金融的发展依赖于存款资金的运用，但盐城市农村普遍存在着存款外流的现象。盐城市农村居民在寻求金融服务的时候，会更倾向于选择中国农业银行、中国农商行或是中国邮政储蓄银行等传统的金融机构。而这些金融机构由于受政策支持，能够凭借网点优势在农村地区吸收存款，却没有相应经营农村贷款业务，没有成为助力农村经济发展的“输血机”，持续的存款外流表明金融并未发挥对农村经济的扶持作用。

从图3所示农户贷款余额占贷款总额的比重来看，比值从2009年0.14到2016年0.1呈下降趋势，说明农村金融机构在乡村吸收的存款并未用于乡村的居民需求，而是流向其他商业银行和投资路径。由于“三农”所涉及的贷款风险高，其他商业性银行也不愿意冒着较大的风险投资农村市场，更多的是吸收外出打工者的存款，但是却对乡村居民的贷款服务设置较高的门槛，近年来盐城农村资金流失是比较严重的。同时还可以看出，2011年占比为0.16，2012年却陡降21.6%至0.13，在2015年又出现第二次下降幅度较大的波动，占比下降21.53%至0.1，这说明如今政府在农村所实施的贷款政策的调整和市场的变化不能满足农村居民的资金需求，资金需求同供给产生的矛盾直接影响了盐城农村普惠金融的发展。

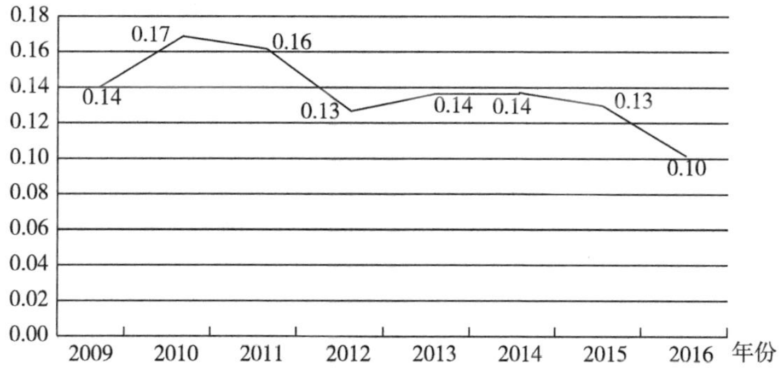

图 3　2009—2016 年盐城市农户贷款余额占贷款总额的比重

数据来源：《江苏统计年鉴》。

3. 区域普惠金融发展呈现出不平衡态势

盐城下辖 9 个县（区、市），各地区普惠金融发展水平差异较大。一些地区如响水、滨海由于地理位置离盐城市区较远，农村金融服务网点偏少，金融服务的多样性也不足，农村农民无法享受到便捷的金融服务，普惠金融发展水平相对较低。而离市区距离较近的大丰区、盐都区、亭湖区等，农村金融服务网点较多，金融服务多样化，普惠金融发展水平较高。

从图 4 和表 3 中可以看出，2016 年普惠金融发展水平最高的是盐城市辖区 0.543，除此之外只有建湖县的发展水平 0.516 高于平均水平 0.455，其余各县又以响水县 0.301 和滨海县 0.236 为最低。盐城市辖区、建湖县、东台市、阜宁县、射阳县、响水县和滨海县的普惠金融发展水平是有很大差距的，而这种差距是由不同县区的经济发展程度、交通的便利程度和金融机构环境差异等因素造成的。滨海县 2009—2016 年普惠金融发展水平从 2009 年的 0.136 增长到 2016 年的 0.236，虽然是在增长但是七年仅增长了 27.78%，这种增长的幅度对比盐城市从 2009 年至 2016 年 50.16% 的增长幅度仅仅占了 55.38%，可见盐城区域普惠金融水平发展不均衡。

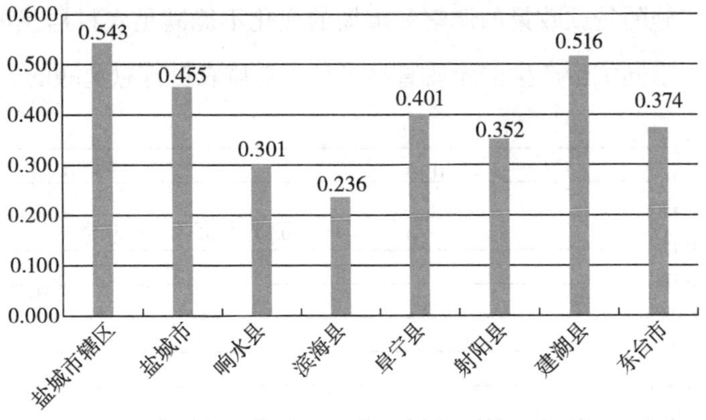

图 4　2016 年盐城市普惠金融发展水平

数据来源：《江苏统计年鉴》。

四、盐城市农村普惠金融发展水平测度及影响因素分析

（一）盐城市农村普惠金融发展水平测度

1. 指标体系构建和数据来源

考虑到数据可得性，本文从地理维度服务渗透性、人口维度服务渗透性和金融服务的可获得性 3 个维度，选取了 7 个具体指标来衡量普惠金融发展水平，其中每百平方千米金融机构网点数和金融机构从业人员数用于表示地理维度服务渗透性，每十万人拥有的金融机构网点数和金融机构从业人员数来表示人口维度服务渗透性，人均各项存款、人均各项贷款占 GDP 的比重和农户贷款占贷款总额的比重则表示金融服务的可获得性。本文收集了盐城市 2009—2016 年的各项数据并进行处理，全部数据均来源于《江苏统计年鉴（2010—2017）》《盐城统计年鉴（2015—2017）。由于统计资料中没有专门统计亭湖、盐都和大丰 3 个市辖区的相关数据，而是将其并为盐城市辖区进行数据统计，故本文参照统计年鉴的做法，将亭湖、盐都和大丰 3 个市辖区归为盐城市辖区进行数据的测度。

2. 运用变异系数法确定指标权重

运用变异系数法来确定各指标的权重，先计算出各指标的变异系数 V_j

($j=1$，2，3，…，n)，即用各指标的标准差 σ_j ($j=1$，2，3，…，n) 除以平均数 $\overline{X}_j$ (i =1，2，3，…，n)，再对各指标变异系数求和，最后求出权重。

$$W_j = \frac{V_j}{\sum_{j=1}^{n} V_j} \tag{1}$$

表 2　衡量普惠金融发展水平指标体系及权重

维度	具体指标	计算方法	权重
地理维度服务渗透性	每百平方千米金融机构网点数	银行机构网点数/面积	0.135
	每百平方千米金融机构从业人员数	银行机构从业人员数/面积	0.186
人口维度服务渗透性	每十万人拥有的金融机构网点数	银行机构网点数/地区人口	0.121
	每十万人拥有的金融机构从业人员数	银行机构从业人员数/地区人口	0.181
金融服务的可获得性	人均各项存款占人均 GDP 的比重	人均各项存款/人均 GDP	0.100
	人均各项贷款占人均 GDP 的比重	人均各项贷款/人均 GDP	0.093
	农户贷款余额占贷款总额的比重	农户贷款/贷款余额	0.185

在指标权重确定的基础上，将各指标进行无量纲化处理，计算公式如下：

$$p_j = W_j \times \frac{A_j - MIN_j}{MAX_j - MIN_j} \tag{2}$$

其中，p_j、W_j、A_j、MAX_j 和 MIN_j 分别表示第 j 个指标的测度值、权重、实际测量值、最大值和最小值。

3. 农村普惠金融发展水平测度

可用普惠金融发展指数（IFI 指数）来衡量普惠金融的发展程度。为了测量 2009—2016 年盐城市县区域的普惠金融发展水平，我们运用普惠金融指标的 IFI 指数来测度。计算公式如下：

$$IFI = 1 - \frac{\sqrt{(W_1 - P_1)^2 + (W_2 - P_2)^2 + \cdots + (W_n - P_n)^n}}{\sqrt{W_1^{\ 2} + W_2^{\ 2} + \cdots + W_n^{\ 2}}} \tag{3}$$

根据公式（3）计算出 2009—2016 年盐城市区县普惠金融指标的 IFI

指数数据见表3。

表3　2009—2016年盐城市区县IFI指数

年份 地区	2009	2010	2011	2012	2013	2014	2015	2016
盐城市	0.303	0.409	0.416	0.404	0.435	0.457	0.471	0.455
盐城市辖区	0.421	0.493	0.487	0.485	0.513	0.521	0.537	0.543
东台市	0.200	0.332	0.334	0.323	0.349	0.378	0.403	0.374
响水县	0.128	0.217	0.230	0.241	0.269	0.283	0.298	0.301
滨海县	0.136	0.225	0.225	0.228	0.234	0.236	0.233	0.236
阜宁县	0.285	0.390	0.396	0.387	0.402	0.425	0.427	0.401
射阳县	0.238	0.305	0.310	0.308	0.334	0.367	0.385	0.352
建湖县	0.402	0.500	0.500	0.491	0.536	0.551	0.561	0.516

Sama认为：$0 < IFI < 0.3$，说明金融包容性较低；$0.5 < IFI < 0.3$，则金融包容性较高。IFI值不是绝对值而是相对值，即同地不同时间或不同地相同时间的比较。通过上述方法，可测算出2009—2016年间盐城市农村区域普惠金融的发展水平。

（1）盐城市农村普惠金融指标体系各指标权重差异较大

每百平方千米金融机构从业人员数、每十万人拥有的金融机构从业人员数、农户贷款余额占贷款总额的比值的权重相对较高，说明盐城市农村地区居民获得金融服务的范围是广泛的。人均各项存款占人均GDP的比重和人均各项贷款占人均GDP的比重权重较低说明盐城市农村金融的服务力度相对不足，后期发展需要投入更多的人力物力。

（2）盐城市农村普惠金融指数呈上升态势

根据表3可知，2009—2016年盐城市IFI指数依次是0.303、0.409、0.416、0.404、0.435、0.457、0.471、0.455，均处于0.3～0.5之间，总体呈现上升的态势，说明近年来盐城市农村金融环境得到了改善。但在2015年与2016年两年间，盐城市IFI值出现了显著的下降，主要与农户贷款占贷款总额的比重的减少有关，2016年金融贷款总额上涨了21%，而农户贷款投资金额却下降了5%。金融机构存贷款资源分配情况影响着农村普惠金融的发展，应当合理加大农村地区的投资，城乡共同增长。

（3）盐城市农村普惠金融的区域发展不均衡

对比各区县的地区普惠金融指数我们可以发现，靠近市区的市辖区、建湖县的普惠金融发展水平明显要高于其他各县区，特别是距离市区较远的响水和滨海仍处于水平较低的阶段，这两个地区在2009年指数分别为0.128、0.136，要远远低于建湖的0.402，即便是2016年的指数也才达到0.301、0.236。

（二）影响盐城市农村普惠金融发展的因素分析

1. 农村普惠金融的影响因素

结合盐城市的实际情况我们可以发现影响盐城市农村普惠金融发展水平的四个因素。

（1）农村经济发展程度（NCJ）

普惠金融的发展与经济水平密不可分，农村经济发展程度越高就会有越多的金融资源流入农村，从而促进农村普惠金融发展。本文中用农村居民人均GDP来表示农村经济的发展水平，当农村居民的经济水平提高后，往往农村地区的信贷需求也随之增长，为了满足居民日益多样化的资金需求，金融机构的产品和服务也会得到改进，进而提高农村普惠金融的发展水平。

（2）交通便利程度（JTB）

交通越便利，农村居民更容易获得金融服务，金融机构在农村提供金融服务的成本也越低，从而提高普惠金融发展程度。本文选择农村公路里程数与土地面积的比值来表示地区的交通便利情况。通过数据分析我们可以发现按照距离市区远近来看的盐城市辖区（亭湖区、盐都区、大丰区）、东台市、射阳县、阜宁县、建湖县、响水县和滨海县这些地区的普惠金融发展水平是呈梯度递减的。由此可见，交通便利度越高的地区，普惠金融的发展水平越高。

（3）城乡收入差距（CXC）

本文用农村居民人均可支配收入与城镇居民人均可支配收入的比值表

示城乡收入的差距。城乡收入差距影响着金融机构在农村的贷款发放数量，由于城镇居民贷款风险相比农村居民要小得多，所以以商业银行为代表的金融机构在贷款的发放上会优先考虑收入比较稳定的城镇居民，当城镇居民的贷款需求降低了，金融机构为了发展也会增加农村的投放比例，进而提高普惠金融的发展水平。

（4）农村消费水平（NXF）

农村常住居民人均生活消费支出是用于衡量农村的消费水平的，农村的消费水平提升代表农村的经济水平得到了提高，这个时候人们对于存贷款业务以外的金融产品和服务产生的新的需求，促使农村金融机构进行改革，推动了普惠金融的发展。

2. 实证检验与结果分析

（1）模型设定

本文采取静态面板数据对 2009—2016 年盐城市 9 个县（市区）农村普惠金融发展的影响因素进行实证分析，被解释变量是 IFI 指数记为 IFI_{kt}，解释变量为农村经济发展程度（NCJ）、交通便利程度（JTB）、城乡收入差距（CXC）、农村消费水平（NXF），待估计方程如下：

$$IFI_{kt} = \alpha_0 + \alpha_1 NCJ_{kt} + \alpha_2 JTB_{kt} + \alpha_3 CXC_{kt} + \alpha_4 NXF_{kt} + U_{kt} \quad (4)$$

其中，*IFI* 表示盐城市普惠金融指数，α_0 为常数项，U_{kt} 为误差项，α_1、α_2、α_3、α_4 表示解释变量的系数。各变量的描述性统计结果见表 4。

表 4　变量的描述性统计结果

	具体指标	最小值	平均值	最大值	标准差
普惠金融	普惠金融指数（IFI）	0.128 4	0.367 6	0.561 4	0.110 6
影响因素	农村经济发展程度（NCJ）	1.654 2	4.517 8	11.281 3	1.991 3
	交通便利程度（JTB）	0.845 2	1.150 0	1.560 1	0.175 7
	城乡收入差距（CXC）	0.383 5	0.552 2	0.623 8	0.049 3
	农村消费水平（NXF）	0.392 7	0.504 9	3.094 3	0.504 9

（2）单位根检验

本文对面板数据进行分析，采用单位根检验对面板数据进行检验避免了伪回归情况的出现。采用 LLC 单位根检验数据的平稳性，从表 5 单位根检验结果来看，农村经济发展程度（NCJ）、交通便利程度（JTB）、城乡收入差距（CXC）、农村消费水平（NXF）水平值均通过 LLC 检验，表明各变量是同阶单整的。

表 5　单位根检验结果

	具体指标	水平值	
		统计值	*P* 值
普惠金融	普惠金融指数（IFI）	-2.072	0.005 1
影响因素	农村经济发展程度（NCJ）	-1.797 5	0.036 1
	交通便利程度（JTB）	-7.880 2	0.000 0
	城乡收入差距（CXC）	-20.237 8	0.000 0
	农村消费水平（NXF）	-2.990 0	0.001 4

（3）Hausman 检验

Hausman 检验能够检验模型应当采用随机还是固定效应模型。从表 6Hausman 检验结果：对应的统计量为 6.37，*P* 值为 0.272 0 来看，应该使用随机效应模型。

表 6　Hausman 检验结果

模型	统计量	*P* 值	结果
(1)	6.37	0.272 0	接受 H_0

（4）随机效应模型实证结果分析

根据实证回归得出如下方程：

$$Y_{kt} = 0.7105 + 0.6627NCJ_{kt} + 0.0031JTB_{kt} + 1.009CXC_{kt} - 0.982NXF_{kt}$$

$$(0.017)\ (0.00)\qquad (0.081)\qquad (0.031)\qquad (0.00)\qquad (5)$$

从回归结果来看，模型的 *F* 值为 47.3，*P* 值为 0，都在 1% 的置信区间显著，即整个方程是显著的。可决系数 *R* 等于 0.749 8，拟合优度较好。

对实证结果进一步分析发现：

第一，农村经济发展程度（NCJ）对盐城农村普惠金融的发展则产生显著的正影响，系数为 0.662 7，对应的 *P* 值为 0，在 1% 的置信水平上显著，与本文预期分析一致。农村的经济发展水平对普惠金融的发展有着正面的促进作用，经济发展程度越高，农村普惠金融的发展就越快。而农村居民的消费水平（NXF）根据回归结果显示与普惠金融的发展负相关，由于本文用农村居民的消费支出来表示其消费水平，所以当消费水平降低时农户的消费支出在减少，而此时农户的总收入是呈现增长势态的，说明农户的可支配收入在增加，这个时候人们对于金融产品与服务产生的新的需求，就会有稳定资金支持的作用，从而促进普惠金融的发展。

第二，城乡收入差距（CXC）和交通便利程度（JTB）对盐城农村普惠金融的发展都有着显著的正影响。城乡收入差距（CXC）与交通便利程度（JTB）回归系数分别为1.009、0.003 1，对应的P值为0.031、0.081，分别在5%和10%的置信水平上显著，与农村普惠金融的发展都是正相关的，与预期分析结果相符。由于本文用农村居民人均可支配收入与城镇居民人均可支配收入的比值衡量城乡收入的差距，比值越大说明农村居民可支配收入越高，进而符合预期分析，农户有更多的资金成本来支持自己的金融需求，促进农村普惠金融的发展。交通便利程度越发达，农村居民获得金融服务的可能性就越大，提升了金融机构在农村服务的可获得性，也降低了一些金融从业人员工作的成本，从而提高普惠金融发展程度。

五、提高盐城市普惠金融发展的对策与建议

（一）推动农村经济发展，提供政策支持加强监管

为了推动农村经济，促进普惠金融的发展，可以从以下四个方面着手：首先，要建立资金支撑体系。对于农产品电子商务以及休闲观光农业等新兴农业现代化工程建立起正规的资金支撑体系，通过发放财政补贴、给予税收和利率的优惠等措施来降低农村金融的贷款成本和贷款风险。其次，要加大对农扶持力度。对农村金融机构所开展的针对“三农”业务的进行扶持，对于新建的农村金融机构进行一定补贴，给予适当的税收政策优惠，让他们在发展现代农业、促进农民增收中发挥更大的作用。完善农

村金融法律法规体系。再次，政府和监管部门对农村普惠金融的发展要有针对性地加强监督和规范，构建完善的农村金融法律法规体系，为农村普惠金融发展制造一个良好的法律环境，有效地防范和处置农村金融市场中存在的风险。最后，借助各类增信措施。随着政策支农力度加大和农村金融体系不断完善，金融机构服务农村集体经济要积极借助政策性担保基金、商业性担保公司、农业保险公司、信托公司等，采取多种增信措施。

（二）加快农村金融服务的创新

一方面要提供差异化的金融服务。农村经济分为物业型农村经济、资源开发型经济、多种形式合作经济。金融机构可以为物业型农村经济提供以资金托管、投资理财为主要内容的金融服务；为资源开发型经济体提供开发性基金、财政资金质押贷款等配套金融服务；多种形式合作经济发展可以获取供应链融资、资产抵押贷款等金融服务。另一方面要提供综合性的金融服务。对经济发展较好的村庄，完善村庄和个人信用档案，进而对经济组织和村民提供综合性的金融服务。针对农村经济体的特点，金融机构对经济组织的授信可分为基于资产的抵押贷款、基于资产收益的质押贷款、基于股权的质押贷款等；同时，探索农村资产信托、粮食信托、开发性债券等多种直接融资方式，为农村经济体提供多样化的服务。最终形成多层次的现代农村金融体系。国有金融机构、农商行、地方性银行、村镇银行、小贷公司和村级资金互助和社区合作基金等金融组织合作形成产权多元化、规模多层次、多类型、可持续、广覆盖的现代农村金融体系，这五种类型的农村金融机构，构成层次分明、各有分工、各司其职的体系为农村经济腾飞服务。

（三）结合互联网发展农村普惠金融

一方面利用“互联网＋”发展农村普惠金融，优化乡村支付环境。在乡镇地区加大对 ATM 机和 POS 机等设备的投入，让手机银行、移动支付等业务快速发展，提高服务效率降低服务成本，改善农村金融服务的环境。也可以改革监管模式。农村金融机构可以采取远程操作和监管的模式来管理乡镇营业网点，而不用在乡镇设立专门的营业场所，可以节省网点建设费用，向农村居民提供低成本高质量的金融服务。另一方面利用互联网融资。以移动互联网为依托，将各类需要投资的农村项目汇总对接投资机构，多渠道寻找低成本的资金，促进农村经济的发展。也可以与各大搜索引擎合作分区域投放广告，吸引更多的感兴趣的投资者对项目进行分析，在数据报告的基础上筛选出可操性强的方案。

（四）加大金融宣传力度，提升金融消费者素养

各县区的政府、监管部门和金融机构联合设立专门的金融产品与服务的咨询平台，提供最新的金融市场信息，对农村居民进行金融知识的宣传，培养他们自主获取金融服务的意识。宣传主要有两种方式：线上宣传和线下宣传。金融教育的宣传可以借助媒体进行传播，偏远农村地区资讯的接收工具是广播和报纸等传统媒介，所以可以借助这些工具定期地以简明扼要的方式灌输给他们。手机移动端在农村的覆盖面在逐渐扩大，宣传信息可以通过在移动端的专人管理、定期展期、及时解答来扩大农村金融教育的影响力，切实落实乡村振兴战略。

（五）提高地区的交通便利程度，推进农村普惠金融的发展

在市区和下级乡镇之间修建道路，设立公交网点，设立专业路线，这样的情况也适用于乡镇与村落之间，实现农村“村村通”，提高金融服务的可得性和时效性。对于交通基础设施落后，农村公路路况较差的地区要进行重点整治，政府在农村地区的交通管理要积极引导，制定政策扶持，发展农村公共交通。形成“政府统一领导，相关部门各司其职，社会各方面联动”的预防交通事故新机制作用，加快道路交通安全社会化管理工作进程。加强道路交通基础设施建设，落实资金，改善农村道路的运行条件，为农村普惠金融的提速发展打下坚实的基础。

参考文献

[1]Honohan P. Measuring Microfinance Access:Building on Existing Cross - country Data [J]. Social Science Electronic Publishing,2005(2):775 -795.

[2]Beck T, Demirguc - Kunt A and Martinez Peria. Reaching out: Access to and use of banking services across countries [J]. Journal of Financial Economics, 2014, 85 (01):234 -266.

[3]Sarma M. Index of Financial Inclusion[R]. New Delhi:Indian Council for Research on International Economic Relations Working Paper No.215,2008.

[4]Nachiket Mor, Bindu Ananth. Financial inclusion in India: An axiomatic approach[J]. Journal of Policy Modeling, 2012, 35(5):813 -837.

[5]Rangarajan C. Report of the Committee on Financial Inclusion [R]. Government of India, 2015.

[6]蔡洋萍. 湘鄂豫中部三省农村普惠金融发展评价分析 [J]. 农业技术经济,2015(2):42 - 49.

[7]龙云飞,王丹. 普惠金融发展评价及影响因素分析——以四川省为例[J]. 技术经济与管理研究,2017(6):82 -85.

[8]董鹏丽. 我国农村普惠金融发展研究[D]. 北京:首都经济贸易大学,2017:1 -34.

[9]王静. 中国普惠金融的发展水平及其测度研究[D]. 郑州:郑州大学,2017:1 -47.

[10]李海玥. 农村普惠金融发展水平测度的实证研究[D]. 保定:河北大学,2017:1 -57.

[11]张东强. 我国农村普惠金融研究[D]. 天津:天津财经大学,2012:1 -57.

[12]黄庆庆,徐芬. 盐城市农村普惠金融发展现状分析[J]. 当代经济,2016 (10):76 -77.

[13]杨军，张龙耀，马倩倩，黄馨谊. 县域普惠金融发展评价体系研究——基于江苏省52个县域数据[J]. 农业经济问题，2016(12):24-30.

[14]石建民，马森，于海燕. 普惠金融指标体系的构建——以菏泽市为例[J]. 征信，2014(12):69-72.

[15]张兵，张洋. 县域普惠金融发展水平测度及影响因素分析——基于面板数据的空间计量模型[J]. 江苏农业科学，2017(10):307-311.

[16]刘敏楼，蔡中舜. 普惠金融研究综述及其对中国的启示[J]. 上海立信会计金融学院学报，2017(05).24-37.

盐城市区房地产与实体经济的关系与对策研究①

孙成秀　黄　健

【摘要】近年来，我国房地产价格呈现加速上涨态势，盐城房地产更是典型性代表。本文首先分析盐城市区房地产市场现状，进而探讨盐城市区房地产对实体经济及其居民生活的影响。我们期望通过本研究能够为盐城市政府对盐城住宅房地产市场的宏观调控提供参考，也能为盐城市宏观经济长远的健康发展有所警示。

一、研究背景

近年来，我国房地产业经过多年的高速增长，已经发展成为当今中国各大城市的支柱产业，成为推动中国经济增长的一支重要力量。实体经济是人类社会赖以生存和发展的坚实基础，是社会物质财富的源泉，是国家繁荣昌盛的根基，也是社会和谐稳定的保障。2008 年国际金融危机爆发以来，重振实体经济已经成为中国政府、学术界和实业界共同关注的核心问题。2011 年底召开的中央经济工作会议提出，要“牢牢把握发展实体经济这一坚实基础，努力营造鼓励脚踏实地、勤劳创业、实业致富的社会氛围”。党的十八大报告明确指出，要“牢牢把握发展实体经济这一坚实基础，实行更加有利于实体经济发展的政策措施，推动战略性新兴产业、先进制造业健康发展，加快传统产业转型升级，推动服务业特别是现代服务

① 课题来源：盐城市金融研究院，2017.06—2018.05，项目编号：2017YCJR006

作者简介：孙成秀，汉族，女，山东临沂人，盐城师范学院讲师，硕士；黄健，汉族，男，江苏南通人，中国银行盐城分行副行长，经济师。

业发展壮大，支持小微企业特别是科技型小微企业发展”。复苏实体经济是党和国家的重要决策。但在房地产业高速发展的同时，持续飙升的房价不但带来了严重的社会问题，而且严重挤压了实体经济，使得实体经济陷入困境。

盐城地产近几年发展迅速。本文首先分析盐城市区房地产近况，进而探讨盐城市区房地产对实体经济及其居民生活的影响。期望通过本研究能够为盐城市政府对盐城住宅房地产市场的宏观调控提供参考，也能为盐城市宏观经济长远的健康发展有所警示。

二、国内外研究综述

房地产属于虚拟经济，国外关于虚拟经济及其与实体经济关系的研究相对较少，相关文献主要是关于金融市场和实体经济的相互影响方面，侧重于金融市场的收益分析及实际产出分析。魏克赛尔和凯恩斯在以货币为代表的虚拟资产对实体经济的作用机制方面做出了先驱性分析。Guttmann（1994）[1]通过研究美国 1972—1982 年萧条期间的重大结构调整，认为这 10 年美国虚拟资本的爆炸式增长，为其经济结构转变提供了巨大动力。

国内就目前可查阅的资料来看，关于实体经济的文献主要集中在发展实体经济的重要性、实体经济与虚拟经济的关系、如何发展实体经济等问题上。关于发展实体经济的重要性，丁兆庆（2013）[2]指出，大力发展实体经济是坚持马克思主义唯物史观的必然要求，也是贯彻落实科学发展观的题中之意，不仅是增强我国综合国力的必由之路，也是顺应国内外发展形势新变化的必然选择。郑湘明（2013）[3]认为，实体经济的健康发展事关中国发展大局，必须采取有效措施夯实实体经济的发展基础。关于实体经济和虚拟经济的关系，王国忠等（2005）[4]主要是对虚拟经济与实体经济关系进行实证研究；李晓西等（2000）[5]主要研究虚拟经济与泡沫经济、金融危机的关系；李青原、李江冰等（2013）[6]基于实体经济运行的视角，着重研究了金融系统对我国地区实体经济资本配置效率的高低问题。多数学者认为，实体经济和虚拟经济彼此依赖并相互促进，虚拟经济如果过度背离实体经济会产生较大风险，如扭曲资源配置方式，形成资产价格泡沫，甚至严重危及世界经济安全，特别是对发展中国家的实体经济造成巨大冲击。关于如何发展实体经济，辜胜阻、曹誉波、王敏等（2013）[7]指出，要减轻实体企业税费负担，建立与实体企业发展规模相匹配的多层次金融体系，加大对实体企业技术创新的扶持力度，积极保护实体企业的创新成果，为实体企业的技术创新营造良好的环境。丁兆庆（2013）[2]指出，要通过再造实业精神、加快产业结构转型升级、集群发展、大力发展民营经济、加快科技创新等措施发展壮大我国实体经济。

关于房地产的问题，学者多是从房地产的自然属性和投资属性进行界定的。我国著名房地产金融学者刘洪玉、张红（2006）[8]在研究房地产业与社会经济的协调问题时提出了“房地产资产市场”的概念，认为“在房地产资产市场上，房地产被当作一种资产被家庭和企业持有和交易，其目的是获取投资收益”。应红（2007）[9]在研究中国住房金融制度时提到了住房的属性特征问题，认为住房不仅具有固定性和耐久性等自然属性，而且具有高价值、保值增值性等经济属性。易宪容研究员（2008）[10]认为房地产问题本质是金融问题，房地产的炒作与房地产产品的特殊性有关，“住房的价值高昂性、耐用性及区位唯一性等使房地产具有很好的投资价值”。

从目前已查到的文献看，还没有专门、系统地研究房地产市场与实体经济协调发展的研究成果。本文尝试构建房地产市场与实体经济协调发展的研究体系，对两者的关联性进行分析，并针对盐城市进行研究。通过此项研究，旨在对盐城市房地产市场的持续、健康和稳步发展，从理论和实践上提供有益的参考和借鉴，以带动盐城经济的发展。

三、实体经济与房地产经济相关理论

（一）实体经济的内涵及功能

1. 实体经济的内涵

实体经济是指人通过思想使用工具在地球上创造的经济。它包括物质的、精神的产品和服务的生产、流通等经济活动，包括农业、工业、交通通信业、商业服务业、建筑业、文化产业等物质生产和服务部门，也包括教育、文化、知识、信息、艺术、体育等精神产品的生产和服务部门。实体经济始终是人类社会赖以生存和发展的基础。

"实体经济"并不是一个专用术语，至少我们在日常生活中经常看到这样的词语，有时候这个词语甚至被应用得很通俗化，简单点看，大概只要是经过注册的有生产服务活动的经济组织都可以算作是实体经济，这其中金融服务业则是例外，大概是因为金融服务业属于特定行业，而其服务活动也是有别于一般的服务业的。

2. 实体经济的功能

实体经济的功能可以归纳为以下三点：

（1）提供基本生活资料功能

古往今来，乃至永远，人们总要吃饭、穿衣、行动、居住、看病、休闲等，而保证这些活动得以继续进行的基础，则是各式各样的生活资料。这些生活资料是又由各式各样的实体经济生产出来的。如果实体经济的生产活动一旦停止了，那么人们各式各样的消费活动也就得不到保障。

（2）提高人的生活水平的功能

人们不仅要生存，而且更要发展，亦即人们不仅要生活，而且还要生活得更好。保证人们生活得更好的物质条件，是由各式各样的更高水平的实体经济创造出来的。如果实体经济的更高级的生产活动一旦停止了，那么，人们就从根本上失去了提高生活水平的基础。

（3）增强人的综合素质的功能

人们不仅要生活得更好，而且还要使自己的素质得到全面的增强，如果实体经济的一些特殊活动形式一旦停止了，那么人们也同样会从根本上失去增强综合素质的根基。

（二）房地产经济的内涵及性质

1. 房地产经济的内涵

房地产经济是指以房地产为对象，即围绕房地产的生产、分配、交换和消费所发生的人与人之间的经济关系，是房地产经济关系与房地产生产力的有机结合。换言之，房地产经济是房地产的生产、流通和消费过程中所发生的各种经济活动及其条件的总称。

2. 房地产经济的性质

房地产经济的性质是由我国社会主义市场经济的本质所决定的。具体体现在以下三个方面：

（1）商品性

在我国社会主义市场经济中，房地产也是一种商品，具有商品经济属性。房地产业的经济活动是一种商品生产和交换的经济活动。传统的经济体制是在社会主义非商品经济观点的基础上建立起来的。这种体制的核心是实行高度集中的计划控制，排斥商品货币关系和市场机制。所以，我国在相当长的时期内，对房地产的开发建造，由国家纳入高度集中的基本建设计划，实行统一投资，统一分配物资，统一下达任务进行施工；对房地产品的分配则以直接的产品形式按行政计划无偿进行分配。从房地产开发建设到消费使用全由国家统包，把解决城市住房问题作为社会主义的一种福利事业，否认房地产的商品属性，取消了房地产的流通环节。这样，主要以流通领域为基础和纽带进行经济活动的房地产业便隐而不见，“房地产业”这一概念也不复存在。在我国国民经济中长期没有房地产业这个重要支柱的地位。

党的十二届三中全会《关于经济体制改革的决定》，明确了发展商品经济是社会主义不可逾越的阶段，社会主义经济的本质特征是商品经济，从理论上取得了重大突破；对房地产业的商品经济属性才重新得到确认。自此，我国房地产经济才重新崛起。

（2）社会性

在整个商品经济体系中，房地产业部门既为社会生活提供消费资料，也为社会生产提供基本要素。前者如住宅和其他用于公共消费的教育、科学、文化、卫生、体育等方面的建筑物和构筑物；后者指为了商业生产经营活动所提供的厂房、仓库、码头、商店、办公楼等。可见，房地产经济与整个社会经济有着广泛的联系，在国民经济中是一个具有综合性和基础性的产业部门，社会生产和生活都离不开它。所以，房地产经济活动具有显著的社会性。

（3）所有制结构的多元性

我国房地产经济在所有制上是以公有制为主体的多种经济形式并存的，因而在所有制结构上具有多元性的特征。在我国房地产业中，城市土地所有权属于国家，房屋所有权也是以公有为主。现阶段，全国城市公有房屋在房屋总数中占 84%，这体现了我国房地产经济公有性为主的特征。自从实行对外开放、对内搞活经济的政策以来，我国目前已形成房地产经济所有制的多元结构。

四、盐城市区房地产市场分析

盐城是江苏重要新型的工商业城市，具备较好的工业、农业基础，被国务院列为对外开放地区。盐城工业经济具有一定规模和技术水平，全市现有各类工业企业 4 万家左右。尤其是汽车产业成为盐城的支柱产业，带动了相关产业的发展。近几年，全市的经济发展迅猛，到 2017 年国内生产总值高达 760 亿元，人均国内生产总值达 9 542 元，城市居民人居可支配收入为 8 059 元。在房地产开发方面，盐城市的发展也相当迅速。2003 年以前，盐城的销售面积一直小于竣工面积，供大于求，而 2003 年之后，巨大的需求导致了销售面积超过竣工面积，求大于供。可以预见，盐城的房地产开发市场存在相当的潜力。

2017 年以来，在各项调控政策措施的有效作用下，随着盐城经济的持续发展、城市形象的不断提升、公共配套的逐步到位，居民市场预期看好，消费需求旺盛，盐城房地产市场持续保持了平稳的发展态势，盐城市区房地产市场总体呈现“投资增势强劲，销售火爆，量价齐升”的发展态势。

（一）盐城市区房地产市场运行的基本情况

2017 年全市完成房地产开发投资 426.7 亿元，同比增长 19%，比上半年提高 1.7 个百分点。其中：住宅完成投资 345.2 亿元，增长 26.4%；办公楼完成投资 11.5 亿元，增长 35.9%；商业营业用房完成投资 54.4 亿元，下降 12.7%。其中：城南新区开发投资 45.4 亿元，增长 57.7%，在全市起引领作用。市区商品房销售城南新区、亭湖区、盐都区三足鼎立，盐城市区商品房销售面积 105.1 万平方米，增长 66.3%；盐城市区商品房销售额 70.6 亿元，增长 104.8%；市区商品房销售价格为 6 480 元，比同期增长 21.9%，比 1 季度增长 0.37%，销售价格上升势头较为明显。开发区、亭湖商品房销售价格出现明显上涨行情，城南新区、盐都区价格上涨较稳定。（见表 1）

表 1　2017 年盐城市区房地产情况

指标	开发投资（亿元）	增速	销售面积（万平方米）	增速	平均价格（元/平方米）	增速
亭湖	17.0	-3.5%	32.9	69.3%	7 997	45.8%
盐都	14.4	328.6%	31.3	53.9%	5 530	6.8%
城南新区	45.4	57.7%	32.5	50.0%	6 318	10.1%
开发区	5.0	5.0%	8.3	382.0%	7 728	56.7%

数据来源：盐城统计局。

（二）盐城市区房地产供应与销售的特点

1. 商品房新增供应节奏放慢，住宅新增供应有所增加

2017 年末市区 56 个项目新增供应商品房 317.8 万平方米，同比下降 13.1%。其中，商品住房新增供应 194.5 万平方米，同比增长 16.7%。12 月商品房新增供应 89.3 万平方米，同比、环比分别增长 49% 和 84.8%；其中商品住房新增供应 129.1 万平方米，同比、环比分别增长 60% 和 39.7%。随着开发企业开发建设进度的加快，新增供应有所增加。从主城区各片区情况看，商品住房新增供应同比增幅呈现三升（河东、城南、城西）、三降（城北、城中、西南）的特点。河东、城南片区商品住房新增

供应较高，分别达80万、109万平方米，均占总量的35%左右，同比增长120%和73%；西南、城中、城西片区商品住房新增供应量分别为37万、15万、12万平方米，同比增幅分别为－58.2%、－56.2%、28.7%；城北片区无新增供应。

2. 商品房销售行情火爆，住房需求比较旺盛

2017年市区312个项目销售商品房232.4万平方米，同比增长27.5%；销售金额144亿元，同比增长46.8%。其中，商品住房销售16 972套、188万平方米，面积同比增长20.8%，销售金额116.6亿元，同比增长46%，市区住房需求保持旺盛。主城区各片区商品住房销售同比涨幅差别较大。城北、河东片区商品住房销售同比涨幅较高，均超过100%，分别为118%、105%，销售量分别为16.6万、37.3万平方米；城中、城西、西南片区商品住房销售同比涨幅在0至15%之间，分别为14%、8.4%和0.6%，销售量分别为17.6万、10.7万、20万平方米；城南片区商品住房销售总量上升幅度不大，前三季度同比增长3.8%，第四季度同比下降4.4%，但销售量（62.3万平方米）占比仍最大，达38%左右。从销售规模来看，规模品牌企业销售总量占比较大。截至2017年末，前十名楼盘商品住房销售总量为54万平方米，同比增长46%，占比达31%，较上年同期上升了9个百分点。销售前五名的主要是城南的聚亨景园（10万平方米）、金辉城（8.4万平方米）、日月星城（5.8万平方米）、中南世纪城景城一期（5万平方米），河东的德惠尚书房（4.2万平方米），其他5个项目均在3万至4万平方米之间，主要有城南的悦珑湾，河东的城东一号、悦城花园，西南的钱江绿洲，以及城北的申鑫名城。市区平均房价每平方米达9 480元，同比增长21.9%。

3. 住房库存去化效果明显，二手房市场交易火热

截至2017年末，市区商品房待售面积204.18万平方米，同比下降10.4%。其中，商品住房库存16 547套、190万平方米（主城区98万平方米），面积同比下降46%，环比增长4.6%。市区和主城区商品住房库存去

化周期分别为4.5和2.6个月，较上年同期末分别缩短9.5和8.4个月，较上月末均延长0.2个月。从主城区各片区商品住房库存情况来看，截至2017年12月末，城南片区库存量最大，占比达36%，去化较快（35万平方米，2.4个月）；西南片区受城南片区的辐射带动，库存量大、去化快（20万平方米，2.8个月）；城中片区作为老城区，有一定的库存，去化周期最长（14万平方米，5个月）；河东片区库存量少，去化速度最快（12.3万平方米，1.6个月）；城北、城西片区库存分别为10万、6.4万平方米，去化周期分别为3.8、2.3个月。二手房市场交易火热。市区二手房成交84.7万平方米，同比增长102.2%，成交金额47.7亿元，同比增长69.6%；其中，二手住房成交66.7万平方米，同比增长84.3%，二手住房成交均价5 922元/平方米，同比增长10.7%。12月当月市区二手房成交25.5万平方米，同比增长69.4%，环比下降15.5%；其中，二手住房成交20.6万平方米，同比增长48.5%，环比下降2%，二手住房成交均价6 142元/平方米，同比、环比分别增长12%和2%。

五、盐城市区房地产发展与实体经济的关系

（一）房地产增长与居民有效需求形成矛盾

相关数据表明，2011年以来，住房销售额增长普遍显著高于城镇居民人均可支配收入增长，2015年高达47.5%。2014年以来，住宅销售额增幅也明显高于城乡居民储蓄余额增幅，2014年达到27.5%。这种情况即说明盐城市城镇居民可支配收入与房地产增长呈现不协调的状况，也就是说，盐城房地产的快速增长不是建立在本地居民可支配收入与储蓄同时增长的基础上，而是居民收入和储蓄的增长跟不上住宅销售的增长。而域外购置房地产的资本较多，这便使盐城房地产市场带有一定的投机成分。一般来说，房价收入比（住房消费占居民收入的比重）低于30%是公认的合理界限。2017年盐城市城镇居民人均可支配收入为8 059元/年。同年盐城市区按合同日期交易商品房均价9 967元/平方米计算，其房价与市民收入

比达到了1∶12，远远超过北京等城市房价与收入平均1∶9的比值。

从住房价格与居民消费价格水平的比较来看，2011年以来盐城市住房价格指数和增长幅度均远远高于同期居民消费价格指数，并且两指数之间的差距越来越大。与2011年相比，2017年居民消费价格指数已下降1.2个百分点，而同期住房价格指数却增加了14.6个百分点。

从需求结构来看，收入较高的客户群体的住房需求已基本满足，而构成盐城住房市场购房主体的普通工薪阶层和拆迁户，大多无力购买这些高价位住宅，从而导致盐城住房供给和需求结构的严重错位。这种情况首先是导致了住房空置率上升和低价房被抢购的局面；其次直接阻碍了家庭收入较低、人数众多的普通消费者的住房消费和居住条件的改善。并且，以2013年为例，全市城区人均住宅使用面积只有19.4平方米，而同期全国城镇居民人均居住面积为23平方米，远远低于全国的平均水平。以2013年为例，盐城最终消费对GDP的贡献只有35.9%，而同期全国约为60%，全世界约为80%，也就是说，盐城的GDP不是靠消费拉动的。所以，盐城的GDP与全国和世界相比，远远不能反映盐城人的真实生活水平和收入水平。以房价增速最快的2017年为例，当地统计部门测算当年居民的家庭年收入与房价比基本维持在1∶12左右。这虽然不能完全与国际上3~6倍的标准对应相比，但与南方一些城市的差距较大，显然，盐城市房价对众多工薪阶层而言，一时难以承载。可以预见，当少数高收入阶层的需求逐渐满足之后，房地产市场很可能会出现消费“断层”。

（二）房地产膨胀加大银行信贷风险

尽管房地产资金来源是多样化的，但追根溯源，房地产的资金绝大部分还是来源于包括房地产开发贷款和住房抵押贷款在内的银行信贷资金。分析盐城房地产开发企业的融资情况我们发现：除自筹资金之外，盐城市内房地产开发企业的资金最大来源是国内贷款及其他资金来源。其他资金来源是盐城市房地产开发资金来源中所占比重最大的一部分，它包括定金和预售房款两大部分。从2010年到2017年的几年中，定金和预售房款

(期房)都基本上占了开发资金的一半左右。由于定金和预售房款中的很大一部分(70% ~80%)也是银行的贷款,所以由国内贷款以及定金和预售房款两部分相加可知,银行贷款在盐城市房地产开发资金中所占的比重达到60%以上。也可以说,房地产开发资金中来自银行的有两部分,一是银行对开发企业的直接贷款,二是银行对个人购房贷款转化为开发企业的开发资金。

房地产开发企业过度依赖银行信贷,加大了银行的信贷风险。从盐城最近几年房地产投资快速增长、房价疯涨的情况来看,商业银行在此轮房地产热中起到推波助澜的作用,这样做短期内是增加了商业银行的利润,但必然加剧房地产贷款的长期性和银行资金来源短缺性的矛盾,从而加大了商业银行的中长期流动性风险及银行信贷结构的不合理性。

此外,投机炒房者把银行当作“提款机”,通过多头授信大量贷款买房,将银行推至风险的火烽口;而个人购房者的逃贷同样危险,当经济不景气使众多按揭购房者无法用投资收益抵消放贷成本而纷纷逃贷时,风险将迅速被转嫁到银行身上,房市的危机最终会引发金融危机。

(三)房地产业自身显现内外困境

由于住房价格呈现不断上升的趋势,住宅房地产开发商受到预期利益的驱使而大量投资于住房的开发建设,自房价大幅上扬以来,吸引了大批外地的投资者、投机者涌入盐城,使得盐城的住房投资开发规模迅速扩张。

第一,盐城住房开发投资的增长速度远快于同期国内生产总值增长速度和同期销售面积增长速度。投资是经济发展的根本动力之一,住房开发投资的增加一方面使其对经济增长的贡献率大大提高,但另一方面也使城市经济的发展过度依赖于房地产开发投资的拉动,不利于经济可持续发展。

第二,投资大规模扩张、房价偏高导致了住房空置率上升,房地产企业资金回收困难,经营风险加大。盐城市房地产企业在项目开发环节中对信贷资金依赖大,而自有资金积累不足。同时随着金融业门槛的提高和住房销售困难的逐步增加，开发商面临的资金压力风险日益增大，从而也增大了整个房地产市场的风险。

第三，盐城市各地银行都严格控制并收紧了对房地产公司流动资金、交纳土地出让金和楼盘项目建设等方面的贷款，全市各地房企都面临着巨大的资金压力和缺口，甚至有资金链断裂的危险。

（四）房地产过热不利于城市经济可持续发展

1. 对制造业形成负面影响

攀升的盐城房地产价格，一方面带动了与房地产行业紧密相连的上游领域，上游经济领域主要包括钢铁、建材、冶金、化工、电力等。另一方面，却会提高厂房租金，加大商业成本，并且转移制造业投资。从投资角度来说，投资于房地产的获利水平高于其他行业，从而吸引了盐城大量社会资本进入了房地产业和建筑业，使得盐城原本涉足于制造业的企业，也大量转入房地产业，从而削弱了工业增长的势头，使得本就缺少资本的工业领域更难以获得足够资本支持，制约了盐城工业的快速发展。

2. 在房地产收益与制造业发展之间形成隔阻

商品房销售额的增长显著地高于职工平均工资的增长。由此我们认为，盐城市开发房地产所获得的地产收益并没有转化为能够带动就业的一般制造业，这对制造业的长期持续发展极为不利。

3. 对第三产业和自然环境形成不利影响

房价的虚高不仅影响一个城市消费的稳定增长，而且将影响其长期竞争力。高房价往往给少数房地产开发商盈利创造了机会，而对第三产业（如餐饮业、服务业等）中的中小企业生存与发展增加了巨大的租金成本，而且还透支了不可再生自然资源。

（五）房地产过热对经济体制改革形成拖延

城市基础设施、市政设施和社会设施的一些费用进入住房价格，由购房居民支付，不仅形成了住房价格构成的不合理，提高了住房价格，而且还造成产权关系混乱，不利于城市经济体制改革的深入进行。在市场经济条件下，投资者具有所有权，由于住房价格中包含着城市基础设施等的投资，购房者就应当按照住房价格中包含的城市基础设施的投资比例，成为城市基础设施的所有者之一。所以住房价格构成不合理，还严重地影响着城市基础设施建设和市政企业的进一步改革。

六、从房地产变化趋势对盐城市未来经济发展的重新审视

要从根本上对盐城市经济发展进行新的审视和定位，立足于解决新的发展阶段房地产市场运行中的突出矛盾，从政策层面上进行宏观调控。

（一）强化住房保障，满足中低收入家庭基本住房需求

盐城市住房价格偏高的主要原因之一在于商品住房需求量大，供需矛盾突出。因此，要实现住房价格的合理回归，就要从住房需求及其结构入手，合理调整供给结构，满足广大的住房需求。目前盐城市住房需求的主体为中低收入阶层，要满足其住房需求以降低住房价格，市场以及政府就需为其提供相应的中低价位商品住房或相应的保障及补助。

盐城市政府要继续加强以普通商品住房为重点的住宅建设，增加经济适用住房供应量，严格控制经济适用住房套型面积，使优惠政策真正落实到中低收入住房困难家庭。要加快廉租住房制度建设，同时，要积极研究发展租赁型经济适用住房的政策，实行经济适用住房租售并举。要积极稳妥地做好城镇居民房屋拆迁工作，出台新的拆迁安置办法，建立长效调整机制。

（二）适当调整房地产转让环节税收政策，抑制投资、投机性需求

盐城市住房市场需求过热，其中一个重要因素就是投机行为的盛行。由于土地的不可再生性，加之通货膨胀因素的影响，房价总体上升是一个必然趋势，这就使房产具有投资的功能，而房产的升值空间越大，投机性就越强，泡沫成分也就越重。所以要抑制投机，关键在于缩小其升值空间，而提高炒作成本如对房地产转让环节征税就是途径之一，而且可将房

地产市场的财政税收转移为城市基础设施、经营城市的资金。

一是对以投资、投机为目的，转让房地产的，取消现行减免征收营业税及城建税、教育费附加的优惠政策。二是调整现行的房地产税制，加大对房地产开发项目土地增值税的征收力度，调节过高利润，抑制土地囤积、炒作行为。三是将税收政策重点转向使用环节，增大房地产的保有成本和交易成本，如对高档不动产开征不动产税，并可采取累进税的方式。

（三）合理调整盐城市的土地价格，构建土地价格合理形成机制

首先，要在法律上确定城市规划的地位，以保障土地使用结构的合理性。同时要从法律措施上继续控制拆迁规模，以适当调控市场需求的节奏。其次，加快有形土地市场的建设，彻底实现土地公开招拍挂制度的到位，为所有企业提供平等竞争的机会。最后，盐城市政府应公开土地储备量、待拍卖的土地、现有土地使用结构、规划、评估价格等信息，防止信息不对称为一些人圈地、炒地牟取暴利提供便利。

地价偏高的原因并不仅仅在于地价本身，还在于附在地价上的不合理收费。有数据统计，其不合理收费之多，收费额度之高，有时竟高达房屋价格的30%。因此，必须加大清理收费的力度。一是取消非法收费。二是降低一批过高的收费标准，对房地产开发企业的收费水平仍然偏高，降低的空间较大。三是坚决制止乱收费，对无视国家的有关规定，从本单位、本部门利益出发的各种乱收费行为，物价部门要加大查处力度，坚决依照《中华人民共和国价格法》的规定予以处罚。四是进行税费改革，从体制上根治乱收费。

（四）完善金融制度，引导理性投资，防范银行风险

1. 调控盐城市房地产业信用总量，约束市场扩张规模与速度

由中国人民银行盐城市中心支行根据盐城市的房地产业运行指标，在一定时间和空间范围内提出房地产业的最大授信总量，并分解到各商业银行，利用信贷对资源配置的引导与调节作用调控盐城市房地产业的稳健运行。

2. 规范银行对房地产业的信贷，提高房地产开发贷款条件

房贷虽然具有资金放大功能，能催化和激活市场需求，但房贷的资金杠杆作用同样具有放大风险的效应。有鉴于此，应加强对个人抵押贷款的严格审查，同时住房公积金贷款要实行严格的存贷挂钩制度，以避免银行资金过量流入房地产市场。

3. 加强房地产信贷监管，控制房地产开发风险

要加大银行对房地产开发贷款和居民住房消费贷款的监管力度。杜绝任何形式的变相降低住房贷款首付比例的现象；严格执行房地产企业资本金制度和开发项目资本金审查制度；实行土地购置和商品房开发数量与企业的资本金数量挂钩，拍卖土地时明确规定参拍企业的开发实力标准，原则上，不能用银行贷款进行土地购置；开发活动也要有一定规模的自有资金保证，以降低房地产开发对银行资金的依赖度。

（五）规范房地产交易行为，调控住房市场的供给结构

1. 要规范住房供给主体的行为

盐城市政府应严格规范房地产开发商的经营行为，积极指导、帮助房地产开发企业建立健全商品住房价格自我约束机制，监督房地产开发企业对住房实行明码标价、质量保证、服务承诺，禁止虚假标价、虚假广告，对虚炒房价，牟取暴利的行为要严格依法处理。

2. 引入房地产开发市场竞争机制

政府应进一步开放盐城住房开发市场，拓宽房地产融资渠道，加大招商引资工作力度。鼓励众多房地产开发企业在公平的市场环境下展开竞争，优胜劣汰，提高房地产开发的规模化与集约化程度，降低住房开发成本。

3. 调整商品住房投资结构

从盐城目前的现实情况出发，一是调整住宅类型结构，适度控制别墅、高档公寓的规模，鼓励和引导开发企业积极开发建设价格适中的配套商品住房，增加普通商品住房供应，为中、低收入家庭提供低价位高质量经济适用住房。二是调整区域投资布局，拓展房地产发展空间。

参考文献

[1] Guttmann Robert. How Crredit - Money Shapes the Economy [M]. Amonk: M. E. Sharpe, 1994.

[2]丁兆庆. 加快推进中国实体经济发展研究[J]. 理论学刊,2013(9):39-43.

[3]郑湘明. 论我国实体经济的持续健康发展[J]. 中央财经大学学报,2013(5):46-51.

[4]王国忠,王群勇. 经济虚拟化与虚拟经济的独立性特征研究——虚拟经济与实体经济关系的动态化过程[J]. 当代财经,2005(3):5-10.

[5]李晓西,杨琳. 虚拟经济、泡沫经济与实体经济[J]. 财贸经济,2000(06):5-11.

[6]李青原,李江冰,江春. 金融发展与地区实体经济资本配置效率——来自省级工业行业数据的证据[J]. 经济学(季刊),2013,12(2):527-548.

[7]辜胜阻,曹誉波,王敏. 巩固实体经济基础的逻辑动因与政策选择[J]. 江海学刊,2013(3):67-72.

[8]刘洪玉,张红. 房地产业与社会经济[M]. 北京:清华大学出版社,2006.

[9]应红. 中国住房金融制度研究[M]. 北京:中国财政经济出版社,2007.

[10]易宪容. 当前房地产形势与未来发展[J]. 城市住宅,2008(10):58-60.

第四篇

风险控制

对江苏射阳农村商业银行小微贷服务情况的调查与思考①

葛步明　张定云

【摘要】 小微企业融资困难问题一直困扰着盐城金融行业，为了解决该问题，多家银行业金融机构进行了探索和尝试，盐城射阳农商行率先引进德国IPC微贷技术，致力于小微贷金融服务，取得了一定的成绩。本文深入江苏射阳农村商业银行，了解微贷技术运用的情况和产生的实际效果，从调研中发现微贷技术中存在的问题，并提出了继续做好微贷产品的创新、做好营销方式的创新、多借鉴微贷的组织优势和运用微贷对传统市场深耕等建议。

近年来，为破解小微企业金融服务难的问题，多家银行业金融机构进行了有益的探索和尝试，射阳农商行在盐城市法人农村中小金融机构中，率先引进德国IPC微贷技术，成立微贷工场开展小微贷金融服务，取得了一定的成绩，也遇到了制约瓶颈，亟待政策引导与制度创新。

一、微贷技术运用的现实意义

（一）微贷技术是应对激烈市场竞争的必要手段

射阳县目前已驻扎十多家银行，包括已经开办微贷业务的常熟农商行、太仓农商行。其中有多家商业银行的产品与该行的市场定位重叠，并

① 课题来源：盐城市金融研究院，2014. 10—2015. 06，项目编号：2014YCJR001

作者简介：葛步明，汉族，男，江苏建湖人，盐城银监分局局长，经济师；张定云，汉族，女，江苏盐城人，盐城银监分局办公室副主任，经济师。

逐渐向县城、农村边缘小微企业、个体工商户延伸，且推出类似于微贷中心的营销机构，实行客户经理年轻化，引导客户经理深入市场实地开展“扫街式”上门营销，激发客户金融消费需求，对该行信贷市场份额带来了一定的冲击。建立微贷机构，将微贷技术植入市场营销，落实行之有效的绩效考核，将客户经理推向市场、主动上门“扫街”营销，陌生拜访客户，有助于更快、更深挖掘客户资源，抢占市场先机，扩大市场占有份额。

（二）微贷技术是实施普惠金融工程的有力工具

小微企业、个体工商户和农户的融资难，在于难以提供有效的担保及财务证明。微贷技术摈弃传统贷款注重担保方式，将客户的现金流作为考核客户的重要依据，建立了“重现金流和信用分析，轻抵押担保”的信用评价机制，符合小微企业、个体工商户和农户等金融弱势群体的特点。因此，微贷技术在一定程度上可以有效缓解融资难的问题，有利于更好地支持农民自主创业、扶持小微企业的成长。

（三）微贷技术是营造健康信贷文化的有力推动

农商行受传统支行信贷管辖区域划分及传统营销思想影响，部分客户经理“门诊式”坐商思维固化，实地调查采用粗放型走过场的形式，额度确定及贷与不贷具有随意性、主观性。微贷技术推行“评分卡”客户准入制，利用原始调查数据编制财务报表，有助于提高客户经理的财务数据分析能力，引导客户经理用“看得见”的数据分析来支撑贷款发放的安全性、可行性，通过对客户现金流量的测算，科学确定贷款安全额度。

传统贷款作业以客户经理“单打独斗”为主要形式，客户经理之间缺少经验交流，微贷技术将客户经理队伍分为若干小组，每小组2～3人，提倡团队协作，坚持班前会、班后会制度，总结交流经验，解决营销中遇到的各种问题，最大限度地实现信息、经验共享，有助于营造健康良好的信贷文化。

二、微贷技术的主要特点

微贷技术从本质上理解，就是破解小微贷款业务短板制约的技术，其从业务环节到职责分工，与传统贷款业务有着较为明显的区别，更加注重贷前调查的数据化与参数化，并将调查的量化与非量化数据资料纳入“评审模型”，由熟练掌握该模型使用的人员进行分析，确定是否准入、参考安全额度，在贷后管理上根据贷后检查数据的录入，实行“贷后风险预警”亮灯的设置管理。具体到各个环节体现为：

（一）市场定位

微贷技术专注于对小微客户的金融服务，向深、细挖掘客户，将现有客户不断细分，从已有小微客户群中向下再细分出目标客户群。其目标客户主要集中在城区各个市场、小商品城、商业街、电子市场、门店房及部分家庭作坊，多数是家庭式、夫妻店式的个体工商户。

（二）营销模式

要求客户经理上门扫街式、行商式的营销模式，依靠陌生拜访发掘新客户。

（三）调查方法

由于微贷的目标客户不能提供财务报表或者提供的财务数据可信性不高，微贷技术强调“眼见为实原则”和“交叉检验原则”，通过调查，手工编制基于现金流的资产负债表、损益表，测算每月现金流入情况，检验出客户的贷款额度。

（四）审批模式

强调贷款的审批效率，实行“随时审批原则”。小微银行部建立审查委员会，由团队负责人、业务主管、合规审查岗等组成，客户经理可以随时要求召开审贷会，审贷会采取一票否决制。

三、射阳农商行微贷工场运作情况

该行成立小微银行部作为专营机构，小微银行部为事业部制单位，该机构发展情况及日常运营模式大致如下：

（一）部门设置及发展概况

2013 年 5 月，射阳农商行设立专门的小微贷款专营机构——小微银行部，引进德国 IPC 微贷技术，专注服务城乡小微客户群体。目前，该行小微银行部共有微贷员工 27 人，其中部门主管 1 人，客户经理 24 人，综合后勤 2 人。其中正式员工 12 人，其余都是劳务派遣工的身份。截至报告日，累计放款 1 887 户，金额 24 390 万元，户均放款金额 13 万元。目前，整个小微银行部的单月新增拓户能力在 80 户左右，全年拓户能力在1 000 户。

（二）小微银行部的产品及营销

根据微小贷款客户群体主要以家庭经营为单位的主要特征，放宽小微贷款准入标准，进一步拓宽微小额贷款投放的广度，将服务对象扩大到各类经营户、个体工商户以及小微企业。额度设定在 5 000 元至 200 万元，其中担保类上限 50 万元，抵押类上限 200 万元。贷款用途主要包括从事制造业、服务业、贸易业的各类个体工商户和小微企业的生产经营贷款，统称为“微立贷”信贷产品。小微银行部采取“扫街式”营销模式。客户经理走街串巷，发放宣传折页，宣传微贷业务，采取陌生拜访的方式深入终端客户，致力打造自己独特的营销模式。

（三）客户考察和评价标准

按照“标准化、流程化、持续优化”的原则，建立与小微企业特点相匹配的尽职调查制度和方法，注重考察借款人偿还贷款的能力和借款人偿还的意愿。在评估客户还款能力方面，坚持“现金流”为核心的业务理念，重视真实的财务分析、重视企业自身价值，不注重抵押担保。其流程主要是通过实地调查，了解客户生产、营销、资金运营等状况，按照实地眼见、谨慎、现值三大原则，自行编制资产负债表、损益表、现金流量表，要求客户经理对申请贷款客户的直接经济收入进行实地评估和计量，最终确定的可支配收入，被认定为真实还款能力。在调查时，对证明资料进行拍照，注重原始单据的收集，通过交叉检验对采集信息的真实性进行论证，从而为发放贷款的整体决策提供信息，保障真实现金流入能够覆盖每月还款金额。

（四）实行独立事业部运行

小微银行部实行独立成本核算，人员单独招聘，业务和业绩独立考核的管理模式。建立独立总行以外的《射阳农商银行小微银行部绩效考核办法》《射阳农商银行小微银行部微小贷款管理办法》《射阳农商银行小微银行部业务流程》《射阳农商银行小微银行部信贷人员行为准则》《射阳农商银行小微银行部各岗位工作职责》和独立的贷款审批委员会等相关制度。

（五）建立独立贷款审批流程

为提高审批效率和加强风险管控的有机统一，小微银行部制定微贷业务标准化操作流程，实行灵活的业务授权管理。微小贷款业务审批方式为审贷会审批。独立于总行审贷委员会之外，审贷会是由有机构授权审批资格的人员随机组建的贷款审批机构，通过会办的方式，对权限范围内的贷款或授信进行审批，实行一票否决制。微小贷款审贷会一般由两名有权人员以上组成。审贷会需对是否同意贷款、贷款金额、期限等内容形成明确决议并告知借款人。

（六）建立完善的激励约束机制

小微银行部有专门的业绩考核和奖惩办法，加大资源配置力度，突出正向激励，实施以放款能力为主的业务指标考评，强调考核信贷员的信贷笔数，同时兼顾放款额度和信贷质量。小微银行部设计《业务操作扣分指南》，对业务操作质量、业务操作合规性、基本管理制度等三大类实行配套的扣分考核，约束员工行为。

四、微贷技术的瓶颈与不足

（一）外来技术与本土化环境的冲突

微贷技术作为舶来品，是德国技术的产物，虽经过后期的加工和改造，但毕竟缺乏特定的针对性，更多体现在通用、适用范畴。针对本土市场的一些特点，微贷技术并不能完全解决信贷调查的所有问题，也不能将微贷技术神话和玄化。微贷在一些技术手段上的理念设计确有先进之处，但是在软信息的采集方面比较薄弱，同时对一些敏感信息的采集上过分地追求，削弱了产品的竞争力。另外，该产品对客户经理的要求比较高，需要客户经理熟练地掌握、运用，需要对技术有深刻的理解。微贷工场员工入职时间短，很多客户经理在技术运用上还有欠缺之处，影响了技术的发挥。

（二）团队建设存在薄弱环节

射阳农商行微贷工场成立于2013年5月，基本建立了独自的队伍，但是团队内部成员业绩不平衡性在拉大，有超额完成任务的，也有任务差距较大的。形成原因比较复杂，主客观方面的因素都有，但是主观方面的东西相对多一些，如对职业风险的认识、对业务的不熟练、沟通能力的不足、工作方法的缺乏、对个人能力的不自信等。另外，在风险控制方面，很多客户经理缺乏社会经验，在信贷调查时，容易走入教条、机械的模式，跟客户的沟通能力较弱，过分追求细节，反而忽略了大的市场、系统风险的存在。

（三）业务发展瓶颈效应初显

微贷团队属于劳动力密集型投入产业，产能和员工数量关联度比较强，目前团队业务发展缺乏产品支撑，在线的几个产品都是项目合作机构开发提供，团队自我创新能力不足。同时缺乏有效的营销机制，导致业务发展即将进入了瓶颈（人均80～90笔），这个问题的原因有几个方面：客观上，微贷工场作为一个新的部门，品牌影响力和产品的知名度不足，市场对团队的接受还存在一个过程，这个问题要通过宣传活动的推进来解决，加大一些广告的投放等；业务培训中，关于营销技能的培训不足，团队还缺乏营销的方法、技巧，这方面主要通过培训和交流来解决；另外有效“营销时间”投入不足，即团队成员每天用于客户沟通的时间不多，并且缺乏营销的技巧。

（四）人力资本投入较大

该行采用的微贷业务由于技术特点，决定了单户调查人力资源投入较大，按照微贷的标准模式，信贷人员月均拓户能力5~6户，要提升业务总量，就需要不断进行员工招聘，人力资本投入较大。之前的包商银行、常熟农商行均存在类似问题。

（五）合作机构IT支撑不足

现有的合作机构未能针对此项技术开发配套的业务系统，致使整个业务流程以手工操作为主，影响整体工作效率的提高。

（六）队伍不稳定性较大

由于劳务派遣制用工模式使得小微团队的人员流动性较强，目前的人员淘汰率在30%左右，队伍的高流动性带来了管理的难度和压力。

五、加强微贷技术推广运用的几点建议

（一）继续做好微贷产品的创新

加强微贷业务的产品创新工作，在技术和团队都比较成熟的情况下，将微贷的核心理念植入传统信贷产品，开发新型微贷产品。产品创新方式包括：担保方式创新，从个人担保延伸到抵质押、联保、机构担保等；还款方式创新，从单一分期还款延伸至到期还本、不等额分期还款等；目标客户创新，从小微企业、个体工商户延伸到农户、经纪人、农业经济合作组织等。

（二）做好营销方式的创新

积极创新微贷产品的营销手段，坚持小贷传统“扫街营销”为主体，

争取销售渠道多元化，积极与各类政府机构、社会团队开展合作，探索“市场+商户”“合作社+农户”、产业链上下游、商会类机构团队等复合式营销，营销群体客户。另外，积极与政府职能部门联合，以政府的惠民富农项目平台为载体，开展小贷业务的营销，如“打工户返乡创业群体”“大学生村干部创业项目”“农业特色化项目推进”等。

（三）要借鉴微贷的组织优势

小微银行部实行零存量、零客户机制，前期业务拓展压力大，小微银行部运行在经营、考核、监管等制度上实行差异化的考核，激发了团队的内部潜能。同时，微贷的专业化运营模式，保证了微贷的高效率。建立在贷款营销压力较大阶段，本行在贷款营销考核上，侧重考核贷款笔数的绩效考核，提高客户经理扩面积极性，改变客户经理重大额贷款，轻小额贷款的心理，并适度提高不良贷款的容忍度。

（四）运用微贷对传统市场深耕

本行2015年提出“零售业务做小做散”的目标要求，对此，微贷的主动营销行动比较贴近要求。小微贷款的目标客户是县城区域内的个体工商户和小微企业，小微银行部的工作主要是为他们生意上的资金需求提供贷款服务。目标客户明确，服务投向精准。射阳县城范围并不大，适合全方位的覆盖和点对点的服务。建议在本行推广微贷的主动营销理念。保持走出来，沉下去，点对点，更有效。小微银行部全面抛弃了传统的“等客上门”思想，客户经理走出办公室，深入商户、深入企业，获得了客户的第一手资料，一步一个脚印地建成了自己的客户关系网。用以一带十、以点带面的方法发展了大量客户，并形成了稳定的客户群。

参考文献

[1]陈晓晓. HT农商行小微贷业务营销策略研究[D]. 山东理工大学,2018.

[2]江宇. 大数据环境下商业银行“小微贷”竞争策略分析[J]. 现代营销

(下旬刊),2017(02):87.

[3]郭硕. 枣庄农村商业银行小微贷业务管理模式研究[D]. 华北电力大学(北京),2017.

[4]唐兴红. 浅谈商业银行在互联网金融时代"小微贷"发展模式[J]. 知识经济,2015(23):54.

[5]李亚民. 大数据环境下商业银行电商小微贷的发展研究[D]. 湖南大学,2015.

[6]郑岩,朱达书,丁锋,孙嘉巍,李建卫. 城商行的小微贷筹略[J]. 金融电子化,2013(09):38 -42.

新常态下盐城市金融机构风险识别①

祝婧然　黄　健　徐　华

【摘要】2016年，我国经济下行压力巨大，流动性需求与供给之间的矛盾日益凸显，对各家金融机构而言更需要加强风险监控。目前盐城金融机构风险管理制度日益完善、全面风险管理有效推动；风险管理程序日益规范，内外合力不断强化监管；但融资模式仍单一，金融创新和综合监管有待加强。想要全面提升金融机构风险识别与应对的能力，需要明确风险责任、强化风险意识；健全内控体系、完善组织结构；尝试衍生金融工作，组合投资降低风险；量化管理，完善评级；引进人才，推动区域整合。

一、研究背景

2016年，我国经济下行压力巨大，流动性需求与供给之间的矛盾日益凸显，金融机构的运营压力逐步加大，金融风险事件也随之增多。以商业银行为例，2016年不良贷款率在2%至3%范围内，面临的风险以流动性风险、交叉金融产品风险、非法集资风险为主。证券业、保险业的风险也都不同程度地有所增加。因此，如何推动金融机构有效地识别各类风险，如何科学地进行金融风险管理日益成为人们关注的焦点。

金融风险管理离不开金融创新，但金融创新与发展会在一定程度上加

① 课题来源：盐城市金融研究院，2016.05—2017.02，项目编号：2016YCJR004

作者简介：祝婧然，汉族，女，黑龙江肇东人，盐城师范学院讲师，中南财经政法大学博士生；黄健，汉族，男，江苏南通人，中国银行盐城分行副行长，经济师；徐华，汉族，男，江苏东台人，南京银行盐城分行副行长，经济师。

大金融机构的经营风险。具体而言，首先，金融创新增加了金融业的脆弱性。伴随着金融市场国际化和自由化进程的加快，外资可能大量流入金融市场和金融机构，促使金融机构资产负债规模快速扩张，引发存贷款之间的矛盾，最终引起全局性的风险，甚至导致金融危机的爆发。其次，金融创新增加了金融业的经营风险。金融创新使金融机构日益同质化，加剧了金融机构之间的竞争，随着存贷利差的缩小，盈利压力迫使各金融机构不得不从事高风险的业务，这在一定程度上导致金融机构经营风险的增加。最后，金融创新为金融投机活动提供了新的手段。金融创新是一把“双刃剑”，其既为金融发展提供了新的金融产品，增强了金融市场的流动性，但也加剧了金融投机活动。例如，我国推出的股指期货，虽然对股市的良性发展有一定程度的促进作用，但同时也为投资者提供了新的投机手段，如果运用不当就有可能会带来更大的经营风险。所以，金融机构想要稳健运营必须要不断优化金融创新，加强金融风险管理。对处于转型发展中的江苏金融机构而言，更需要立足于经济新常态和“一带一路”的有利背景，科学推进金融创新，完善金融风险管理，进而提升江苏金融机构的综合实力。基于上述分析，本项目立足于盐城的发展实际，结合各类金融机构的发展现状和盐城金融业未来的发展趋势，对金融机构风险的识别方法与应对策略进行研究，以期为盐城金融行业的健康发展和综合实力的提升提供政策建议和理论支撑，具有很好的理论意义和现实价值。

二、金融机构风险识别与管理的概念界定及相关理论

（一）相关概念界定

1. 金融机构风险的含义与类型

从经济学的角度来讲，风险就是发生损失的可能性，这种可能性在人们的社会经济活动、金融活动中普遍存在，只是风险的程度大小有差异而已。对于金融机构而言，其风险是指在业务经营中，由于客观情况的变化或主观决策的失误，使金融机构的资产、收入以及信誉遭受损失的可能

性。这种可能性几乎存在于金融机构的所有业务中，也就是说金融机构的每项业务无一不存在风险。金融机构的风险来源于多个方面，可以源自金融机构金融风险与收益的关系处理之中，也可以源自金融机构特有的高杠杆运作之中，抑或是源自金融机构的创新活动之中。金融机构风险的类型多种多样，依据不同的划分要求，会形成不同的分类内容，具体而言，依据存在形态不同可以分为流动性风险、决策风险、政策风险和主权风险；依据来源不同可以分为信用风险、利率风险、汇率风险和操作风险；依据风险的影响范围不同可以分为系统性风险和非系统性风险；依据风险暴露程度不同可以分为潜在金融风险和现实金融风险。

2. 金融风险识别的含义与基本内容

金融风险识别是金融机构相关人员在进行调查研究之后，运用相关知识、技术和方法对潜在的以及现存的金融风险进行系统分类和全面分析的过程。金融风险识别的基本内容包括拟识别的金融风险类型、受险部位及其产生的原因和严重程度，以及识别过程中采取的方法步骤。对不同的金融风险识别主体，其面临的金融风险不同，但其识别的角度、方法和步骤基本类似。一般首先是认识金融风险，它是指各金融风险识别主体对所面临的金融风险进行系统考察、了解，认识金融风险的类型及风险容易产生的部位。其次，分析金融风险，它是指对已经经过系统分类的金融风险进行全面分析，研究探讨风险产生的可能原因，以及该风险爆发后可能带来的损失和潜在损失。最后，根据识别出的金融风险严重程度，探讨是否需要对各类风险采取措施，制定相应的对策进行风险管理。常用的金融风险的识别方法有现场调查法、问卷调查法、组织结构图示法、流程图法、专家调查法、主观风险测定法、客观风险测定法和情景分析法。

3. 金融风险管理的含义与主要策略

金融风险管理主要是指人们在风险评估的基础上，综合平衡成本与收益，通过实施一系列的政策和措施来对不同风险特性确定相应的风险控制策略，以消除或减少其不利影响的行为。自 20 世纪 70 年代以来，国际金融市场环境的变化，金融活动范围的扩大，金融风险不断增加且日趋复杂化，人们对更加有效的风险管理的渴求，不断推动着金融风险管理理论与实践向前发展。从传统的风险管理步骤发展到现在的系统的全面风险管理框架，从传统的定性、定量分析管理方法发展到现在的工程化风险管理方法。对不同的金融风险主体，由于所处的金融风险环境不同，其选择的金融风险管理方法及其组合也不一样。常见的风险管理策略有风险规避策略、风险转移策略、风险分散策略、风险对冲策略、风险补偿策略和风险承担策略。

（二）相关理论

1. 信息不对称理论

信息不对称理论的提出者是美国经济学家约瑟夫·斯蒂格利茨、乔治·阿克尔洛夫和迈克尔·斯彭斯。该理论认为，在市场经济活动中，各类人员对有关信息的了解是有差异的，掌握信息比较充分的人员往往处于较有利的地位，而信息贫乏的人员则处于不利的地位。具体表现为卖方比买方更了解商品的各种信息，因此具有更可靠更多方面的信息传递给交易市场，而买方则能通过其他手段对信息进行搜集整理，最终实现买卖双方的信息平衡。该理论为很多经济现象，如就业与失业、信贷配给、商品促销等经济活动的存在提供了合理解释，并成为现代信息经济学的核心。该理论揭示了市场体系中存在着缺陷，指出完全靠市场机制不一定会给经济运行带来最佳的效果，并指出信息对市场经济的重要影响。同时，在信息不对称理论的前提下，呼吁政府加强对经济运行的监督管理力度，还强调了政府在经济运行中的重要性。对于金融机构而言，信息不对称的情况较为明显，这也在一定程度上加大了金融机构的风险识别与管理难度。

2. 金融脆弱性理论

金融脆弱性理论最早是关于货币脆弱性的论述，后来随着研究的深入，Minsky 和 Kreget 着手研究信贷市场的脆弱性，二者的区别是 Minsky 是从企业角度的研究，而 Kreget 是从银行角度的研究。Minsky 最先对金融脆弱性问题做了比较系统的解释，形成了“金融脆弱性假说”。其对资本主义繁荣和衰退的长期波动进行了系统的分析，并认为在延长繁荣期间就隐藏着金融危机。他指出借款公司可以分为三类：第一类是抵补性的借款企业，这类公司在金融上较为安全；第二类是投机性的借款企业，其预期收入往往小于到期债务本金；第三类称为“庞兹”借款企业，这类企业在金融上是最脆弱的，他们将借款用于投资回收期很长的项目，在短期内没有充足的收入来支付利息，而长期收益也建立在假象的基础之上。Krelel 为了更好地解释 Minsky 的金融内在脆弱性理论，引用了“安全边界说”。其认为借款人过去的安全有一定的意义，贷款与不贷款取决于商业银行间普遍的习惯，将安全边界、经济扩张和信用记录相结合，往往使银行过度自信而忽略了风险敞口，于是产生了金融脆弱性。金融脆弱性是建立在安全边界的变化之上，一些不易察觉的习惯性行为逐渐侵蚀着安全边界，由此产生金融脆弱性。正因为金融脆弱性的存在，这也在一定程度上加大了金融风险产生的可能性，更加大了金融机构的风险管理难度。

三、盐城金融机构风险识别与管理现状

近年来，我国金融机构的风险管理无论是在风险管理的手段、内容还是机制和组织形式上，都发生了很大的变化，现代风险管理的系统性、科学性和复杂性已远非二三十年前可比，已经向成熟国际金融风险管理体系迈进了一大步，金融机构风险管理在整个管理体系中的地位已上升到金融机构发展战略的高度。江苏作为全国经济改革发展的先锋，金融创新一直走在全国的前列，金融风险也随之增强，因此，如何有效地识别各类金融风险、如何科学地进行金融风险管理日益成为各家金融机构关注的焦点。盐城地处苏北，是江苏沿海开发战略和“一带一路”战略的重要连接点，也是苏北金融改革的重要一环，因此，近几年来，盐城各家金融机构在总部或总行的指引下，结合区域特色与优势，进行针对性的调整与改革，强化金融机构的风险识别与管理，有效地推动金融机构综合实力的全面提

升。具体表现为如下几个方面：

（一）独立风控制度日益完善，全面风险管理有序推动

伴随着金融改革的深入，金融风险管理在组织制度上越来越严密，形成了以独立风险管理部门为中心，各个业务部门紧密配合的风险内部管理系统。风险管理系统强调风险管理部门既要与各业务部门保持密切的联系和信息畅通，同时又十分关注风险管理部门的独立性和系统性。因此，盐城各家金融机构在银监会的要求与总行或总部的指引下，积极构建和完善独立的风险控制部门。独立的风险管理部门的出现，是金融机构在组织结构上为适应风险环境复杂化而进行的重大改进，是建立在管理日常化和制度化的基础上的，进一步提升了金融机构在复杂的风险环境中及时、有效地管理风险的能力。此外，盐城的各家金融机构高度重视全面风险管理，除了重视信用风险、市场风险和流动性风险之外，还非常重视结算风险、操作风险和法律风险的识别与监控；同时实际业务中不仅将可能的资金损失视为风险，还将金融机构自身的声誉和人才的损失同样视为风险，进而提出了职业道德风险、声誉风险和人才风险的概念。全面风险管理的另一个表现是，在业务不断国际化的趋势之下，盐城的金融机构更加注意综合衡量和管理在国际业务上的风险承担，系统防范可能发生的不利事件，在经营管理中引入了风险价值的概念，具体而言，根据业务经营承担的风险，对经营业绩进行调整，将经营成果中扣除潜在的风险损失后的部分才视为真实的盈利，将风险管理看作是各项管理工作中的重中之重，整体业务逐步由重视利润和资产规模转化为更加重视风险控制和资产安全，这也在一定程度上提升了金融机构的风险承受能力。特别是2016年在经济下行压力的影响之下，盐城各大金融机构多措并举，不断完善自身的风险识别与控制体系，提升全面风险管理的能力，有效降低各类风险发生的概率，全年基本实现平稳运营。

（二）风险管理流程逐步规范，内外合力强化风控监管

目前盐城的各家金融机构在总行或总部的指引下，已经基于全面风险

管理理念逐步建立风险管理框架，在提高各个营业网点风险管理水平的同时，逐步提升区域金融机构的整体风控水平。有的金融机构制定了区域内总体层面的管控模式，主要包括目标规划、风控合规、协同效应和公司管理四大职责。风险管理流程方面，金融机构特别是商业银行正逐步建立多层次、多角度的风控机制，简言之，公司的风险管理是以公司治理结构为基础的四个层面、四道防线。四个层面：董事会、管理层和若干委员会、风险管理职能部门及成员单位、四道防线：由总行或总部各层级业务部门组成第一道防线，由总行或总部各层级风险管理部门组成第二道防线，由各层级内部审计部门或专门审计岗组成第三道防线，由金融机构之间信息共享和第三方机构的监督组成第四道防线。此外，还建立了风险事前计划防范、风险事中检查管控及风险事后监督上报“三位一体”的风险管理体系。在风险管理的配套设施方面，金融机构建立了专门的信息系统，如建立信息系统管理平台，进行系统内部的信息共享、合规信息管理以及内控管理的工作。在风险管理流程逐步规范的基础上，各家金融机构充分调动内外部的有利因素，进一步提升应对风险的能力。以商业银行为例，从内部而言，目前盐城的各家商业银行已建立了初步完善的内部控制环境，在总行的领导之下落实区域内的监管要求，针对区域特色和银行客户的特点强化特定风险的监控，进而由内而外提升区域整体的抗风险能力。从外部而言，盐城的人行和银监会在国家和省的统一要求之下，强化风险监控，特别是 2016 年下半年注重信用风险、跨市场交叉金融风险、海外合规风险的监管，全面提升盐城各家商业银行应对风险的能力。

（三）融资模式相对单一，金融创新和综合监管有待加强

目前我国市场的融资模式仍然以间接融资为主，即银行是市场的主要融资媒介，证券类的融资仍然相对较弱，这在一定程度上造成了目前国内市场银行类金融机构与其他金融机构的结构失衡，进而导致金融市场发展不均衡，市场结构不合理。盐城地处苏北，金融机构之间的不均衡发展仍然比较明显。目前盐城市场的融资仍然是以基于银行系统的间接融资方式

为主，由于区域经济的制约、机构融资方式与要求的限制和市场发展的影响，证券类的融资发展相对缓慢，特别是针对一些中小企业而言，开展证券类融资更是举步维艰。这也就导致了市场之间相互分割，缺乏必要的联动机制和套利机制，降低了金融市场资源配置的有效性和效率。盐城的金融机构虽然呈现不断优化的趋势，但现存结构状态仍然不能够满足市场经济发展的内在要求以及适应经济发展的要求，甚至严重制约了金融效率与综合竞争力的提高。同时，盐城的金融创新仍然相对乏力。与苏南地区相比，盐城的金融创新还很落后，且存在金融创新过于依赖政府，在有限的金融创新中，各领域进展失衡的状况。这些都降低了金融资源的效率，削弱了盐城金融机构的创新竞争力。此外，目前分业经营、分业监管的模式对金融综合监管的制约依然较大。从内部看，金融机构面临着与国有企业一样的困境，即如何真正解决激励与约束机制问题；从外部监管看，最为集中地表现为金融法规建设滞后，现行有关金融监管方面的法律经过多次修改，已经较为系统，较为完善。但由于整体法律基础不牢固，金融监管经验不足，法律的涵盖面并不广泛，法律的局限性严重，特别是一些临时性的管理条件、实施办法，缺乏一致性、连续性、权威性，对金融市场发展极为不利。这些都在一定程度上增加了金融机构的运作压力，金融风险产生的概率也会随之增加。对于盐城而言，需要结合区域特色，强化针对性的管理办法与方式。

四、盐城金融机构风险识别存在的问题与原因分析

（一）风险承担主体不明确，风险意识较为淡薄

目前在现行的金融体制与监管模式之下，许多金融机构，尤其是国有商业银行，风险承担的最终主体和边界并不明确，在现有的产权制度和治理结构下，国有商业银行并没有有效地实行所有权和经营权的分离，商业化程度并不高，政策性业务和行政干预仍很多，这都使得银行的最高管理层不能最终承担起全部金融风险的责任，地市级的商业银行由于受到管理

范围的约束，管理层更难充分发挥其主观能动性。但是依据经济运行规律，风险必须要有最终承担者，如果金融风险承担主体不明确，最终后果就是由国家资本（即财政资本）取代银行资本承担起金融风险，在财政也无力承担的极端情况下（财政破产），则可能通过中央银行的货币发行来满足银行的流动性要求，最终以通货膨胀为代价来维持银行体系的运转，即以整个经济体系的资本来承担金融风险的损失。这种风险承担主体不明确的现象在风险管理上的后果，就是导致了宏观经济管理层对金融风险非常重视，而微观金融主体的金融风险管理意识相对淡薄，对风险管理缺乏紧迫感和积极性。虽然有通货膨胀的压力、利率调整、股市动荡等现象，但是整体而言，金融系统的最终风险都会由国家来承担，这样也在无形之中增加了一个保护层，金融机构的风险意识和风险管理自然就会弱化了。盐城作为地级城市，金融机构特别是商业银行在风险管理过程中权力相对较小、业务类型相对较少，这在一定程度上制约了金融机构发挥自身优势，防范金融风险的意识相对淡薄，爆发金融风险的可能相对较大，应对和处理金融风险的能力也相对较弱。

（二）内控体制不健全，风险管理组织结构不完善

在现代金融风险管理中，完善的内控体制是金融机构得以有效进行风险管理的重要内部制度保障。根据巴塞尔银行监管委员会提出的《银行机构内控指引》，完善的现代银行内控体制应该以运作合法、有效和信息畅通为目标，涵盖银行的管理和控制文化、风险的有效识别和评估、控制活动和责任分离、信息和交流以及监控和缺陷修正等五个方面的内容。基于我国的发展实际和盐城金融机构的发展现状，我们不难发现目前金融机构尚未形成有效的、科学的经营机制和内控制约机制。没有真正建立起自负盈亏、自担风险、自我约束的经营机制，没有建立起完备的贷款质量监控和风险防范制度，没有认真执行贷款三查和审贷分离制度，缺乏权力制衡机制，一些业务管理办法和操作程序存在漏洞，自控职能不能很好发挥；监督制约机制滞后，监察稽核部门未能发挥强有力的再监督、再控制职

能。风险管理组织结构依然存在着很多不完善的地方，各分支行在自身利益驱动下超范围经营、超权限放款、乱设机构、违规经营等，加大了中央银行和银监会等金融监管的难度，形成大量的经营风险。以商业银行为例，2016 年盐城的商业银行的不良贷款率有一定程度的上升，在经济下行的压力之下，由于受产业政策、新的宏观经济决策出台及产品质量、产品结构、市场变化或管理水平等方面的影响，有些企业效益低下，无法清偿银行债务，进而导致了商业银行信用风险的产生。因此，想要有效识别与管理金融风险，必须要完善商业银行的内部控制机制，优化风险管理组织结构，提升商业银行的整体应对风险的能力。

（三）管理工具缺乏，风险识别、评估与预警能力较弱

目前，无论是全国范围内还是盐城区域内，在风险识别与管理方面的工具比较缺乏，没有强劲的科学技术的支撑 ，能够有效地识别风险的手段也不多。具体而言，首先，金融工具较为单一，管理型的工具较为匮乏。目前，国内市场上的投资避险工具以债券类保值性的金融工具为主，期权、期货、资产证券化的金融衍生产品相对较少，经济的杠杆作用不明显，很难有效地对各类风险进行整合，更难提升整体风险应对能力。其次，风险识别、评估及预警体系不够，现在对于风险的分析与评估，虽然引入了资信评级体系，但是实际工作中对于金融机构之间的内部风险影响、金融对实体经济的风险关联性、金融产品的跨境联系等情况的分析仍然相对较少，不能真实反映风险的实际状况，进而不能迅速得出相对应的数据和指标并发现潜在的风险因素，措施的制定也会相对较为滞后。同时金融系统的预警指标尚未做到全覆盖，风险预警的作用相对较弱，不能充分反映金融系统遭受冲击的各种不利影响，进而不能做到对金融风险科学、恰当、准确的分析。综合而言，风险分散的工具类型相对较少，很难有效地稀释各类风险，更难及时识别、评估和预警各种风险，进而不能把握住最佳的时机进行风险管理，最终会加大风险的损失程度。

（四）风险量化管理落后，管理人才严重匮乏

量化管理和模型化是发达国家银行风险管理在技术上的重要发展趋

势。目前不仅针对市场风险开发了以在险价值 VaR 为代表的计量模型，而且对一般认为不易量化的信用风险也开发了信用计量模型等。我国目前在风险量化管理方面还非常薄弱，大致还停留在资产负债比例管理和头寸匹配管理的水平上，而对于在险价值 VaR、信用计量模型和持续期等概念还并不熟悉。对于金融风险量化管理的系统性相对较弱，分析方法以定性分析为主，定量分析较少，不能对风险损失程度进行恰当的分析与预测，不能真正实现定性与定量相结合，分析的精准性和科学性也会有一定程度的降低。众多周知，现代金融风险管理是一门技术性非常强、非常复杂的新兴的管理学科。它不仅以现代管理学、金融学、经济学、数量统计学等学科的知识为基础，而且还引入了系统工程学、物理学等自然科学的研究方法。这就要求金融机构内部从事风险管理的人员必须具备很高的素质，需要经历过严格的专业训练，否则将很难理解业务和产品的风险性质，更难以采取适当的风险防范措施。目前我国的人才现状即便是不与发达国家银行的水平相比，就是与中国金融风险管理现代化的要求相比，我国金融风险管理人才仍然显得相当匮乏。对于盐城而言，经济的区位影响力和对风险管理专业人才的吸引力相对较弱，即使大力引进人才，但相关的配套服务设施相对落后，人才的留住的难度仍然相对较大；同时盐城没有专门的财经类高校，当地的人才倾向于向苏南或上海方向流动，人才的补给能力相对较弱，因此，想要真正应对金融风险，真正提升金融机构风险识别与管理的能力，必须要科学地应对人才问题，不仅要引入人才，更重要的是留住人才，让优秀的风险管理人才真正服务于盐城的金融改革发展之中，真正为盐城金融行业整体实力的提升贡献力量。

（五）中介服务机构不健全，独立的风险和信用评估机构较为缺乏

目前我国在中介服务机构的建设方面还较落后，主要表现在以下几个方面：第一，未建立起自己独立的信用风险评级机构，使得公司债券的发行无法依据其信用等级确定其发行利率水平，最终是公司债券的价格和收

益率不能合理反映其具体的信用风险状况，产生信用风险的概率也会随之增加。第二，现有的会计、审计以及法律事务所的运作不太规范，容易受到政府和企业的影响，独立反映企业财务和风险信息的能力较差，有时甚至出现提供虚假信息，企业不合理包装上市，欺骗投资者的现象，这也在一定程度上加大了金融机构事前调查的难度、事中风险管理的压力和事后风险的监控能力。第三，目前国内还没有出现向投资者（包括企业、金融机构和个人）提供风险管理技术和信息咨询服务的专业化公司。此外，金融机构之间也相互隔离，缺乏交流和沟通，先进的风险管理技术和方法不容易在整个金融体系内得到有效、迅速的传播和推广。对于盐城而言，金融中介服务机构较少，金融机构在进行风险评估时，通常需要到南京、上海、北京等地进行异地分析评估，因为评估需要建立在对当地信息充分了解的基础之上，异地评估在增加经济成本的同时也会延长评估的时间，对金融机构及时地满足客户需求、更好地参与竞争都会造成一定程度的影响。

五、提升盐城金融机构风险管理能力的对策建议

金融机构风险识别与管理中存在很多问题，未来想要更好地增强盐城各家金融机构的抗风险能力，同时提升金融机构的综合竞争实力，必须要对症下药，科学恰当地解决目前盐城金融机构风险识别与管理中存在的问题。在综合宏观、中观与微观各方面原因的基础之上，未来可以从如下几个方面着手，解决盐城金融风险识别与管理中的问题。

（一）明确风险承担主体，合理承担风险范围，强化风险控制意识

在“一带一路”和经济新常态的背景之下，盐城想要谋取金融的长远发展，盐城政府必须要承担相对平常时期更大的责任。这时就需要充分考虑到政府承担风险的机制比一般市场主体承担机制的差异性。政府承担风险的能力最终来源于普遍信任带来的强制力，具体包括财政、货币、行政。因此，政府往往倾向于不断吸收风险来将个别金融风险转化为系统性

风险，有一定的合理性，但是如今这种方式却会扭曲市场参与者的激励机制，引发金融的无序扩张导致政府“背不起”。要知道承担资产方的风险是获取金融收益的主要途径。金融机构和盐城政府合理承担风险，应该以市场为主体防范风险，限制政府责任。市场是由权责利一致的完整主体独立参与互利交易的过程，以市场为主体防范风险，可以借助不同市场主体对风险的不同评价，在经济体内合理分散风险。政府过早、过多地介入金融风险，容易扭曲市场对风险的收益和损失分配。只有当市场出现失灵，微观主体出现暂时性流动危机时，才有必要引入政府力量加以纠正和帮助，但是总体上仍需要控制政府责任范围。日益复杂的金融活动，不完善的金融风险制度，风险发生在过去，损失已经发生，若完全划分清楚政府和金融机构的责任再处置，会加剧由于信息不确定带来的市场信任缺失和扩大风险。因此，有必要保留责任追究的权利，先处置损失的资产，由于无法精确责任，可以依据经验合理依据比例政府和金融机构承担风险，最终清算与市场处置，责任追究同步进行。实际金融运转过程中，需要明晰政府、金融机构与市场之间的责任，强化不同部门之间协同处理风险的机制，增强金融机构自身抗风险的能力，同时内外结合，增强金融机构的风险意识，将风险的识别与控制和金融机构的日常业务相结合，将风险的管理与金融机构的发展相衔接，从不同侧面、不同层面提升盐城各家金融机构的抗风险能力和综合实力。

（二）健全金融机构内控体系，完善风险管理组织结构

在经济新常态下，金融方式日益多元化，信息的安全性日益成为人们关注的焦点，如果没有科学地保管好自己的信息，就有可能产生信息被不法分子利用的现象，进而会造成很多不利的后果，这也是盐城市金融问题不断的原因之一。对于金融机构而言，首先也需要关注自身信息的安全性，因此盐城市金融机构内部应该建立健全一套行之有效的内部风险管理机制。这套机制应该包括检查程序，验证内部控制、风险管理制度是否适当、有效，并做出评价，揭示制度缺陷，提出修改建议或意见，促进管理当局不断完善风险管理制度和责任制。对风险管理机制进行审查，评价是

否健全和有效，从中发现薄弱环节，提示并建议风险管理部门设计风险应对措施。其次，还有对相关部门风险识别的充分性和风险评估的恰当性以及风险管理措施的有效性等进行监督评价，及时发现缺漏，纠正偏差，防止风险控制过度和控制不足所引发的二度风险，提高金融机构管理活动的合理性、有效性，降低风险发生的可能性和破坏性。通过加强金融机构各个部门的联合来对金融机构相关风险的识别、评价和管理提出意见，这样能够降低金融机构决策的风险性，从而提高营利性，实现运营目标。最后，在健全内控体系的基础上，完善金融机构的组织架构，提升金融机构自身的风险识别与控制能力，在业务推动、市场开拓、发展战略等方面全面融入风控的观念，真正从根源上提升盐城金融机构的风险应对能力。

（三）积极尝试衍生金融工具，多种组合降低金融风险

金融衍生工具具有直接对冲风险的性质，被认为是管理风险市场最有效的市场工具，使得金融体系更能有效地在风险承担能力不同的主体之间配置风险。我国金融衍生工具市场还处在初级阶段，要结合实际国情，借鉴国外金融衍生工具市场的经验，不能操之过急，因此要谨慎一步步地发展。应该优先发展股权式衍生工具中的期货和期权两种，这是因为我国股市的发展时间较长，规模大，投资者较多，相应的法规制度比较健全。同时，股市投资者散户占比例较大，规避风险意识较强。另一点期货和期权在国际衍生交易中是发展最成熟的衍生工具，而且都是在场内交易，便于集中交易和管理，套期保值功能和价格发现功能最直接、突出。在发展的同时，也要健全金融衍生工具的法律。法律是保障金融衍生市场顺利发展的前提以及稳定健康发展的持续保证。健全与金融衍生工具有关的法律，修正不合理的法律，营造一个公平良好的法律环境，可以使金融衍生工具市场提高资金配置效率，更安全地运营。目前，对于金融衍生工具，我国的市场空间已经逐步放开，作为地级市的盐城的金融机构，在风险管理过程中，需要立足区域特点，并结合国家的监管要求，基于发展特色，有计划、有针对性地尝试衍生金融工具，通过投资组合的方式降低金融风险，优化风险管理。

（四）金融机构风险量化管理，建立相应评级模型

面对日益复杂的金融活动，金融机构应当确立金融风险量化管理理念，构建合理有效的量化管理体系，从而持续提升金融机构风险管理和资本管理能力。一个完整的量化管理体系包括以内部评级为核心的风险度量以及在此基础上的经济资本分配，风险分散与转移，利润分析，绩效考核，风险报告等若干子系统，其中内部评级与信用风险度量是量化管理体系的基础，在整个体系中具有重要的地位。内部评级法实际是以金融机构风险评级为基础的资本充足率计算以及资本管理的方法。金融机构应该充分考虑自身业务特点，建立与客户、业务和战略相适应的评级模型，并随着经济环境的变化，客户范围和业务的发展以及数据的积累，对模型进行检验，及时调整模型机构和参数，保持模型的准确性和时效性。金融机构还要建立内部评级和外部专业评级机构之间的映射的关系，这不仅是内部评级的要求，也是检验、校准内部评价模型的可靠手段。目前，我国针对风险量化管理和评级模型的构建方面正大力推进，作为盐城的金融机构而言，需要及时掌握先进的管理方法与理念，同时立足自身发展的需求，有针对性地开展研究，将量化管理与日常运营相统筹，力争在平衡发展的基础上提升盐城金融机构应对风险的能力，真正提升盐城金融机构识别与应对金融风险的方式与方法。

（五）大力引进金融人才，促进本地区金融机构发展

盐城提出“515”人才引进三年行动，计划从2015年到2017年花费财政40亿元来引进人才，完善人才成长环境。盐城金融业最为短缺的已经不再是一般的从业人员，而主要是以下几种高层次的金融专业人才：以金融企业家为主要代表的经营管理人才；以精通研究分析、产品开发，熟悉和掌握金融操作规则的高端应用型人才；在金融学一个或几个相关领域有扎实理论功底的复合知识结构的研究人才。所以应该重点引进海内外大型金融机构金融精英，金融方面的硕士博士，涵盖管理学、金融学、经济学、数量统计学等学科的复合型高端人才。建立健全运行机制，创新金融

人才聚集、人才培养、发展、激励和流动机制，不断加强金融人才队伍建设。对于金融企业家经营管理人才可以给予土地、税收等政策上的优惠吸引来盐城建立分机构，而对于金融精英和高端金融人才以良好的政治待遇和生活待遇留住金融人才，给他们提供一个广阔的平台。同时，盐城政府要结合实际，建立金融顾问制度，选聘省内外知名金融专家作为金融顾问，纳入专家智囊团，具体参与到政府的决策咨询、规划制定、人才培养、金融创新、项目论证等方面工作中。这样才能在较短的时间内提升盐城市的整体金融实力，加快盐城金融现代化，提高盐城金融机构服务水平，增强盐城市金融队伍实力，为盐城金融业发展提供智力支持。

（六）大力发展云计算，促进盐城金融机构合作交流

2016 年 6 月，由南京银行盐城分行作为发起单位，联合银行、证券、保险等 20 多家机构，自愿组成合作交流平台——新东方·鑫连鑫金融家俱乐部。充分发挥各自优势，通过云计算大数据来实现信息和资源共享，跨领域多边业务合作与交流，共同应对危机与挑战，促进各成员可持续发展。云计算是现在很热门应用很广的计算机技术。首先，成本低，通过云计算可以促进盐城市金融机构的信息资源整合，将信息资源输入云库中，多家金融机构可以共享基础设施、通信、系统、应用、监控等软硬件资源，共同降低投入成本和人力成本，提高公共资源利用率；其次，降低金融机构的信用风险，促进盐城市社会信用体系建设。盐城各地农商行、人行、商业银行等金融机构通过云计算互相推广信用增信产品来建立一套完备的盐城市信用体系，利用云计算大数据进行信用风险识别降低各金融机构存贷风险。然后可用性高，云计算可以在网上办理业务，提高金融机构的工作效率，保存在云库的数据可以添加多层安全防护和数据灾备机制，有效应对人为数据损坏和泄露带来的安全风险，确保金融机构安全运行。

参考文献

[1]马志宏,刘中明. 对盐城市金融发展情况的调研与思考[J]. 唯实,2012(4):15-18.

[2]刘萍萍,唐新. 新型农村金融机构的风险生成机理及管理模式创新[J]. 四川师范大学学报(社会科学版),2012(3):79-80.

[3]罗书章. 金融监管制度演变与金融机构风险管理[J]. 金融经济学研究,2013(3): 35-41.

[4]林炜,洪斌,汤锦华. 小微金融机构云计算的安全风险分析及应对策略[J]. 中国金融电脑,2013(11):44-47.

[5]张承惠. 新常态对中国金融体系的新挑战[J]. 金融研究,2015(2):9-15.

[6]谷晓飞,田媛. 商业银行金融风险管理理论及实践探析[J]. 经济研究参考,2015(38):70-75.

[7]傅章彦,杨晓龙. 我国金融控股集团风险管理模式选择探讨[J]. 新金融,2015(2):33-36.

[8]徐爱玲,陈金龙. 地方准金融机构风险解构及监管探讨——以福建省为例[J]. 财会月刊(下),2016(4):72-76.

[9]谢云. 现代金融风险管理的发展与挑战[J]. 国际融资,2016(10):11-15.

[10]陆磊,杨骏. 流动性、一般均衡与金融稳定的"不可能三角"[J]. 金融研究, 2016(1):1-13.

[11]胡亚敏. 对金融创新条件下的金融风险管理的探讨[J]. 时代金融,2016 (12): 5-9.

[12]赵天泽. 金融工程在金融风险管理中的运用探析[J]. 财经界·学术版,2016(6):10-12.

[13]柏宝春. 关联性视阈下金融机构风险传染效应的实证分析[J]. 统计与决策, 2016(21):46-57.

[14]李东林,徐齐玲. 创建存款保险风险评估预警机制相关问题研究——基于宁夏地方法人金融机构风险早期预警[J]. 金融发展评论,2016(8):34-40.

“互联网 +” 背景下盐城市金融业资金效率提升研究[①]

胡　森　崔　东　徐　健

【摘要】2013 年以来，互联网金融对传统金融业带来了很大的冲击。此时，有必要研究传统商业银行如何在“互联网 +”背景下提升银行效率。通过 DEA 方法分析，发现金融业的资金使用效率在样本期内随宏观经济变化而变化、总体差异在样本期中不断缩小。本研究认为，商业银行除了做好常规应对措施外，还需要深入借助互联网，通过优化计算机与人的分工改进业务流程，提升不同业务流程之间的协同关系，利用互联网思维提升银行效率，优化商业模式来提升自身核心竞争力。

一、引言

在中国现行金融市场尚不够成熟的条件下，商业银行是最主要的间接融资方式，承担着融资的重任，在整个金融体系中发挥着举足轻重的作用，并对中国经济发展做出了重要贡献。银行效率是银行业竞争力的核心体现，其内涵可以从宏观和微观两个方面加以阐述。从宏观方面讲，银行效率是指在国民经济增长中商业银行贡献率的多少，即整个商业银行要素投入与国民经济增长的对比关系。从微观方面讲，银行效率是指商业银行的金融资源配置是否达到最优，即商业银行投入与产出或成本与收益之间的对比关系[1]。

---

① 课题来源：盐城市金融研究院，2016. 05—2017. 02，项目编号：2016YCJR005

作者简介：胡森，汉族，男，江苏盐城人，盐城师范学院讲师，华中科技大学博士生；崔东，汉族，男，江苏盐城人，中国人民银行盐城市中心支行调统科科长，经济师；徐健，汉族，女，江苏盐城人，浦发银行盐城分行营业部主任，经济师。

目前的银行业面临着如下几方面的挑战：一是自身经营环境恶化，从2015年开始，银行利润增长率出现骤降，这源自我国实体经济的不景气以及人力成本的上升；二是以“余额宝”为代表的互联网金融产品的出现，对银行的个人存款带来了很大的冲击，并严重影响银行在个人消费支付方面的业务；三是由于历史以及环境原因，银行在信贷资源配置上存在局限，出于信贷风险控制等目的，很多需要贷款的企业，尤其是中小企业，往往难以获取信贷资源，这一方面恶化了我国实体环境，另一方面也制约了银行在这一部分客户身上可获取的收益。在这样的情况下，我们就需要研究如何借助互联网技术提升银行的资金效率。

二、研究综述

（一）银行效率研究现状

在过去50多年中，银行效率问题研究一直受到关注。有关银行业效率低下的根源，早期的研究倾向于强调规模经济的影响，即考察单位成本能否随着产量的增加而降低；也倾向于强调范围经济的影响，即考察单位成本能否通过联合生产而降低同[1]。规模经济和范围经济的经验研究表明，20世纪80年代，资产为1亿~50亿美元的中型银行具有显著的规模经济。然而，最近的研究表明，规模经济所要求的银行资产规模大幅度增长。20世纪90年代，规模经济显著的资产规模为100亿~250亿美元[2]。关于范围经济，经验研究显示较小的范围无成本效率[3]。近年来，有关效率的研究转到了生产效率问题上。生产效率由两部分组成：技术效率和配置效率。技术效率指的是现有资源最优利用的能力，即在一定的投入水平下产出最大化或在给定的产出水平下投入最小化。配置效率指的是在一定的价格水平下实现投入和产出最优组合的能力。在有关生产效率的研究方面，首先把效率引入全面客观的因素分析中，如管理的改进和技术的应用，而不考虑大小（规模经济）和产品组合（范围经济）。在一组资料数据中，可以估计最佳业务边界或最差业务边界，最佳业务边界和某个公司实践之间的差幅反映了其效率低下的程度。在金融机构效率研究的文献中，有两个有争议的问题：一是怎样定义和计量银行的投入和产出；二是怎样确定最佳业务边界来评价它们的业绩。由于银行的特征不同于一般意义上的公司，因而如何计量银行的投入和产出是最困难的问题之一。不像生产有形商品的制造业，银行不仅生产无法识别的产品——中间服务，而且也提供一系列产品——复合型产品。早期的银行效率研究使用了许多计量银行产出的方法，如存贷款账户的数目和每个账户中的美元金额。由于强调银行生产过程的基本性质而不是存量变动，向客户提供的服务流量可以被认为是银行产出。

（二）基于 DEA 方法的银行效率实证研究

DEA 方法是目前国内应用比较广泛的用于研究银行效率的方法，在国内最早由薛峰和杨德礼应用该方法从事相关研究，之后众多学者做了跟进的研究。从方法上看，使用的方法有原始 DEA 方法、DEA 超效率模型[4]、三阶段 DEA[5]分析方法等。从研究对象来看，最早主要是对国有商业银行的研究，之后很多学者比较了股份制银行和国有商业银行的效率，最后将城市商业银行以及农村商业银行也纳入研究范围。从研究结论来看，普遍认为我国国有银行的技术效率是无效的，并且股份制银行的效率比国有银行要高，其中的原因在于模糊的产权关系制约着我国银行效率的提升；但是将城商行纳入研究范围后，得到的结论则有差异，有的学者认为城市商业银行效率最低，有的研究却表明城市商业银行的效率最高，还有的结果则暗示三种类型的商业银行在效率方面不存在显著的差异；很多研究对银行效率的影响因素进行了研究，技术效率低是商业银行成本无效率的重要原因，股份制改革则有力地提升了国有银行的成本效率、技术效率及配置效率。从选择指标来看，主要是选择存款总额、贷款总额、固定资产净值、营业支出、利息支出、各项支出费用、职工人数、利息收入、非利息收入、人均利润等指标。但是这方面的研究存在两个问题，一个是相关的指标中很少涉及风险控制的指标，而风险控制是银行各种效率的重要影响因素，另一个则是相关指标间存在着严重的多重共线性，这时一些随机因素会令求得的银行效率发生偏差，从无效率变成有效率。

（三）互联网金融研究

随着国内网络基础设施建设的不断完善，互联网的快速普及，在移动智能终端设备飞速发展下，越来越多的人选择线上消费，互联网金融模式随之产生。近几年来，以余额宝、理财通、P2P 信贷、众筹融资等为代表的互联网金融产业呈几何态势发展，抢占了市场规模，一定程度上影响着传统金融业的发展。国内外的研究学者一直较为关注互联网金融与传统商业银行两者之间的关系，大体来看，这些研究主要在于对互联网金融模式的划分、互联网金融对传统银行业的作用、银行该如何应对的定性分析以及对互联网金融的风险监管研究等，如刘澜飚、沈鑫、郭步超（2013）[6]将互联网金融和传统金融模式进行对比分析后提出相关意见；谭天文、陆楠（2013）[7]和郭田勇、孟娇（2013）[8]通过对商业银行与互联网金融的优劣势分析，提出了银行业发展的有关策略；谢平、邹传伟、刘海二（2014）[9]讨论了互联网金融监管的必要性与核心原则。Oliner、Sichel 等（2004）[10]认为互联网金融的发展对于经济增长的积极作用逐渐明显。对于互联网金融对银行技术效率的影响，本文打算综合上述研究，从实证分析入手，根据各商业银行的发展状况和实际考量的需求，选择非参数法中的数据包络法，用 MATLAB 软件对银行技术效率进行分析处理。一个决策单元的技术效率具体地反映了在某一个时期，相对于其他的决策单元，该决策单元将多种生产要素转化为多种产出的关于生产或服务管理方面的竞争能力。本文通过对经营效率的研究，分析了互联网金融环境对我国银行发展的影响，并提出了相关提升效率的建议。

另一方面，我国在互联网金融方面的研究已经相对丰富，很多学者研究了互联网金融对商业银行的影响：互联网金融的优势在于建立在信息化以及数据分析基础上的高效率，而传统银行业的优势在于相关金融从业人员的专业性；传统金融业应当借助于互联网金融进一步提升自身的服务能力和效率，形成专业性更强、分工更合理的金融服务体系。互联网金融与商业银行的融合发展研究方面也存在着一些盲区，如还鲜有文献对互联网金融的效率进行度量，因此也难以准确分析互联网金融对传统金融业的影响。

三、盐城市金融业现状分析

（一）盐城市商业银行现状

当今社会对于商业银行来说，服务是其创造效益的核心环节，也是其生存和发展的基础保障。近年来，随着盐城市经济的不断发展，给盐城市商业银行的发展带来巨大的发展空间的同时，也带来了巨大的挑战，各个商业银行通过各种途径，力求通过增强服务意识，提供创新服务产品等，来满足客户的需求，提高其核心竞争力。

当前，很多商业银行的服务水平较过去有了很大提高，在展示银行实力、为人民服务方面取得了较大进步。但是，在市场经济竞争日益激烈的形势下，盐城市的商业银行服务与发达城市相比还有一定的差距[11,12]，主要表现在以下几方面：

一是服务质量还远远达不到客户所期望的要求。从客观角度讲，当前盐城市部分商业银行的服务质量还无法达到一个高质量的水平线，部分商业银行的管理者无法站在银行生存和发展的角度，从根本上去认识和改善银行的服务水平，导致银行工作人员的服务观念越来越差，缺乏对工作的热情，缺少对服务工作的主动性，在工作中不思进取，不懂得操作知识的变通，对于工作规章制度缺乏及时的调整和规范，致使业务流程始终无法实现规范化管理，员工缺少主动工作的意识，也就无法达到客户所期望的服务质量。

二是服务手段单一，缺乏创新思维。单一的服务方式已经无法满足不同层次客户的不同需求，盐城市仍然有一部分商业银行尽管在硬件环境上实现了信息化，但是服务意识还没有跟上信息化的思潮，这严重影响了银行的业务发展，也使得银行办事效率始终无法提高，造成客户对银行的不满。同时，由于政策原因缺乏自主性，在产品和服务上缺少创新性和灵活性，在产品研发上动力不足，无法满足客户对服务多方面的要求，长此以往，造成客户对银行的抱怨和不满，影响银行的业务发展。

三是风险控制手段落后。目前，在我国银行业中占据主导地位的国有商业银行，更倾向于与大型国有企业建立长期银企关系，并为其提供信贷支持，而中小企业在融资过程中面临“规模歧视”和“所有制歧视”问题，存在严重的融资约束问题[13]。究其原因，一方面，我国国有商业银行利用市场地位可以相对容易地获取优质贷款需求，而对风险较高的贷款需求缺乏重视；另一方面，由于我国目前还缺乏信用体系建设，出于风险控制等目的，对于中小企业的信贷资源配置倾斜缺乏动力；此外，风险控制技术手段相比于国外金融机构落后，缺乏成熟并动态变化的模型，这方面在政策上也存在制约因素。

四是行政体制约束。当大型企业或者国有企业濒临破产时，一方面商业银行为避免大规模不良贷款的涌现，仍倾向于为其提供贷款[14]；另一方面地方政府为实现短期内稳定财政收入、充分就业等目标，通常也会干预银行行为，使得国有商业银行继续为某些濒临破产的企业提供优惠贷款（余明桂和潘红波，2008），导致这些企业“僵而不死”，最终演变为僵尸企业。僵尸企业的存在会占据市场优质资源，阻碍优胜劣汰市场机制的发挥，不仅会妨碍大量潜在企业进入市场，还会导致高效率企业难以实现最优生产规模，不利于行业资源的有效配置。

（二）“互联网 +”发展情况

“互联网 +”是指以互联网为主，包括移动互联网、云计算、大数据技术等一整套信息技术在经济、社会各个领域的扩散，本质在于传统行业的数据化和在线化。“互联网 + 银行”将互联网技术渗透到商业银行传统业务，进行深度融合，从而促进商业银行业务创新，提升银行价值。目前学术界已经关注到互联网金融对商业银行的影响，并开展了相关研究。

“互联网+”作为创新2.0下的互联网与传统行业融合发展的新业态，通过互联网平台、信息通信技术将互联网与各行各业相连接，成为中国经济提质增效升级的“新引擎”。金融行业应抓住“互联网+”的契机，利用互联网技术，实现服务能力、营销能力等的全方位创新。传统银行业在互联网金融的冲击下，应立足于自身优势，顺应互联网金融发展趋势，加快转型步伐。

在网络经济时代，“互联网+”代表新经济形态下的社会生产力特征，符合新时期社会发展趋势，是网络经济时代发展的必然要求。“互联网+”带来的云计算、大数据、移动支付、社交网络、搜索引擎等技术进步，为金融行业的创新创造了机遇。互联网企业与商业银行应立足各自优势，在竞争中谋求合作，为客户带来更为优质高效的金融服务，打造双赢的新局面。互联网金融在金融市场中抢占了一席之位，一定程度地影响着传统金融业的发展。

（三）盐城市金融业现状

2011年以来，盐城市金融部门为了实现长三角北翼金融高地战略目标，加快实施“金融带动”战略，积极加快经济转型升级的步伐，盐城市的金融业整体水平显著提升，金融业的快速发展为该市经济增长做出了巨大贡献。企业融资渠道的拓宽推进着企业上市工作。盐城农村里中小金融机构也相继改革，响水、大丰、阜宁、建湖等4家农村信用社和农村合作银行已联合改制为农村商业银行，射阳农商行、黄海农商行分别在外省异地设立村镇银行，农村金融机构呈现多元化发展趋势。尽管如此，盐城市的金融业发展仍具有不足，由于盐城金融机构集聚程度低，仅有浦发银行和中国民生银行两家股份制银行，并无外资银行落户。从类型上看，在盐城落户的一些知名金融机构仅仅是在盐城设立分支机构，只有昆山农商行一家将区域或业务总部设在盐城。另外，金融创新品种较为单一，作为全省最大的乘用车生产基地，汽车金融仍是空白，金融产品缺乏特色，没有高质量的金融服务，对新型抵质押方式开拓也缺乏力度。

四、盐城市商业银行效率实证研究

（一）DEA 方法介绍

数据包络分析（Data Envelopment Analysis，DEA）方法由 Charnes、Coopor 和 Rhodes[15]于 1978 年提出，该方法的原理主要是通过保持决策单元 DMU 的输入或者输入不变，借助于数学规划和统计数据确定相对有效的生产前沿面，将各个决策单元投影到 DEA 的生产前沿面上，并通过比较决策单元偏离 DEA 前沿面的程度来评价它们的相对有效性。DEA 方法具有不需要假设函数，处理多投入多产出的有效性更便捷，对样本较少的情况结果也比较好的特点，决定了其在商业银行效率分析方面具有独特的优势，因此被广泛使用。

该模型假设存在 m 个决策单元 DMU_j（$j=1, 2, \cdots, m$），每个决策单元都包含 n 个投入向量 $X_j=(x_{1j}, x_{2j}, \cdots, x_{nj})$，$s$ 个产出向量 $Y_j=(y_{1j}, y_{2j}, \cdots, y_{sj})$，$u_i$ 表示对第 r 种类型输出的一种度量，v_i 表示对第 i 种类型输入的一种度量，则评价第 j 个决策单元的投入产出比 $h_j=\sum_{r=1}^{s}u_r y_{rj}/\sum_{i=1}^{n}v_i x_{ij}$（$j=1, 2, \cdots, n$），$h_j$ 是一个介于 0 和 1 之间的数，其值越大表示该决策单元的投入产出水平越高，经营越有效。

由此构造的 C^2R 模型如下：

$$\max h_{j0}=\frac{\sum_{r=1}^{s}u_r y_{rj0}}{\sum_{i=1}^{m}v_i x_{ij0}}$$

$$s.\ t.\ \begin{cases}\dfrac{\sum_{r=1}^{s}u_r y_{rj}}{\sum_{i=1}^{m}}\leqslant 1 \quad (j=1, 2, \cdots, n)\\ u\geqslant 0,\ v\geqslant 0\end{cases}$$

令：

$$t=\frac{1}{\sum_{i=1}^{m}v_i x_{ij0}},\ w_i=tv_i,\ \mu_r=tu_r$$

可变成如下的线性规划模型 P：

$$\max h_{j0} = \sum_{r=1}^{s} \mu_r y_{ri0}$$

$$p\begin{cases} \sum_{i=1}^{m} w_i x_{ij} - \sum_{r=1}^{s} {}_r y_{rj} \geqslant 0 \quad (j=1,\ 2,\ \cdots,\ n) \\ \sum_{i=1}^{m} w_i x_{ij0} = 1 \\ w_i \geqslant 0,\ \mu \geqslant 0\ (r=1,\ \cdots,\ s) \end{cases}$$

为了讨论和计算应用方便，转化为对偶方程，进一步引入松弛变量 S^+ 和剩余变量 S^-，将上面的不等式约束变为等式约束，可变成：

$$\min \theta$$

$$s.\ \ t.\ \ \begin{cases} \sum_{j=1}^{n} \lambda_j x_{ij} + S^+ = \theta x_{ij0} \\ \sum_{j=1}^{n} \lambda_j y_{rj} - S^- = \theta y_{rj0} \\ \lambda_j \geqslant 0\ (j=1,\ 2,\ \cdots,\ n) \\ \theta \text{ 无约束},\ S^+ \geqslant 0,\ S^- \leqslant 0 \end{cases}$$

其中，θ 为评价该决策单元的有效值；λ_j 为投入产出的权系数；S^+，S^- 分别代表松弛变量，即投入冗余值与产出不足值。

CCR 模型判定是否同时技术有效和规模有效的定义如下：

当 $\theta=1$，$S^+=0$，$S^-=0$ 时，则称该决策单元 DEA 有效，表明该决策单元同时实现规模效应和纯技术效率最佳，不存在投入冗余与产出不足；若 $\theta<1$，则表明决策单元非 DEA 有效，可以按照 θ 比例调整投入或产出。

当 $\theta=1$，但至少某个输入或者输出大于 0 时，则决策单元 j_0 为弱 DEA 有效，决策单元不是同时为技术效率最佳和规模最佳。

当 $\theta<1$ 时，决策单元 j_0 不是 DEA 有效，经济活动既不是技术效率最佳，也不是规模最佳。

当 $\theta<1$，但 $S^+=0$，$S^-=0$ 时，则可认为该决策单元的生产活动从技术角度充分利用了投入资源，投入产出的要素组合比率最优，实现了纯技术有效性。

C2R 模型中的 λ_j 判断 DMU 的规模收益情况：

若 $\sum_{j=1}^{n}\lambda_j{}^* = 1$，则 DMU 为规模收益不变；

若 $\sum_{j=1}^{n}\lambda_j{}^* < 1$，则 DMU 为规模收益递增；

若 $\sum_{j=1}^{n}\lambda_j{}^* > 1$，则 DMU 为规模收益递减。

在实际运用中，对松弛变量的研究是有意义的，因为它是一种纯的过剩量（S^-）或不足量（S^+），θ 则表示 DMU 离有效前沿面或包络面的一种径向优化量或“距离”。

设 $\hat{x}_{ij0} = \theta^0 x_{ij0} - S_i^{-0}$，$\hat{y}_{ri0} = y_{rj0} + S_r^{+0}$ 其中 S_r^{+0}，S_i^{-0}，θ^0 是决策单元 j_0 对应的线性规划（D）的最优解，则（$\hat{x}_{ij0}$，$\hat{y}_{rj0}$）为 DMU_{j0} 对应的（x_0，y_0）在 DEA 的相对有效面上的投影，它是 DEA 有效的。

（二）数据处理

1. 样本选择

通过比较城市商业银行与农村商业银行的业务特点，本文选取了 2013—2015 年盐城 10 家银行的经营数据作为研究样本，其中 5 家为国有控股商业银行（中国工商银行、中国银行、中国建设银行、交通银行、中国农业银行），1 家城市商业银行（江苏银行），3 家农村商业银行（射阳农商行、黄海农商行、大丰农商行）以及中国邮政储蓄银行。

2. 指标选取

在研究资金效率之前，首先需要确定投入与产出指标。银行投入和产出指标的界定方法一般有生产法、中介法和资产法三种。生产法是将银行视为提供金融产品和服务的机构，资本、费用、劳动力等视为投入，存款账户数与贷款规模视为产出；中介法是将银行投资视为储蓄的中介机构，将存贷款余额数均视为产出，投入一般选择劳动力和资本等，但中介法忽视了银行的中间业务与其他收入。资产法也将银行看作金融中介，仅把资产负债表中的资产项目视为投入，存款视作负债不计入产出。评价盐城市银行的经营效率，在确定 DEA 的投入产出指标时，本文考虑银行在一段经营期内的盈利能力、业务发展状况、资产风险情况以及后续发展能力，故采取生产法确定投入产出指标，选择存款、营业支出、员工人数、不良贷款余额作为投入指标，而产出指标为贷款和净利润。具体变量见表1。

表1　银行投入与产出变量情况

投入				产出	
X_1	X_2	X_3	X_4	Y_1	Y_2
存款	不良贷款余额	营业支出	员工人数	贷款	净利润

银行作为金融服务机构，劳动力作为商业银行的基本投入要素，用于检测其人力资源的运行效益，而客户存款视为银行的资金投入，故也算入投入指标，营业支出作为银行发生经营业务时产生的支付行为，故也可视为一种投入指标，不良贷款是借款人未能按时偿还贷款本息，或者借款人不能按时偿还贷款本息而形成的贷款，反映其业务发展状况及资产风险情况，故也视为投入指标。

贷款是我国银行目前主要经营的产品，尽管其他经营产品种类在逐步增加，但所占比重非常低，故贷款有产出特性，将其作为银行的产出变量。此外，银行生产经营的最终目的是盈利，将净利润作为产出，不仅能够体现银行追求利润最大化的目标，而且净利润是商业银行的最终收益，包含了商业银行的所有经营性收入，能够全面综合地反映出商业银行产出获利水平，还能真实反映出银行经营能力和成果，所以营业净利润更能准确体现银行经营效率，反映银行真实、稳定的获利能力。

（三）实验结果与分析

1. 盐城商业银行资金效率分析

本文通过运用MATLAB软件，对2013—2015年盐城10家样本银行投入产出数据进行处理分析，得出各个银行的经营效率值。（见表2）

表2 2013—2015年盐城10家上市商业银行技术效率和规模效益变动情况

银行＼指标＼年份	2013			2014			2015		
	技术效率	规模效率	规模效益	技术效率	规模效率	规模效益	技术效率	规模效率	规模效益
中国工商银行	1.000	1.000	不变	1.000	1.000	不变	1.000	1.000	不变
中国银行	1.000	1.000	不变	1.000	1.000	不变	1.000	1.000	不变
中国建设银行	1.000	1.000	不变	1.000	1.000	不变	1.000	1.000	不变
交通银行	0.952	0.979	递增	0.984	0.996	递增	1.000	1.000	不变
中国农业银行	1.000	1.000	不变	1.000	1.000	不变	0.916	0.949	递增
江苏银行	0.936	0.975	递增	1.000	1.000	不变	1.000	1.000	不变
中国邮政储蓄银行	1.000	1.000	不变	1.000	1.000	不变	0.896	0.960	递增
大丰农商行	1.000	1.000	不变	1.000	1.000	不变	1.000	1.000	不变
黄海农商行	1.000	1.000	不变	1.000	1.000	不变	1.000	1.000	不变
射阳农商行	1.000	1.000	不变	1.000	1.000	不变	0.867	0.867	递增

注：2013年盐城新建了一家交通银行分行，故盐城交通银行净利润数据偏低。

表2反映出2013—2015年3年内在所选取的10家盐城市银行有效（效率值为1）的上市商业银行的样本数分别为5家、9家和7家，3年中，DEA均有效的盐城银行有5家，分别是中国工商银行、中国银行、中国建设银行、大丰农商行和黄海农商行；而中国农业银行、江苏银行、中国邮政储蓄银行和射阳农商行这4家上市银行3年中有两年是有效的，其余银行在3年中有一年的效率值为1。在样本考察期内，国有控股商业银行中，2013—2014年交通银行是效率最低的银行，2015年中国农业银行是效率最低的银行。中国工商银行、中国银行、中国建设银行、大丰农商行、黄海农商行5家银行3年来的资金效率一直很稳定，处于DEA有效阶段；交通银行的资金效率上升至2015年稳定为1，成为DEA有效；中国农业银行、中国邮政储蓄银行和射阳农商行前两年处于DEA有效率阶段，第三年非资金效率最佳；江苏银行第一年非DEA有效，但2014—2015年处于DEA有效。

2. 投影分析

利用DEA测度结果可进一步进行投入冗余或产出不足分析，计算非经营有效银行的投入冗余值（投入指标的松弛变量值）和产出不足值（产出指标的松弛变量值）。

表 3　松弛变量情况

投入指标的松弛变量值 S^+				产出指标的松弛变量值 S^-	
各项存款 S_1^{+0}	不良贷款余额 S_2^{+0}	营业支出 S_3^{+0}	员工人数 S_4^{+0}	各项贷款 S_1^{-0}	净利润 S_2^{-0}

表 4　非经营有效银行投入产出的松弛变量值

银行		投入指标	2013 年	2014 年	2015 年
中国工商银行	投入	各项存款	0.000	0.000	0.000
		不良贷款余额	0.000	0.000	0.000
		营业支出	0.000	0.000	0.000
		员工人数	0.000	0.000	0.000
	产出	各项贷款	0.000	0.000	0.000
		净利润	0.000	0.000	0.000
中国邮政储蓄银行	投入	各项存款	0.000	0.000	0.000
		不良贷款余额	0.000	0.000	0.084
		营业支出	0.000	0.000	0.341
		员工人数	0.000	0.000	0.000
	产出	各项贷款	0.000	0.000	0.000
		净利润	0.000	0.000	0.301
大丰农商行	投入	各项存款	0.000	0.000	0.000
		不良贷款余额	0.000	0.000	0.000
		营业支出	0.000	0.000	0.000
		员工人数	0.000	0.000	0.000
	产出	各项贷款	0.000	0.000	0.000
		净利润	0.000	0.000	0.000
黄海农商行	投入	各项存款	0.000	0.000	0.000
		不良贷款余额	0.000	0.000	0.000
		营业支出	0.000	0.000	0.000
		员工人数	0.000	0.000	0.000
	产出	各项贷款	0.000	0.000	0.000
		净利润	0.000	0.000	0.000

续表

银行		投入指标	2013 年	2014 年	2015 年
射阳农商行	投入	各项存款	0.000	0.000	0.000
		不良贷款余额	0.000	0.000	0.480
		营业支出	0.000	0.000	0.271
		员工人数	0.000	0.000	0.140
	产出	各项贷款	0.000	0.000	0.000
		净利润	0.000	0.000	0.504

根据公式 $\Delta X=(\theta-1)x_0-S^{0-}$ 和 $\delta Y=S^{0+}$，可以求得投入产出指标的投影调整量（ΔX，ΔY）。我们以 2003 年五大国有商业银行中经营效率较低的交通银行来进行投影分析。

$\Delta X_1=(0.952-1)\times 5\,304\,691.977-0.007=-254\,625.221\,9$

$\Delta X_2=(0.952-1)\times 0.000\,000-0.417=-0.417$

$\Delta X_3=(0.952-1)\times 118\,786.946\,849-0.000=-5\,701.773\,448$

$\Delta X_4=(0.952-1)\times 0.188\,300-0.000=-0.009\,038\,4$

$\Delta Y_1=0$

$\Delta Y_2=2.023$

表 5　盐城市交通银行 2013 年投入产出的投影调整量

ΔX_1	ΔX_2	ΔX_3	ΔX_4	ΔY_1	ΔY_2
-254 625. 2219	-0. 417	-5 701. 773 448	-0. 009 038 4	0	2. 023

这表明交通银行要达到 DEA 有效，应缩减其相应的投入冗余额，即存款减少 254 625 万元，不良贷款余额减少 0. 417 万元，营业支出减少 5 701. 773 万元，员工人数减少 0. 009 万人，而收入可以保持不变；或者在投入保持不变的情况下，净收入应提高 2. 023 万元。

比照交通银行，我们可以对其他银行进行类似的投影分析。我们发现，大多国有商业银行的投入冗余相对较少，其他商业银行的投入冗余相对较多，这表明银行的规模越大，效率也越高，中型或大中型银行的效率往往更高，小型的银行反而呈现规模不经济和技术不经济的状态。

3. 数据分析结果启示

从数据分析中我们不难发现以下特点：

第一，金融业的资金使用效率在样本期内随宏观经济变化而变化。从资金渠道的角度分析，金融业对内部资金的使用效率略低于外部资金的使用效率，且对权益资金的使用效率明显最高。从行业的角度分析，资金使用效率从高到低排序为银行业、寿险业和财险业。由于规模和利润的优势，银行业的各种资金使用效率都位居行业之首。受规模限制的财险业对内部资金和权益资金的使用效率为行业较低。寿险业因债务资金投入较多而具有行业最低的债务资金使用效率。

第二，金融业资金使用效率的总体差异在样本期中不断缩小，主要源于行业内差异，各行业间的资金使用效率差别不大。从资金渠道的角度分析，金融业债务资金使用效率差异最大，其次是内部资金使用效率的差异，而权益资金使用效率的差异相对最小。且内部、债务和权益资金使用效率的水平也在趋于一致。收敛性分析则表明，财险业的内部、债务和权益资金使用效率差异均在不断缩小，银行业中也有相同现象。而寿险业的内部和权益资金使用效率也具有明显的收敛趋势，仅债务资金使用效率的收敛趋势不太显著。

第三，由于内部、债务和权益资金的特征、环境和限制不同，影响因素也不完全相同。整体上看，经济发展水平、公司规模是有利因素，金融深化程度、市场结构、市场集中度和市场占有率是不利因素。但比较特别的是，经济发展水平较高使得资金冗余，降低了债务权益资金的使用效率。市场过于集中或过于分散都不利于资金使用效率的提高。而且，规模较大的公司能从规模效应中获得好处，但市场份额较大的公司却因管理怠倦而效率低下，中资公司的表现均不错，而是否上市对于公司的资金使用效率均没有显著影响。

五、基于实证结果的互联网金融与商业银行关系分析

（一）互联网金融对商业银行业务影响分析

互联网金融对商业银行业务产生影响的源泉在于以下几种差异：

一是地位差异。在进行信贷资源配置时，商业银行是信贷资源配置的主体，而互联网金融弱化了自身信贷资源配置的主体地位，强化了自身的中介作用以及出借人的主体地位。这样做的好处在于改变了传统金融主体之间的风险分担机制，在互联网金融模式下，金融机构的功能更加集中，加强了专业分工，从这个角度来看是有利于资金效率的提升的。

二是效率差异。互联网金融将大量重复的程序化的工作交给计算机来完成，而将非程序化的工作交给专业人士来完成；而反观商业银行，无论是存款业务还是贷款业务中，绝大部分环节还是人工完成。以存（取）款环节为例，商业银行完成存（取）款主要是通过柜台工作人员或 ATM 机来完成，在这个过程中存在大量的人工工作或机械工作，这个速度是比较慢的，而反观互联网金融（以支付宝为例），完成存取款只需要拿出手机发出简单的指令即可，中间的流程全部由计算机完成。对个人用户来说，商业银行进行存取款的时间成本比通过互联网金融要高出 10 倍或者数十倍。

三是协同差异。互联网金融模式下，不同金融业务之间的协同性更高（当然，这同样源自互联网金融模式下，信息化程度更高）。以个人业务为例，商业银行模式下，个人活期储蓄（用于个人消费等）与个人投资（包括定期存款、理财产品）是相对独立的，基本上同一时刻不会同时具备两种属性；但是余额宝通过流程创新，实现了两种模式的协同，余额宝的收益率与定期存款相当，但是流动性与活期存款相当。以这为基础，互联网金融加强了消费流程与投资流程之间的协同。

（二）互联网金融与商业银行治理结构

从实证研究的结果来看，公司的组织结构和经营方式对我国城市商业银行资金效率的提高有阻碍作用。随着五大国有银行的相继上市，虽然国

有控股商业银行的公司治理结构得以建立并完善，但仍然需要进一步地深化。传统的商业银行拥有雄厚的资金和较高的诚信度，实体银行网点的分布广泛，设施完备。因此，传统商业银行更易获取用户信任，但随着对互联网金融被客户广泛接受、用户理财观念的转变以及年轻客户群财富的积累，银行必然面临负债资金范围扩大的威胁，由于传统金融机构的政策保护壁垒被互联网金融打破，银行对为客户提供更快捷便利的金融服务越来越重视，银行对客户定位由大型企业逐步转变至小微企业，开始采用扁平化的组织结构，这样一来，能打破银行原有部门之间的限制，简化了业务流程、加快了服务效率、为顾客提供更灵活的产品，提高银行网络化渠道运营效率，使其能够快速响应客户需求。银行从战略导向、经营管理到业务流程、服务品质，自上而下建立以客户为中心的经营模式，提高客户参与感，优化业务流程，提高办事效率，发展差异化的互联网核心业务竞争优势，利用技术变革拓展新用户。由于互联网金融发展本身也有诸如监管制度不完善等不足之处，互联网金融始终无法完全替代传统银行业，银行一方面采用互联网金融的技术和组织模式，实现产业优化升级，另一方面商业银行积极与互联网金融合作，提升服务能力和服务效率，增强用户的信任感。

（三）互联网金融与商业银行金融创新

从技术效率角度看，以中国邮政储蓄银行、江苏银行代表的商业银行的银行效率逐年上升，并且增长率达到瓶颈期，在这段时期商业银行需要提供创新中间业务，加快金融创新的步伐。在越来越多客户使用电商平台购物的趋势下，银行加强与电商企业及第三方支付企业的合作，扩大自身在支付结算领域的面积，银行还将收取中间交易佣金作为银行拓展业务的渠道之一和参与网络交易的举措之一。这样一来，不仅可以降低互联网金融冲击，还可以使银行与互联网金融平台由竞争关系转变为合作与竞争的博弈关系；此外，商业银行还利用金融优势进行跨界经营，加强多边合作，通过新的渠道载体或与其他平台开展合作，展开新的产业价值链，开拓新的业务领域。银行利用互联网金融具有的数据挖掘和积累的优势，充分满足互联网用户结算、融资、理财等需求，为客户提供“一揽子”的在线金融产品与服务，大大地降低交易成本，既可以保留忠诚客户又可以吸引新用户。

从上述银行效率值可见，众多城市商业银行的技术效率和规模效率方面都有巨大的上升空间。具体来讲，在互联网金融影响下，城市商业银行首先运用了信息技术，实现银行内部的网络化，提升收集和处理信息的能力，节约了资源成本。其次，城市商业银行一方面可以通过重组、联合、收购和兼并来改变规模过小的现状；另一方面可以引进境外投资者来扩大经营规模，提高经营效率并以此为契机，加快优化金融资源配置的步伐，增强规避和化解金融风险的能力，学习国外先进的经营理念和管理经验，通过股权合作和战略合作努力提升自身的管理水平和自主创新能力。

（四）互联网金融与商业银行人才培养

从非经营有效的银行来看，银行人员冗余是一大因素，提高从业人员的专业素质十分重要。我国商业银行从业人员中金融、经济、管理类专业人才数不胜数，但是互联网技术人才却很匮乏。商业银行缺乏互联网硬件和软件管理的专业技术人员，当传统的商业银行面临互联网金融的冲击时损失会很严重。所以，商业银行就必须培养同时具有互联网技术专业知识和金融专业知识的复合型人才，从而更长远地促进我国金融业的健康、稳定发展。同时，银行可对内部的聘用政策、薪酬政策和鼓励政策等进行相应的变革，吸引更多的高水平人才参与到银行的经营和发展中来。

六、互联网金融背景下商业银行应对措施分析

在互联网金融背景下，商业银行需要进行一些常规的部署以应对互联网金融的冲击，同时需要进行深层次的改进以提升自己。

（一）常规应对措施

常规的应对措施很多，如加强信息化投入提高工作效率、借助大数据

技术进行金融创新降低风险、引进或培训具有信息技术和金融知识的复合型人才（团队）等等。

加强信息化投入提高工作效率，如建设网上银行，引导消费者更多地通过网上银行开展业务；优化 ATM 机部署，减少排队人数等等。

借助大数据技术进行金融创新降低风险。通过大数据技术的使用，准确识别项目风险，优化决策制定过程，提高投资的收益率。

引进或培训具有信息技术和金融知识的复合型人才（团队）。在互联网浪潮下，任何一项工作均离不开计算机的使用，因此银行工作人员（团队）也应当反映这一结构。

（二）深层次改进

上述策略只是被动地应对互联网带来的挑战，但是商业银行更需要借助互联网提升自身的服务水平。本研究认为需要做好以下几个方面：

第一，优化计算机与人的分工，这是应对互联网浪潮首先需要分析的内容。由于计算机的长处在于快速完成程序化的工作，而人的长处则在于进行创新性思维，解决计算机无法解决的非程序化问题。针对商业银行所涉及的所有价值创造环节，分析具体价值创造所涉及的业务活动、活动所包含的任务，考虑哪些活动（任务）是重复（偶然）的或（非）程序化的，然后进行业务流程重组，将重复的并且程序化的任务分配给计算机完成；将偶然的非程序化任务由人来完成或者进行外包；重复的非程序化任务最好能通过专门的系统设计由计算机实现，在目前大数据、物联网和云计算的技术背景下，越来越多的非程序化工作可以转化为程序化工作，如果这部分工作无法转化为程序化，则需要专人来负责，（如果这样）这类专业人员往往要求具有比较高的专业素质，人力成本也较高；如果是偶然的程序化工作，最好也能集成到信息系统中。

第二，提升不同业务流程之间的协同关系。考虑到互联网金融产品中，余额宝等互联网理财产品对商业银行个人存款业务方面的冲击比较大，因此以个人业务流程中的消费（活期存款、支付功能）和投资（定期存款、理财产品）两个流程的协同关系为例进行分析（在这里我们不考虑投资收益率和投资风险问题）。余额宝类产品有如此大的影响，与其整合与个人用户相关的业务、实现了不同流程的协同有一定关系。接下来我们从三个方面进行比较。首先是载体方面。在传统商业银行模式中，个人的存储、消费和投资是基于银行卡的，而余额宝类产品是基于手机的，手机是具有信息处理能力的，能够实现复杂的功能，而银行卡显然不具有这种功能，只能实现简单的信息存储和传递功能，因此手机由于其强大的功能而基本成为每个人的生活必需品，而银行卡则不是，尽管银行卡携带更加方便，但从便利性方面来说依然不如手机。综上，传统商业银行的业务载体从功能和便利性两方面均不如互联网金融机构，因此本研究认为这也是导致流程协同差异的基础原因。其次是由于载体的功能性差异，传统商业银行业务主要是通过线下实现的，而互联网金融业务主要通过线上实现，线上和线下对消费者来说其核心差异主要是便捷性，而且金融领域不存在消费领域中存在的信任问题，当不存在信任问题时，线上业务的便利性便会呈现出碾压性，如果互联网金融公司解决了账户风险问题，以线下为主的商业银行要么进行角色的转变要么只能退出竞争舞台。最后是互联网金融（主要是余额宝类产品）的投资和消费是一体化的，资金在投资和消费之间可以自由转化，而传统的商业银行消费和投资这两个功能是分割的，同一笔钱要么只能消费要么只能投资，流程没有协同。

第三，利用互联网思维提升银行效率。对于互联网思维的解读很多，本研究认为互联网思维的核心是提升信息效率。可能有人认为银行是信息化做的最早投入最多的领域，其利用信息化提升的效率应该很高。我们以在超市购物最后进行的支付环节为例，传统商业银行的支付大致是这样的场景“消费者银行卡刷卡→销售员输入消费金额→消费者输入密码→信息传递以及后台处理”，主要的工具是借助数据处理效率很低的 POS 机进行人工的数据录入，而支付宝的支付场景大致是“扫码→指纹确认→信息传递以及后台处理”，中间的信息录入环节由电脑完成，主要借助的是数据处理效率比较高的手机。此外，即便针对线下业务，也可以通过提升信息效率来提高银行工作效率，如通过 ATM 机的资源共享、线下营业点当前业务办理等待量信息提示来减少排队人数。

第四，优化商业模式。由于政策体制制约，再加上银行长期处于强势地位，银行的商业模式及其竞争策略是比较简单的。我们依然以活期存款业务和支付业务为例进行分析，这两个业务涉及个人消费者、商家和银行三个角色。活期存款业务涉及个人消费者和银行，假设这一业务对银行是有利的，因为并不是所有的钱都会取出，银行可以进行投资，而对消费者无显著收益，因为活期收益率很低。支付业务涉及消费者、商家和银行，进行支付时，银行处于中介地位，通过这一业务收取相应的服务费，因此这一业务银行也会获利，而消费者和商家觉得使用银行卡付款比使用现金方便，因此也可以获取一部分收益（因此才会使用银行卡结算）。在支付业务环节，银行使用了双边平台战略，对弹性比较低的商家一侧收取服务费，而对消费者免费。但是当活期存款业务和支付业务协同关系比较强时，两者会存在溢出效应，即支付业务的使用会影响消费者在存款时的决策。因此，在这种情况下，商业银行可以做出一定的决策来影响消费者的存款决策从而获取存款，而非简单只是通过银行利息来获取存款。因此，在互联网环境下，商业银行需要改进自身的商业模式。

七、结论与建议

本文应用 DEA 模型对盐城 10 家银行的技术效益与规模效益进行测度与分析，研究发现国有银行和非国有银行二者之间的效率差异有缩小的趋势。未来的发展过程中，盐城市的国有银行和非国有银行需要更多地因地制宜，多措并举提升经营效率，努力缩小两者之间的效率差异。具体而言，盐城市的国有银行，需要为发展制定规划，加快经济结构转型，同时兼顾好资本市场发展与互联网发展的需求，利用现有优势与行业实际进行多种方式的结合，提升技术效率和规模经济，发展好经济效益，推动资金效率的提升；城市商业银行立足现有优势，加大技术投入与金融创新，大力推进经营效率的提升。而农村商业银行需要根据自身农村特色，充分权衡农村的各项需求，以农村发展为基点，凭借区位优势，不断发掘自身发展优势，推动资金效率的全面提升，未来应对互联网金融的冲击；想提高农村商业银行的经营效率，应从信贷管理、业务结构、市场份额、营运成本、资本补充、公司治理、金融环境几方面着手，多管齐下，强化管理，优化服务，促进农村商业银行依法合规稳健经营，提高经营效率。此外，基层人民银行和相关政府部门应当加大对农信机构改制的支持和监督力度，促使当地银行业从业机构整体经营效率的提升。总之，无论是何种银行，都要以人为本，注重互联网金融人才的培养，不断加强技术革新，加快转变经济发展方式，拓展新的产业链，拓宽业务渠道。

综上所述，在互联网背景下，商业银行应该做好以下常规应对和深层次应对：常规应对，如加强信息化投入提高工作效率，加强网上银行建设提升效率，借助大数据技术进行金融创新降低风险，引进或培训具有信息技术和金融知识的复合型人才应对互联网挑战等。深层次应对，如优化计算机与人的分工改进业务流程，提升不同业务流程之间的协同关系，利用互联网思维提升银行效率，优化商业模式等。

参考文献

[1]蔡悦韵. 中国人寿保险企业效率分析[D]. 厦门:厦门大学,2014.

[2]杨飞,王春晨. 我国证券公司效率评价研究[J]. 湖南商学院学报,2015(04):98－102.

[3]秦子生,刘骁,李鸿浩. 我国金融上市公司投资效率的实证研究[J]. 金融发展研究,2015(06):26－32.

[4]Berger A N, Humphrey D B. Efficiency of financial institutions: International survey and directions for future research[J]. European journal of operational research, 1997, 98(2): 175－212.

［5］Semih Yildirim H, Philippatos G C. Efficiency of banks: recent evidence from the transition economies of Europe, 1993—2000［J］. European Journal of Finance, 2007, 13(2): 123－143.

［6］刘澜飚,沈鑫,郭步超. 互联网金融发展及其对传统金融模式的影响探讨［J］. 经济学动态,2013(08):73－83.

［7］谭天文,陆楠. 互联网金融模式与传统金融模式的对比分析［J］. 中国市场,2013(46):101－103.

［8］郭田勇,孟娇. 互联网金融时代的银行业发展策略［J］. 金融电子化,2013(09):16＋18.

［9］谢平,邹传伟,刘海二. 互联网金融监管的必要性与核心原则［J］. 国际金融研究,2014(08):3－9.

［10］Doms M E, Dunn W E, Oliner S D, Sichel D E. How fast do personal computers depreciate? Concepts and new estimates［J］. NBER/Tax Policy & the Economy(MIPress), 2004, 18(1):37－79.

［11］潘昕. 关于江苏金融业发展的思考［J］. 经济研究导刊,2012(28):65－67.

［12］胡绪华,权晓艳. 江苏省金融业发展现状的统计分析——基于发达地区比较的视角［J］. 时代金融,2013(10):173－174＋182.

［13］袁林,王竹君. 江苏省金融业发展的现状、问题及发展对策［J］. 改革与开放,2013(5):27－29.

［14］杭菲. 江苏省农村合作金融机构的效率研究［D］. 南京:南京农业大学,2012.

［15］Charnes A, Cooper W W, Rhodes E. Measuring the efficiency of decision making units［J］. European journal of operational research, 1978, 2(6): 429－444.

新常态下盐城商业银行风险管控研究①

黄庆庆　朱开俊

【摘要】在经济增速的换挡期、结构调整阵痛期和前期政策消化期的“三期叠加”的背景下，盐城市商业银行发展呈现新特征，风险控制方面也面临新的挑战。本文通过对新常态下盐城市商业银行在信用风险和流动性风险方面的新特征加以梳理，针对性地提出提升盐城市商业银行风险控制能力的建议，包括加强风险预警、采用先进的风险管理工具、大力发展以客户为导向的中间业务、逐步完成优化设计等。

一、研究背景

新常态是指和以往不同的、一种相对稳定的状态。2014 年 5 月，习近平总书记在河南考察时第一次提出“新常态”理念，并指出中国发展处于重要的战略机遇期，不同于过去三十年经济的高速增长，是一个经济增长速度放慢的新阶段，要用正常态度和想法去看待经济的发展，努力适应经济发展的新特征。新常态下我国经济发展面临新挑战，也包含新机遇。金融行业为地区发展提供着重要的资本基础，而商业银行又是金融行业中非常重要的一部分，所以在经济新常态下对商业银行的风险管控方面提出了新的要求。

盐城作为江苏省面积最大的一个地级市，常住人口 830.5 万人，东临

---

① 课题来源：盐城市金融研究院，2017.06—2018.05，项目编号：2017YCJR001

作者简介：黄庆庆，汉族，女，江苏启东人，盐城师范学院助教，硕士；朱开俊，汉族，男，江苏盐城人，中国工商银行盐城分行办公室主任，经济师。

黄海，西接淮扬，南接经济发达的南通市，2017 年 GDP 总量为 5 050 亿元，增速达 10.36%，江苏省总排名为第八，经济发展势头良好，所以更加需要商业银行对其经济的支持。截至 2017 年底，全盐城市各大金融机构存款为 6 214.19 亿元，贷款总额为 4 287.53 亿元，利润总额为 21.72 亿元，各项指标较 2016 年都有明显上升，尤其是利润，增长了大约 4 亿元。所以，本文将针对盐城市商业银行的风险管控，重点分析信用风险和流动性风险，并结合盐城市现状提出相关具有现实意义的建议。

二、商业银行风险管控研究现状

（一）国外研究现状

西方国家的商业银行发展比较成熟，对风险管理的研究开展较早，已经形成较为成熟的管理体系，特别是 1929—1933 年的世界性经济危机以后，对风险管理研究日益深入。西方学者的研究主要是通过建立模型进行分析。

1. 创立了风险研究的各种模型

马可维茨在 1952 年提出的资产组合理论，开创了金融资产风险研究的先河，也是现代风险分析理论的基础；20 世纪 70 年代，美国的费舍尔·布莱克、罗伯特·默顿两位学者在马克维茨两个假设的基础上，针对期权定价展开研究，他们又加入了两个假设，即所有证券交易都是连续进行的，证券的收益率是固定不变的，建立了“默顿模型”；20 世纪 90 年代，美国的 KMV 公司推出了基于期权模型的 Credit Monitor 模型，也称 KMV 模型，是评价企业信用风险的重要量化工具；1994 年，J. P. Morgan 银行提出的 VaR 模型，主要用于度量风险在险价值，该方法与传统分析法相比，适应性更强，且更具科学性，因而被业界广泛应用；1998 年，美国麦肯锡公司研究开发出 CPV（Credit Portfolio View）模型，将宏观经济因素融入到 Credit Metrios 模型的转移矩阵中并进行调整。

2. 关于商业银行风险的实证研究

Bertrand Rime（2001）为分析资本充足率与银行风险之间联系与影响

得出的结果证明，资本充足率的监管对银行自身风险的影响较小，但是其能够影响到银行资本的增加程度；Jun Ji 和 Hiwatashi（2002）在深入研究日本先进银行在操作风险方面所取得的最新研究成果和度量技术以后，对其在操作风险管理上所取得的有益经验进行了相应的总结；Lam（2006）认为商业银行进行存续经营的重要因素是具有完备的风险管理能力；Don Pagach 和 Richard Warr（2010）选取了 106 个样本公司（这些公司通常都实施了 ERM），通过对公司首席风险执行官进行分析，得出 ERM 模式对于公司的风险管理而言并未起到明显的作用；Awojobi 和 Omotola（2011）在对尼日利亚银行业风险管理效率的研究中发现，信贷资产与总资产的比率等相关指标对商业银行风险管理的效率具有显著作用。

（二）国内研究现状

国内对商业银行风险管控的研究主要集中在两个方面：定性分析和定量分析。定性分析主要依靠逻辑推断，聚焦目前我国商业银行存在的问题，还有商业银行在风险管理方面与国际大型商业银行之间的差距，试图总结出“放之四海而皆准”的模式让我国商业银行进行模仿。而定量分析则是整合相关的指标，运用计量经济学，通过数学运算得出相关因素的影响力，再提出相关的建议。

1. 定性分析方面

邱程萍、朱惠（2011）[1]通过分析我国商业银行风险管理的现状，认为存在缺乏风险管理文化、缺乏完善的组织架构和缺乏专业的管理人员三个主要原因，并提出了相关意见。

王佳新（2012）[2]通过对比我国商业银行的风险管理和国际商业银行风险管理，认为我国的商业银行存在风险管理观念薄弱等不足，应向国际商业银行学习。

佘松涛（2013）[3]认为应当完善商业银行风险管理与控制体系，健全与完善授权审批制度、内部检查与稽核制度。

王超（2014）[4]分析了我国商业银行在风险管理中遇到的主要问题，

认为制度缺失是我国商业银行普遍存在的问题，应通过向国际商业银行学习，促进发展。

丁立华（2015）[5]通过分析认为，我国商业银行与国外银行相比，在内部控制机制上存在欠缺，应该进行完善。

马秀东（2016）[6]针对我国山东地区商业银行风险管理的漏洞加以研究和分析，认为要通过加大对设备研发的投入，来加强数据存储，以不断完善银行的数据整理体系，同时，通过设备技术更新来提高数据安全管理的能力，再有，要完善内部培养体系，加强人才建设，从而提高整个商业银行体系的风险管理水平。

匡慧慧（2017）[7]通过分析商业银行风险管理有待提高的各种问题，认为应该从理念、管理机制、组织机构、人员素质等方面进行提高。

2. 定量分析方面

卢铁乔（2011）[8]通过建立因子分析方程，利用简化出来的 9 个因子，对风险管理进行定量评价。

张传新、王光伟（2012）[9]通过 Logit 模型对商业银行的信用风险进行分析，验证了该模型下公司财务状况与信用风险的关系。

沈沛龙、王晓婷（2013）[10]利用随机比率流动模型，分析商业银行的风险评级和风险测度，认为资产的流动性越好则风险越低，风险管理越好实施。

王春萍、卢立超（2014）[11]通过 CPV 模型对商业银行的信用风险管理进行分析，认为宏观经济状况与违约率之间的关系是显著的。

刘青、王玉蔚、孙陶（2015）[12]通过对 RAROC 模型的分析，认为 RAROC 模型可以用来衡量风险管理，还提出我国商业银行面临的数据处理系统缺失的现实问题。

秦洪军（2016）[13]选取反映市场风险、操作风险、信用风险、流动性风险及风险抵御能力的五大类共计 12 个指标，组成商业银行综合风险管理评价体系，对国内商业银行的风险管理能力进行评价。

李红、徐雅梦（2017）[14]运用 RAROC 模型，通过分析上市商业银行 2010—2015 年的相关数据，发现商业银行存在的不足并提出相应的改进意见。

三、经济新常态对盐城商业银行经营的影响

经济回归新常态后，商业银行经济利润的增速在放缓，盐城市近 5 年来商业银行的盈利能力增速在明显放缓。通过表 1 可以看出盐城市近 5 年来的利润总额，利润虽然在增长，没有出现下跌，但是增长速度明显放缓了，这跟国家的经济新常态、利率市场化的改革有着密切的关系。通过表 2 可以看出 2017 年各季度各项财务指标还是比较稳定的，各项盈利指标还算比较高，经营状况比较好。

表 1　近 5 年盐城市金融机构利润总额　　单位：百万元

年份	利润总额
2013	12. 153 04
2014	14. 655 1
2015	15. 221 21
2016	17. 814 65
2017	21. 716 96

表 2　2017 年各季度财务指标

指标	第一季度	第二季度	第三季度	第四季度
资产利润率	0. 88%	0. 87%	0. 86%	0. 78%
资本利润率	13. 86%	13. 51%	13. 12%	11. 50%
净息差	2. 14%	2. 17%	2. 17%	2. 18%
成本收入比	31. 69%	30. 30%	30. 41%	33. 11%

根据盐城市人行提供的信息，可以更加明确地了解盐城市金融机构的现状。根据图 1 所示，盐城市银行业存款类金融机构可分成五类，中资大型商业银行、中资中型商业银行、中资小型商业银行，财务公司、外资金融机构所包含的银行的种类一目了然，盐城市还有一家悦达财务集团有限

公司，还有一家韩资银行，这是由于盐城市有中韩产业园，支持发展韩资企业的缘故。

- 银行业存款类金融机构
  - 中资大型商业银行
    - 中资四家大型商业银行
      - 中国工商银行
      - 中国农业银行
      - 中国银行
      - 中国建设银行
    - 交通银行
    - 中国邮政储蓄银行
  - 中资中型商业银行
    - 招商银行
    - 中国农业发展银行
    - 上海浦东发展银行
    - 中信银行
    - 兴业银行
    - 中国民生银行
    - 华夏银行
    - 上海银行
    - 江苏银行
    - 浙商银行
  - 中资小型商业银行
    - 小型城商行：南京银行、长江银行、苏州银行
    - 农村商业银行
      - 盐城、射阳、建湖、阜宁、大丰、响水、东台、滨海的农村商业银行
      - 常熟、昆山、太仓、江南的农村商业银行
    - 村镇银行
  - 财务公司：江苏悦达财务集团有限公司
  - 外资金融机构：新韩银行

图1　盐城市银行业存款类金融机构分类

新常态下银行业传统的风险的新特点如下：

（一）经济增速放缓，信用风险进入集中暴露期

随着全国经济发展速度逐步放缓至7%左右的中速新常态，不可避免要经历行业景气周期性波动，部分行业、企业经营困难态势将不断加剧，制造业、批发零售业尤其是亲经济周期性的行业信用风险将不断上升，可以说经济增长速度新常态的换挡期就是银行信用风险集中暴露期。突出表现在：一是不良资产增量持续增加。据有关部门统计，截至2017年末，商业银行不良贷款余额1.71万亿元，不良贷款率1.74%，关注类贷款余额3.41万亿元，关注率贷款率3.49%。商业银行贷款损失准备余额3.09万亿元，比2016年底增加了4 000多亿元；拨备覆盖率是181.42%，比2016年底上升了5.02个百分点。贷款拨备率，即拨贷比，

为3.16%，比2016年底上升了0.09个百分点。从流动性来看，各项流动性指标处于非常稳健的水平。据介绍，流动性比例是50.03%；人民币超额备付金率是2.02%；存贷比是70.55%；流动性覆盖率是123.26%。二是风险传递梯度特征明显。从地区分布看，不良贷款首先从经济比较发达的长三角、珠三角等东部沿海地区集中暴露，逐步漫延至中部次发达地区，预计西部欠发达地区将会成为不良贷款新增较多的区域。三是平台贷款风险与地方债务风险呈正相关关系。地方债务持续增加，银行融资平台贷款总体规模得到控制，但信贷渠道以外的其他各类融资快速增长，占全部融资的比重不断提高，其中相当部分资金实质仍来源于银行体系。加之平台贷款还款来源相对单一，财政风险与金融风险相互交织，容易形成“多米诺骨牌效应”，一旦土地出让收入增长放缓或融资受阻，将给融资平台带来较大的偿付压力。四是房地产市场可能出现“拐点”风险。IMF的一项研究表明，近来50件系统性金融风险爆发前，超过2/3的有房价极高与衰退现象，我国房地产企业资金链条紧张、库存量大、集中，融资难，绕道融资量大、价高，房价趋跌，风险凸现。五是产业结构升级，产能过剩行业风险严峻。部分行业处于“高产能、高成本”的运行状态，企业增加节能减排投资的难度较大，“消化一批”面临挑战。在产能过剩行业集中、产能压减任务较重的地区，部分存量贷款难以在短时间内收回，若强制压缩或退出极易造成企业资金链断裂，“淘汰一批”过程中银行风险管控难度较大。企业兼并重组过程中易出现恶意逃废银行债务、悬空银行债权现象，“整合一批”蕴含的风险也不容忽视。

（二）利率市场化改革完成，流动性风险进入凸显期

随着我国利率市场化改革的完成，银行机构尤其是中小银行业金融机构流动性风险面临的诱发因素不断增多。一是资金供需矛盾突出。受金融消费者投资渠道多元化等因素影响，银行存款增速放缓，但贷款增量资金需求比较旺盛，加剧了金融体系资金供需矛盾。二是资金来源稳定性下

降。互联网金融业态、银行表外业务和理财等快速发展，对银行资金来源稳定性的冲击日益显著。加之，市场机构对利率波动的敏感性大幅上升，资金在资本市场与银行市场之间转移的频率和规模成倍提高，尤其是在月末、季末的特殊阶段，资金保支付会面临一定压力。三是资金错配加剧，银行表内外资产扩张冲动较大，对同业市场资金依赖程度上升，期限错配加剧，容易出现流动性缺口。四是由声誉风险引发流动性风险的可能性增大，中小商业银行实力不足，资金调拨能力差，一旦出现较大的负面舆情，就可能诱发流动性风险，2013 年盐城市射阳县农商行因“倒闭”谣言，引发了“挤兑”风波，盐城市的农商行遭受了很严重的流动性风险。五是流动性风险管理越来越严格，我国参照《巴塞尔协议Ⅲ》发布了《商业银行资本管理办法（征求意见稿）》，对商业银行的信用风险、流动性风险、操作风险各方面都做出了更为严格的规定，商业银行分几年来达到这个目标，所以对现在盐城的商业银行来说，各项风险的调控都是比较有挑战性的。

（三）非传统金融机构活跃，外部风险进入传染期

近年来，一些经地方金融管理部门批准的小贷公司、融资担保公司、典当行、小微金融交易平台等非传统金融机构异常活跃，P2P、众筹等互联网金融蓬勃发展，相关风险呈现出向银行体系传染的趋势。部分企业一边向银行借款，一边举借民间高利贷，一些过度融资或资金宽裕的企业将银行信贷资金直接或间接转入小贷公司或从事民间借贷赚取利差，还有些企业通过民间融资渠道寻求高息“过桥”资金，引发民间借贷风险向银行传染蔓延。部分担保公司为民间借贷、关联企业过度担保，加大了代偿风险。与此同时，一些中介机构、投资理财、私募基金、农民专业合作社、股权投资等领域非法集资案件明显增加，扰乱了金融市场秩序，也加剧了风险向银行体系的传染。

四、盐城市商业银行面临的风险情况

（一）盐城市商业银行面临的风险种类

1. 信用风险

商业银行的主要业务是存款吸取和发放贷款，如借款人一旦出现违约现象，贷款无法按期或如数归还，客户的行为对商业银行来说就是信用风险。而信用风险是商业银行的主要风险，对商业银行的资产质量构成严重的影响，是各商业银行重点防范的风险之一。

2. 市场风险

市场风险指与金融机构的经营密切相关，对金融机构有着直接影响，但金融机构本身对其无法控制，而只能预备防范的外部风险。其中主要有利率风险、汇率风险。利率风险，主要指因为在资金的筹措和运用之间存在期限上的搭配不当，由于利率的变动使得收益减少，丧失甚至出现亏损的风险。汇率风险是指因国际市场汇率行情发生变化，而导致损失的风险。目前，利率的市场化和外汇行情的剧烈变动对商业银行经营产生的风险已日益突显。

3. 操作风险

操作风险是因为商业银行有关人员操作失误或程序运转失灵，由银行自身管理或外界突发事件造成损失可能性的风险。公司治理机制和银行内部管理失控是操作风险产生的主要原因，这种失控突出表现为商业银行工作人员因职责不清、监督不力、职业道德缺失或内部系统运转失效致使银行产生资金损失的风险。

4. 流动性风险

商业银行由于经营管理不善，资金来源不足以满足客户存款的提取或未能满足客户正常合理的贷款需求，从而引起商业银行营运困难而引发的风险称为流动性风险。如商业银行流动性严重不足造成挤兑现象，发展下去还会造成银行倒闭的可能。例如，美国的次贷危机，其根本原因是商业银行资产配置失误，肆意发放信用等级低、质量差的贷款，当贷款到期无法收回时，便造成了银行资金短缺、资不抵债。

5. 法律风险

法律风险是商业银行在经营管理中，由于其对资产、负债业务管理过失而引发客户资金受损，或商业银行的资产、负债经营权益受损而主张权利的法律行为造成损失可能性的风险。这种风险主要是风险事件发生前后，由于银行有关部门审查不严或提供了不合适的法律意见造成银行利益受损失的风险。

6. 声誉风险

商业银行在经营过程中，因一些不利因素和外界突发事件造成客户对商业银行负面影响的风险，或因业务流程及产品缺陷等其他问题而引发声誉风险事件造成的风险就是声誉风险。声誉风险会动摇客户对商业银行的忠诚度，严重影响银行经营的稳健和效益的提升，因而现各商业银行都在极力维护自己的形象和声誉。

7. 国家风险

国家风险，是指商业银行与非本国居民进行，在国际经贸与金融往来中，由于别国经济、政治和社会等方面的变化而遭受损失的可能性。国家风险是最复杂，最难以捉摸，也是最危险的风险之一，它的大小取决于借款和偿还外债的能力以及意愿。

8. 战略风险

战略风险是指经营决策错误，决策执行不当或对行业变化束手无策，对银行的收益和资本形成现实和长远的影响。战略风险在属性上更加普遍和宽泛。银行董事会和执行管理层所采取的战略决策都会对其他风险种类产生影响，如果银行战略的规划和执行出现无效或不当，飞速的技术变革、激烈的同行竞争都会进一步加剧银行所面临的各种风险。

（二）盐城市商业银行信用风险现状分析

1. 盐城市各地区商业银行贷款分布不均衡

通过表 3 可以看出，2016 年盐城市分地区金融机构贷款年末余额地区之间是很不平衡的，存在着明显的分层现象，由于盐城市里响水县、滨海县和阜宁县经济较落后些，所以这三个县的贷款余额排名比较靠后；再看短期贷款和中长期贷款之间，分布也存在地区差别，可以看出滨海县和阜宁县的中长期贷款远远超过了短期贷款，这两个地区面临的信用风险也是比其他地区要高的。

表3　2016 年盐城市分地区金融机构贷款年末余额　　单位：万元

地区	贷款余额	短期贷款	中长期贷款
全市	37 183 998	14 720 607	17 858 633
市区	17 287 216	6 524 945	8 983 363
大丰区	3 968 118	1 803 151	1 572 430
响水县	1 402 469	537 540	709 132
滨海县	2 497 267	803 371	1 452 226
阜宁县	2 408 855	879 764	1 114 489
射阳县	2 655 445	1 091 860	1 238 033
建湖县	3 015 695	1 438 414	1 198 410
东台市	3 948 933	1 641 561	1 590 551

2. 盐城市商业银行不良贷款率比较稳定，贷款损失准备比较充足

根据银监会披露的数据来看，2016 年江苏省商业银行的不良贷款率为 1.36%，2017 年江苏省在不良贷款统计上的数据表现为一升一降。截至 2017 年末，江苏省不良贷款余额 1 299.06 亿元，2016 年这一数据为 1 262.07 亿元，略有增加；2017 年末不良贷款率 1.82% 则比 2016 年末的 1.36% 有所上升。通过江苏省的数据来看盐城的情况，不良贷款率算稳定，比率也不算很高。

通过表 4 可以看出，2017 年一整年盐城市的不良贷款率是比较稳定的，各季度之间不良贷款的余额也是比较平稳的；关于贷款损失准备是相对比较充足的，都在不良贷款余额的两倍多，说明盐城市商业银行有足够的能力来对抗信用风险。

表 4　2017 年盐城市商业银行业信用风险指标　　单位：亿元

指标	1 季度	2 季度	3 季度	4 季度
不良贷款余额	441.20	454.15	462.15	470.80
不良贷款率	1.85%	1.84%	1.82%	1.82%
贷款损失准备	919.36	943.24	988.60	995.76
拨备覆盖率	208.38%	207.69%	213.92%	211.50%

3. 盐城市商业银行的资本充足率高

通过表 5 可以看出，2017 年度盐城市商业银行的资本充足率虽然在一年内有所波动，但是整体情况良好，1 季度末的时候指标最低，4 季度末时各项指标都有所上升，不仅满足了国家的法定要求，还有所富余，是能够在一定程度上对抗信用风险的。

表 5　2017 年四季度盐城市商业银行业资本充足率

指标	1 季度	2 季度	3 季度	4 季度
核心一级资本充足率	9.85%	9.90%	10.02%	10.10%
一级资本充足率	10.14%	10.19%	10.30%	10.92%
资本充足率	12.60%	12.70%	12.80%	13.45%

4. 盐城市短期贷款和长期贷款都相对而言比较集中

通过表 6 可以清楚地看到盐城市金融机构短期贷款的情况，短期贷款总额在最近五年里稳步上升，其中占短期贷款中比重最多的是单位经营贷款，近五年单位经营贷款占短期贷款总数的 30% 左右，接下来是个人经营性贷款、个人贷款、个人信用卡及账户透支，这几项贷款的信用风险程度相对而言都是比较高的，商业银行要做好贷后跟踪工作，以防会产生不良贷款。

表 6 中关于盐城市金融机构的中长期贷款情况显示，近五年来个人贷款占中长期贷款 50% 左右，单位固定资产贷款占中长期贷款 40% 左右，中长期贷款相比短期贷款风险要大很多，而其中构成又比较集中，所以商业银行要时刻关注。

表 6　近五年来盐城市各金融机构贷款情况　　单位：百万元

贷款分类	2017 年	2016 年	2015 年	2014 年	2013 年
总贷款额	38 646 027	32 398 158	26 928 544	23 585 461	20 418 138
1. 短期贷款	15 724 784	14 566 531	13 364 070	12 249 120	10 912 562
个人贷款	3 264 590	2 733 660	2 446 357	2 262 783	2 015 583
个人经营性贷款	2 499 487	2 240 846	2 162 553	2 112 063	1 898 142
个人消费贷款	765 104	492 814	283 804	150 721	117 441
其他贷款	758 800	487 156	281 140	134 578	109 123
单位经营贷款	11 154 917	10 394 069	9 575 230	8 716 391	7 697 917
2. 中长期贷款	22 921 243. 18	17 831 626. 72	13 564 473. 75	11 336 340. 96	9 505 576. 74
个人贷款	10 819 127. 71	8 442 345. 49	6 884 879. 77	6 089 628. 52	5 258 499. 28
个人消费贷款	9 823 773. 25	7 480 241. 25	5 945 520. 51	5 245 758. 87	4 517 034. 71
住房贷款	9 553 720. 35	7 181 195. 68	5 654 603. 83	4 964 898. 56	4187 525. 99
汽车贷款	25 946. 43	60 481. 45	43 387. 07	17 887. 13	16 205. 9
其他贷款	243 639. 35	238 021. 36	247 108. 22	262 741. 91	313 157. 92
个人经营性贷款	995 354. 46	962 104. 24	939 359. 26	843 869. 65	741 464. 57
单位经营贷款	2 833 030. 61	1 743 634. 36	1 037 797. 8	425 202. 18	431 125. 43
单位固定资产贷款	9 187 449. 46	7 589 720. 84	5 607 453. 8	4 127 022. 33	3 125 365. 87

（三）盐城市商业银行流动性现状分析

通过表 7 可以看出，2017 年盐城市商业银行四个季度的流动性指标算比较稳定，都在 50% 左右，指标上看，流动性状况良好，调整后的存贷比率也维持在 60% 左右，流动性还是比较良好的，能够及时地应付客户取款的需要。

表 7　2017 年盐城市商业银行流动性相关指标

指标	1 季度	2 季度	3 季度	4 季度
流动性指标				
流动性比例	55. 14%	53. 80%	52. 56%	50. 23%
调整后存贷比	60. 56%	62. 52%	63. 01%	64. 12%

五、盐城市商业银行提高风险管控能力的建议

鉴于盐城市商业银行的情况，再加上盐城市当地经济的实际情况，现在针对新常态下盐城市商业银行该如何提高风险管控能力提出以下建议。

（一）树立正确的管理理念

所谓树立正确的管理理念，就是管理者要有长远的眼光，在商业银行的发展过程中要保持谨慎经营、持续稳健的发展策略。虽然商业银行的主要目标就是盈利，但是在其盈利的同时，还要兼顾安全性和流动性。也就是说，在面对当前经济新常态，商业银行经营状况不良的情况下，要以“守住风险底线，创新转型发展”为主线，最大限度地降低经济新常态对商业银行经营状况的影响。当然，商业银行的管理理念中还要包括对不良资产的合理可行的应对措施以及优化管理、服务和业务流程。在对不良资产的处理方面，对于借贷人要进行全面的调查，以此来降低不良资产的发生率，确保商业银行资产的安全性和稳定性。对于如何优化管理、服务和业务流程，商业银行可以与互联网金融等非商业银行机构进行合作，并且更多地研发相关的新产品，加强对业务流程等的管理，通过提高服务水平，来提高客户的满意程度，在激烈的竞争中突出自身的优势，从而最大限度地降低经济新常态对商业银行经营状况的影响。

（二）加强整体负债来源的多元化

对于商业银行来说，居民的存贷是当前银行负债最主要的来源，但是经济新常态使得商业银行的存贷与之前相比降低了很多，所以要改善商业银行的经营状况，就要加强对整体负债来源的多元化，扩大负债来源，重视整体的负债管理。一方面，整体负债来源的多元化可以使商业银行更加了解市场变化和市场需求，准确把握市场时机。例如，在选择发行金融债券等的时机时，应该是在利率较低的时段发行。另一方面，随着人民币国际化的不断推进，商业银行不能只注重在境内发行债券，而应该将重点转向境外，因为就目前的情况而言，境外的资产利率相较于境内更低，人民

币在中国香港、新加坡等地都具有较低的走进价格。所以，管理者要明确负债来源路径的单一化是商业银行经营不善的主要原因之一，要依靠借贷来维持商业银行的可持续性发展是不可能的，只有实现整体负债来源的多元化，才能降低商业银行的负债成本，从而解决当前经济新常态对商业银行经营状况的不利影响。

（三）加快渠道转型，提升服务水平

营业网点一直以来都是商业银行为客户提供金融服务最重要的物理渠道，是金融产品的展示平台和销售平台，但随着互联网金融的发展，营业网点在客户服务中的角色日益减弱，甚至出现了营业网点将会走下历史舞台的舆论声音，由此可见，营业网点的转型已经是迫在眉睫。

1. 打造智能化网点

商业银行可以利用先进的信息技术加快网点的智能化建设，将一些简单的银行业务通过电子渠道进行分流，节约出营销和服务的人手。同时，增加网点的人机交互设备，利用智能叫号预处理、远程银行 VTM、自助服务体验区、智能互动桌面、人脸识别等创新应用缩短业务的办理流程，提高网点的服务效率和客户体验。

2. 打造专业化网点

商业银行可以根据网点周围的产业特点和客户需求，改变业务布局，优化动线设计，改善功能分区，创新服务模式。例如，中国建设银行的“智慧银行”、招商银行的“咖啡银行”、北京银行的“社区银行”、浦发银行的“楼宇银行”等都是专门针对目标客户群的业务需求打造的专业化网点，体现了商业银行分层分类的服务理念。

除了物理渠道的转型以外，商业银行还要充分利用互联网和移动通信技术，不断完善网上银行、手机银行、电话银行等电子渠道的建设，通过线上线下的完美融合，满足客户年轻态、多元化的金融需求，实现传统经营模式向开放式平台、网络化渠道、移动式服务的方向转变。

（四）优化业务结构，推动产品创新

过去，商业银行的业务重心普遍放在固定资产投资行业与房地产行

业，对制造业和服务业的关注较少，但随着我国产业结构的调整和利率市场化的推进，传统的存贷业务遭到挤压，仅仅依靠少数几个业务领域的做法将给商业银行带来潜在的经营风险，必须谋求业务结构转型。

1. 积极拓展中间业务

中间业务与资产业务、负债业务合称为商业银行的三大支柱，但与国外先进银行相比，盐城市商业银行的中间业务起步较晚，占比较低，产品种类单一，议价能力偏弱，还有很大的成长空间。拓展中间业务的基础是产品创新。当前，银行之间产品的同质性较强，缺少品牌特色，在销售过程中只能通过竞相压价获取客户青睐，产品的价值没有获得利润体现。商业银行应该加强市场调研，考虑区域特点和客户差异，为客户提供个性化的产品套餐，提升中间业务的议价能力。同时，加大科技投入和人才培养，让产品研发的步伐与市场变化、技术更新的步伐保持一致，走到客户需求之前，让中间业务变得不可替代，成为商业银行利润增长的新动力。

2. 稳步实行综合化经营

从商业银行层面来说，不能把所有鸡蛋都放在一个篮子里面，商业银行介入证券、投行、保险、信托、基金等业务领域，不仅可以降低信贷业务比重，优化资产结构，有效控制风险，还可以实现从单一的利差收入向多元化收入转变，有助于建立长期的持续稳定的利润增长机制，提升银行的市值水平；从营业网点层面来说，为了满足客户日益综合化的业务需求，营业网点要从单功能网点向综合性网点转型，全面覆盖对公对私业务，不断丰富投资、融资、交易、支付、理财、租赁、财富管理等各类产品和服务功能，让自身在同业竞争中占据优势。

（五）打造合规文化，健全风险机制

新常态下，随着要素成本上升、市场需求疲弱，企业经营困难增多，部分领域风险显化，一些原来在高速增长期被掩盖的风险开始暴露出来，促使商业银行在经营中愈加关注风险防控。

1. 培养风险意识

意识决定行为，风险的发生固然受到企业经营能力和行业发展趋势的

影响，但也和银行从业者对风险的认识判断与重视程度密不可分。因此，商业银行要把稳健经营和持续发展的战略思想准确传达给员工，从上至下强调风险检查，开展合规培训，帮助员工认清内外形势，养成风险意识。

2. 加强风险预警

信贷风险的发生会经历一个从无到有的过程，如果等到风险出现再来应对，那么将会非常被动。商业银行应该充分利用大数据资源建立起有效的风险预警系统，对客户的生产经营、财务状况、账户行为等诸多方面实施监控，一旦客户出现异常，预警系统将敏锐地捕捉到风险苗头，让商业银行在第一时间可以介入调查，从而快速制订风险处置化解方案，切实保障商业银行的资产安全。

3. 完善风险制度

商业银行应根据自身经营环境、市场定位和风险偏好，制定相应的风险管理制度，明确管理流程和业务流程中的风险点，建立风险控制平台和风险责任体系，让风险防控和后期处置都能有章可循，把风险管理真正落实到每个网点、每个岗位和每个流程。

（六）进一步完善利率定价机制

利率市场化条件下，产品定价成为金融机构之间竞争的重点方面，商业银行可以和央行逐渐形成“利率走廊”机制，为自身的存贷款合理定价提供市场参考。在信息技术、互联网金融快速发展的时代，商业银行可借助网络平台进行技术创新，对客户行为、市场行为等进行量化处理，使商业银行的利率定价在包含经济资本、营业成本、资金成本、风险成本、目标回报率以及战略调整因子的基础上，将客户贡献、客户行为以及市场行为等包含在内，制定以客户综合行为为基础的存款定价模型，进一步完善利率定价机制。

参考文献

[1]邱程萍，朱惠. 我国商业银行风险管理存在的问题与对策建议[J].

企业导报,2011(16):89.

[2]王佳新.国内与国际商业银行风险管理模式对比[J].北京宣武红旗业余大学学报,2012(01):53-56.

[3]佘松涛.商业银行风险控制与管理分析[J].时代金融,2013(12):170.

[4]王超.我国商业银行风险管理研究及对策[J].赤峰学院学报(自然科学版),2014,30(11):114-118.

[5]丁立华.浅谈商业银行的风险管理研究[J].经济研究导刊,2015(18):118-119.

[6]马秀东.我国商业银行风险管理研究[J].中国集体经济,2016(21):84-85.

[7]匡慧慧.商业银行全面风险管理的现状及分析[J].商业经济,2017(04):47-48.

[8]卢轶乔.我国商业银行风险评价——基于年报数据的因子分析法[J].当代财经,2011(06):55-61.

[9]张传新,王光伟.基于主成分分析和Logit模型的商业银行信用风险度量研究[J].西部经济管理论坛,2012,23(04):17-23+57.

[10]沈沛龙,王晓婷.银行流动性风险评级与风险测度——基于随机流动比率模型的分析[J].金融论坛,2013,18(08):17-23.

[11]王春萍,卢立超.基于CPV模型对我国商业银行信用风险分析[J].生产力研究,2014(10):40-43.

[12]刘青,王玉蔚,孙陶.基于RAROC模型在商业银行风险管理中的应用[J].辽宁师范大学学报(自然科学版),2015,38(01):22-28.

[13]秦洪军.我国16家上市商业银行风险管理能力评价——基于2006—2014年数据的实证分析[J].金融理论探索,2016(02):33-43.

[14]李红,徐雅梦.商业银行风险管理水平实证研究——基于RAROC模型[J].财会通讯,2017(05):112-115.